社会調査の方法論

松本 渉 著

丸善出版

まえがき

社会調査の教育は，社会学に限定されません．多くの分野に広がっています．もともと海外では，政治学，経営学，文化人類学，統計学など幅広い学問で取り扱われていますので，これはあたりまえのことです．実際，筆者が今まで社会調査の授業を担当した学部名を列挙すると，総合情報学部，経済学部，教養学部，総合文化政策学部と実にさまざまです．東京大学では，文化人類学の大学院で社会調査の授業を担当したこともあります．

ですので，社会調査を理解したいと思う人であれば，どの学問領域を専攻する人にも，この本を手にとってほしいと思っています．なぜならこの本は，既存の学問領域の枠組みにしばられない内容になっているからです．

実はある時期まで，社会学出身ではない筆者は，社会学を学習する上では社会調査の理解が必須であり，社会学者の誰もが社会調査に通じているものと思っていました．しかし，実際はそうではなく，筆者が知り合うような社会学者に，社会調査に詳しい人がたまたま多いだけだった……ようなのです．

2003 年に社会調査士資格制度ができて以来，社会調査の教育が広く浸透するようになりました．しかし，筆者自身が社会調査協会の運営に関わるようになり，全国の大学の社会調査教育事情を知るにつれ，社会調査の教育はまだまだ行き届いていないと痛感しています．社会調査の実習を，教室内での受講生に対する簡単な「アンケート」ですませる大学も珍しくありません．標本調査で重要な概念であるサンプリングなども，まだまだ講義での扱われ方が十分でないことも多いように思われます．

筆者は，前職の統計数理研究所に在職していた頃から，全国レベルでの大規模面接調査と電話調査の両方の実践に関わってきました．現職の関西大学では，実習の授業やゼミ活動で，郵送調査とウェブ調査を毎年実施しています．

本書の内容は，このように筆者がこれまで培ってきた社会調査に関する実践経験と社会調査教育の経験に基づいて執筆されています．筆者の経験が特色をだすのに一役買っている一方で，一般社団法人社会調査協会が認定する社会調査士資格のＡ科目とＢ科目の両方のカリキュラムに対応させていますので，ある程度標準的な社会調査の学習内容で構成されています.

社会調査に関する良書は，これまでにも刊行されています．その中で本書を刊行する意義は，社会調査士科目の標準を目指しながらも他の類書にない特色を打ち出したことにあります．例えば，現在の世論調査報道で非常に利用されている電話調査や，市場調査で普及しているウェブ調査の両方について俯瞰した解説がなされている書物はまだ多くありません．これに対し，本書では，実際の手順を意識させながら，面接調査や郵送調査といった伝統的な調査手法と同時に，電話調査やウェブ調査といった比較的新しい調査手法の両方を実践的に理解できるように解説しています．難しく思われがちなサンプリングについても，図や表を活用し，数学が苦手な人でも理解できるような工夫に努めています.

なお本書では，収集されたデータを分析する方法については，最小限の記述にとどめています．初歩的な統計分析については，『Excel ではじめる社会調査データ分析』などを参照してください.

本書の執筆にあたっては，多くの方のお世話になりました．林文先生，原純輔先生，古賀正義先生，谷本奈穂先生，阪口祐介先生から有益なご助言を頂きました．とりわけ林先生には，初校段階で懇切丁寧なご指摘を頂きました．ただし，本書の執筆の責任は筆者にあります．頂いたご助言すべてを十分に反映させられなかったことは筆者の非力によるものであり，ご助言下さった方々の責に帰せられるものではございません.

最後になりましたが，指導学生の西田尚紀さん，中廣聡さん，呉子峰さんには，貴重な感想を寄せてもらいました．丸善出版の小林秀一郎さん，安部詩子さん，折井大哲さんには，想像していた以上のサポートを頂きました．すべての方のお名前をあげることはできませんが，お世話になった皆さまに厚く御礼を申し上げます.

2021 年 8 月

松本　渉

目次

第1章
社会調査とは何だろうか

1.1　社会調査の広がり

テレビやラジオのニュース番組，新聞の紙面，インターネット上のニュースサイトから何かしらの調査結果の報道を目にしない日はありません．内閣や政党の支持率を毎週のように**世論調査**の結果として示してくれる報道番組もあります．選挙が近づくと選挙予測の報道で，新聞やテレビ，ネットニュースなどが盛り上がります．選挙予測は，選挙の候補者が確定する選挙の公示日から当選者が確定する投票日までの間に実施された調査の結果に基づいてなされます．このような調査は**選挙情勢調査**（**poll**）と呼ばれています．選挙の当落を予測する目的に用いる調査であるため，日本では内閣支持率などの**世論**（**public opinion**）[1]の縮図を調べることが目的の世論調査と明確に区別されています．

このほかにも人々の意識や行動については多くの調査結果が公表されています．**日本人の国民性調査**（https://www.ism.ac.jp/kokuminsei/）は，学術的な目的で実施されている学術調査の1つで，1953年から5年ごとに継続的に実施されています．

このような堅苦しい調査だけではありません．世の中には，アンケートと称して様々な調査が実施されています．中には怪しい結果のものや軽いノリの調査もありますが，このように社会の集団的な動向を測定する目的で実施される調査は，**社会調査**と呼ばれます．社会調査の定義は，完全に共通化されたものとは言えませんが，社会集団の動向を把握しようとする趣旨の調査として広くとらえることができます．世論調査のように統計的な傾向を把握するもののほかに，特定の事例を深く掘り下げ，定性的にとらえようとする調査も含まれます．

世論調査数の推移については，内閣府が一定の条件を定め，『世論調査年鑑』や『全国世論調査の現況』の形で示しています．それらは，社会調査のすべて

1　本来は，輿論（よろん）という書き方でしたが，世論（せろん）で代用されています（佐藤 2008）．

を表しているわけではありませんが，1965 年に 493 件だったものが 2000 年に 1133 件，2017 年度に 1772 件と増加傾向にあることが分かります．市場の動向を測る市場調査では，インターネットを利用した社会調査（インターネット調査）が広く利用されています．2000 年以降，インターネット調査の実施が増えていることも想像に難くありません．

社会調査の範囲が広いのですべてを言いつくすことはできませんが，年々より多くの社会調査が実施され，より身近なものになってきています．いかに社会調査の重要性が増しているか，想像がつくのではないでしょうか．

1.2　社会調査士

社会調査の広がりと重要性の高まりを受けて，2003 年 11 月 29 日に「社会調査士資格認定機構」が発足しました．その後 2008 年には，社会調査士資格認定機構の事業を継承・発展させるために一般社団法人社会調査協会が設立されました．社会調査協会は，日本における社会調査の質の向上と社会的信頼の確立をめざして活動するとともに，社会調査士の資格の認定を行っています．資格には，主として学部生のための「社会調査士」と大学院生および研究者や実務家のための「専門社会調査士」という 2 つがあります．どちらも社会調査の知識や技術を用いて，世論や市場動向，社会事象等をとらえることのできる能力を有する「調査の専門家」であることを示すものです．

表 1.1　社会調査士標準カリキュラム A ～ G

【A】社会調査の基本的事項に関する科目
【B】調査設計と実施方法に関する科目
【C】基本的な資料とデータの分析に関する科目
【D】社会調査に必要な統計学に関する科目
【E】多変量解析の方法に関する科目
【F】質的な調査と分析の方法に関する科目
【G】社会調査を実際に経験し学習する科目

出典：社会調査協会ウェブサイトより

社会調査士制度に参加している大学では，社会調査協会が定めている標準カリキュラム A ～ G に対応した科目（表 1.1）を在学中に履修（E ／ F は選択）し，単位を修得した上で，社会調査協会に申請すれば，卒業時に社会調査士資格が取得できるようになっています[2]．各科目についての筆者の理解に基づいて社会調査士科目の関係図（図 1.1）も作成しておきました．こちらを参考にして学習イメージをつかんでみてください．

2　標準的な方法です．例外的な資格取得方法は同協会に確認して下さい．

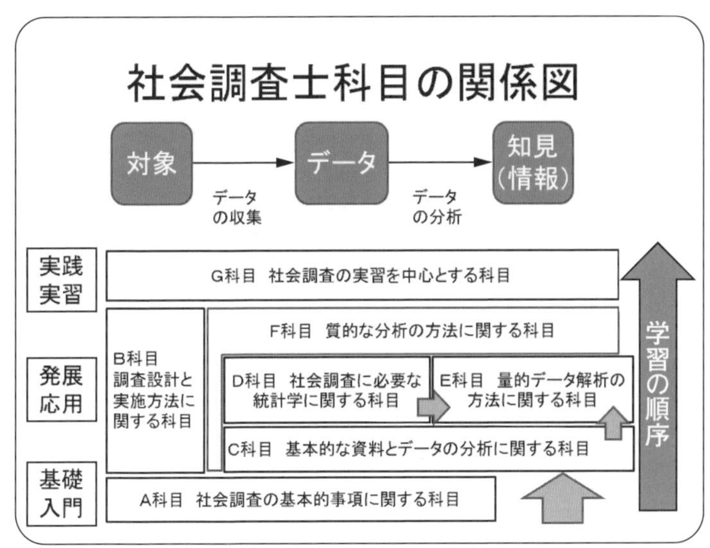

図 1.1　社会調査士科目の関係図
出典：社会調査協会の標準カリキュラムの内容をもとに筆者作成

資格の取得にあたっては，いくつか注意点があります．まず，社会調査士の資格は一定の能力があることの認定制度です．資格を得たからと言って自動的に何か特別なことができるようになるわけではありません．弁護士や医者といった国家資格のように，法定代理人になれるとか，診察ができるというのとは違います．資格の取得は，語学の能力を示す検定試験に合格するのと同様のことと思っておくのがよいでしょう．

また資格の認定にあたっては，E 科目と F 科目は選択履修でよいのですが，最終的には社会調査の実習の科目である G 科目を履修する必要があります．G 科目は，全体の総仕上げのようなものですから，他の講義科目の知識があった方がスムーズに学習できます．大学によって各科目が配当される年次や学期は異なると思いますが，履修計画は全体像をよく考えて立てることをおすすめします．

なお，この本は，標準カリキュラム A ～ G に対応した科目のうち，**【A】社会調査の基本的事項に関する科目**と**【B】調査設計と実施方法に関する科目**の 2 科目の内容をカバーするように書かれています．

参考1.1

社会調査協会の標準カリキュラム（【A】・【B】科目のみ抜粋）

【A】 社会調査の基本的事項に関する科目

社会調査の意義と諸類型に関する基本的事項を解説する科目．社会調査史，社会調査の目的，調査方法論，調査倫理，調査の種類と実例，量的調査と質的調査，統計的調査と事例研究法，国勢調査等の公的統計，学術調査，世論調査，マーケティング・リサーチなどのほか，調査票調査やフィールドワークなど，資料やデータの収集から分析までの諸過程に関する基礎的な事項を含む．（90分×15回相当）

【B】 調査設計と実施方法に関する科目

社会調査によって資料やデータを収集し，分析しうる形にまで整理していく具体的な方法を解説する科目．調査目的と調査方法，調査方法の決め方，調査企画と設計，仮説構成，対象者の選定の諸方法，サンプリング法（全数調査と標本調査，無作為抽出，標本数と誤差など），質問文・調査票の作り方，調査の実施方法（調査票の配布・回収法，インタビューの仕方など），調査データの整理（エディティング，コーディング，データクリーニング，フィールドノート作成，コードブック作成）など．（90分× 15回相当）

出典：社会調査協会ウェブサイト「社会調査士カリキュラム詳細」
（https://jasr.or.jp/for_students/get-sr/curriculum_sr/）

1.3 学べばいつか役に立つ

社会調査には，学術調査や世論調査，各種アンケートなど広範囲のものが含まれます．大学時代に社会調査を学ぶ意義をひとつあえてあげるならば，「社会調査で身に付けた技術は，将来役に立つ」ということでしょう．今の時代，データを使ったプレゼンテーションはいろんな場面で求められます．社長の前で「どれくらい新製品が売れるかデータに基づいて説明しなさい」という場面に遭遇することもあるかもしれません．

もちろん企業で働いていないと必要にならないというわけでもありません．社会調査は，社会科学の**実証的方法**―現実のデータを収集して，事実から理論を証明するという一連の手続き―の基礎になります．そのため，卒業論文作成の場面で多く活用される**リサーチリテラシー**の1つとなっています．

なにはともあれ，実際のデータに基づいて示すことで，いい加減な言説に惑わされないというのは学問に取り組むうえではとても重要な姿勢です．

コラム

実証研究と対になる言葉

実証という言葉は，現実のデータを収集して，事実から理論を証明するという意味で理解できますが，ここで注意しなければならないのは，実証（的）研究には，理論研究と対比させて説明される場合と規範（的）研究と対比させて説明される場合の２つの説明の仕方があることです．どちらの説明の仕方に依拠しても，実証（的）研究の定義が変わるものではなく，重視する側面が異なっていると考えるのが妥当です．〈実証研究 vs. 理論研究〉と〈実証研究 vs. 規範研究〉という２つの対抗軸があるにすぎません．下記に整理しておきます．

実証研究と理論研究の対抗軸

実証（的）研究とは，抽象的な概念や理論的枠組みと現実世界や経験世界で実際に起きている事実とを照らし合わせることを繰り返し，より一般性・普遍性の高い，概念や理論的枠組を発見・修正・補強する研究のことです．研究においては，**理論的整合性**と**経験的妥当性**の両方が重要なのですが，理論的整合性よりも経験的妥当性を重視する研究は，理論研究と対比させるために実証研究と呼ばれることがあります．

理論研究とは，既存理論との論理関係を重視し，経験的妥当性よりも理論的整合性を重視する研究であり，実証研究と対比させるためにこのように呼ばれることがあります．なお，日本語で，理論的な研究というと，理論的かそうでないかの判断を示しているように聞こえます．上記のような意味で用いる場合には，「的」をつけずに，単に理論研究とした方が無難です．

両者は，理論派と実証派のように表現されることもありますが，究極的にはその違いは重要ではありません（藤本ほか 2005：第１章）．対抗軸として考えると分かりやすいのは確かですが，全くの別ものではなく，現実の世界と抽象概念の世界をどのようにつないでいくかという方向性の違いにすぎないからです．理論派と実証派の関係は，ジョン・ロック（John Locke）に代表される**イギリス経験論**とデカルト（Descartes）に代表される**大陸合理論**の関係が思いおこされます．イギリス経験論は帰納法を重視し，大陸合理論では演繹法を重視しているという違いがありましたが，今日の実証研究においては，統計的な帰納法を用いるとともに演繹的な証明や推論を行うことも普通です．理論研究においては，演繹的な証明や推論が重視されることも踏まえ，科学的研究のア

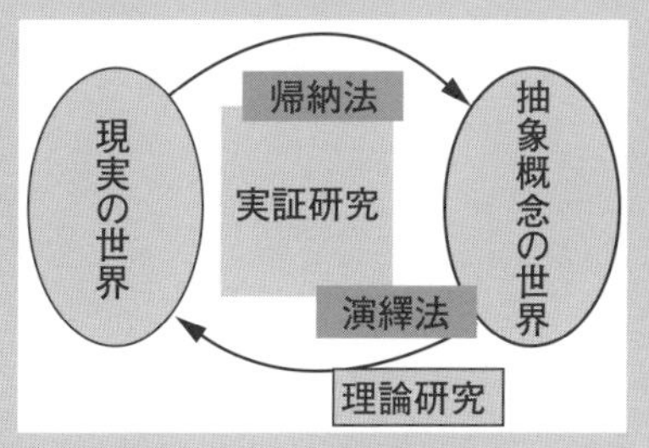

図 1.2　科学的研究のアプローチ

プローチを整理すると図 1.2 のようになります.

実証的研究と規範的研究の対抗軸

もう 1 つの対抗軸が実証的研究と規範的研究の関係です.

この場合の実証（的）研究とは,「貧困がどのようにしておきたのか」「急激な株価の下落がいかにして起こったか」といった課題を掲げることなどによって,「〜である」という事実を明らかにすることに力点をおく研究です.

それに対し, 規範（的）研究とは,「貧困をおさえるためにはどのようにするべきか」「急激な株価の変動を抑えるにはどのようにするべきか」といった課題のように,「ある目的を達成するためには何がなされるべきなのか」といった規範を扱う研究として知られています.

第2章
社会調査の実際例と結果の読み取り

2.1 社会調査の実際例

実際に行われた社会調査の調査報告書の結果を読み取ることは，社会調査のイメージをつかんでいく上で役に立ちます．

例 2.1 は，筆者が 2007 年度に実施した学術調査「市民の政治参加と社会貢献に関する世論調査—市民社会の国際比較」（市民社会調査）の日本調査の結果の一部です．ここからどのようなことを読み解くことができるでしょうか．

例 2.1　社会調査の実際例：単純集計

問 1　［カード　1］あなたの生活水準は，この 10 年間でどう変わりましたか．

（単位：人）

1. よくなった	30	（6%）
2. ややよくなった	52	（10%）
3. 変わらない	260	（48%）
4. ややわるくなった	135	（25%）
5. わるくなった	66	（12%）
8. その他（記入　　　　　　）	0	（0%）
9. わからない	2	（0%）
合計	545	（100%）

出典：「市民社会調査」（松本・前田 2008）より筆者作成

まず，この調査の回答者人数が 545 人であることは簡単にわかると思います．

この表は 3 つの列から構成されています．そのうち一番左側の列が主にこの質問文に対する選択肢を表しており，回答のパターン（**カテゴリー**）が 7 種類に分類されていることがわかります．中の列がそれぞれのカテゴリーに対する回答した人数を表しており，一番下がその合計です．合計人数はこの調査の回答者人数 545 人に対応しているというわけです．ちなみにこの各カテゴリー別の回答者人数のことは**度数**（**頻度，frequency**）と呼ばれます．

一番右の列の数字には%が付されています．これは合計人数を100%としたときに各カテゴリーに属する人数を百分率で示したものです．合計に対する相対的な度数ですので，**相対度数**（**relative frequency**）と呼ばれます．

ここでは百分率（%）で記載していますが，合計を1として小数で記載するやり方もあります．

一般には，このように度数とともに相対度数を示した表は，**度数分布表**（**frequency table**）と呼ばれます．表を省略して，度数分布という言い方もあります．カテゴリー別に度数を掲載するのが基本ですが，身長や金額のような**量的データ**（**参考2.1を参照**）が得られた場合は，そのまま表にすると細かくなりすぎるので，「160～165cm」や「1000円以上5000円未満」のように幅のある区間，**階級**（**class**）の値に換算することで度数分布表を作成することができます．

調査報告書においては，このように度数だけでなく，相対度数も併せて掲載されることが多いのですが，それはちょっとしたメリットがあるからです．例えば，「回答が一番多かったカテゴリーはどれですか」と尋ねられた時に，度数が260ある「3　変わらない」であることはすぐにわかりますが，全体のどれくらいの割合を占めているかということは度数だけではすぐにはわかりません．しかし，相対度数の48%が併記してあればすぐに半分近くの人が「3　変わらない」を回答したということを把握することができます．

ちなみに度数が一番多いカテゴリーは**最頻値**（**mode**）と呼ばれます．例2.1

参考2.1

量的データ（**quantitative data**）は，比率データと間隔データ，**質的データ**（**qualitative data**）は，名義データと順序データから構成されています．

- **比率データ**…ある対象が別の対象より～倍大きいという形で説明できるデータ．例：長さ，重さ，時間の経過量．
- **間隔データ**…ある対象が別の対象より～だけ大きいという形で説明できるデータ．例：日付．
- **順序データ**…ある対象の観測値が序数として意味を持ち，別の対象と順序づけを示すことができるデータ．例：最終学歴
- **名義データ**…ある対象が同一か異なるかという分類を示すデータ．例：性別，国籍．

ではカテゴリー3のことです．260は最頻値3における度数であって，最頻値そのものではありませんので注意してください．

この他にも注意点があります．まず相対度数の示し方です．ここでは最頻値における相対度数は260 ÷ 545 = 47.7… ≒ 48（%）となっています．全体がせいぜい545人ですので，**有効数字**という観点から考えれば，小数点以下の%を記載することに意味はありません．整数でとどめておいた方が望ましいといえます．次に見てほしいのは，質問文にある〔カード1〕という表記です．この調査がどのようにして行われたかについてここまで説明しませんでしたが，実はこの調査は**個別訪問面接聴取法**（訪問面接調査，面接調査とも略記されることもある）と呼ばれる調査方式によって実施されたものでした．調査を実行する人（**調査者・調査員**）が，調査対象者の居所に個別に訪問し，**調査対象者**から直接聴き取りを行う方式です．質問文を読み上げて調査対象者から意見を聴取するのですが，その際，多くの場合選択肢はカードで視覚的に提示しています．第10章の図10.1の〔カード1〕は，この質問文で実際に提示されていたカードです．

間違えてはいけないのは，あらかじめ与えられていた選択肢は1～5の5つだけだったということです．「8 その他」と「9 わからない」は調査する側が記録するカテゴリーとして，念のために用意していたにすぎません．この例では，たまたま「8 その他」に該当するような複雑な回答はありませんでしたが，「9 わからない」に該当する人が2人いたことを示しています．

「わからない」は，社会調査においては実質的に回答をしたとはみなされません．**無回答**と呼ばれます．この調査の回答者人数の合計は最初に説明したように545人ですが，この質問文に対して回答をした人は543人ということになります．2件の無回答が存在したということです．「無回答」という言い方で基本的には通用しますが，調査そのものに参加しなかったケースと明確に区別するために，あえて**項目無回答**（item nonresponse）と表現する場合もあります．

2.2　もうすこし深く読み込んでみる

例2.1では，単純に問1の度数分布だけが示されていました．このような集計を**単純集計**といいます．それに対し，問1の結果を男女別に集計すると「男女」と「問1」という2つの要因から成り立ちます．このように2要因を同時に反映させた集計表を**クロス表**（cross tabulation）や**クロス集計**と呼びます．

クロス表の例として，同じ市民社会調査から，別の質問文（問 8）についての男女別，年齢層別の結果をとりあげてみます（例 2.2）．

基本的な読み取りは，単純集計と同じです．人数をそのまま読み取っても傾向をつかみにくいので相対度数を活用します．この報告書では，男女別%，年齢別%の表示があります．クロス表の%も有効数字を考慮して整数で書かれています．大規模な調査では，小数点以下の%が書かれていることもあります．

クロス表は，2 つ以上の質問文の結果（**度数分布**）を同時に示したものですので，**同時度数分布表**とも呼ばれます．同時度数分布表では，1 つの質問文の結果（1 変数の度数分布という）の場合と異なり，2 つ以上の質問文の結果の関連性（**連関，association**）を知ることができます．同時度数分布を作成す

例 2.2　男女別・年齢別のクロス表の事例

問8　近い将来，朝鮮半島周辺で重大な衝突が起きると思いますか．

1. はい
2. いいえ

8. その他（記入　　　　　　　　　　　　　　　　　　）
9. わからない

		1	2	8	9	total %	N
total		39	45	0	16	100	545
gender	Male	37	55	0	8	100	262
	Female	41	35	-	24	100	283
age	20-24	50	25	-	25	100	16
	25-29	61	29	-	11	100	28
	30-34	41	50	-	9	100	32
	35-39	41	48	-	12	100	59
	40-44	43	45	-	13	100	40
	45-49	46	47	-	7	100	55
	50-54	36	46	-	18	100	61
	55-59	42	48	2	8	100	52
	60-64	32	55	-	13	100	60
	65-69	29	43	-	28	100	58
	70-74	40	40	-	21	100	48
	75-79	28	36	-	36	100	36

出典：「市民社会調査」（松本・前田 2008：15，問8）より

る強みはここにあるともいえるでしょう．

ここでは，さらに年齢と衆議院の総選選挙への投票行動という 2 つの質問文の関連性について考察してみましょう．

例 2.3　クロス表の事例：投票行動と年齢層の関連性

問30　衆議院の総選挙に投票しているか								
年齢層	1 いつも投票している	2 たいていの場合，投票している	3 時々投票している	4 ほとんど投票しない	5 投票したことがない	8 その他	9 わからない	合計
1 20～29歳	76	55	32	26	36	1	0	226
	34%	24%	14%	12%	16%	0%	0%	100%
2 30～39歳	135	89	40	19	8	0	0	291
	46%	31%	14%	7%	3%	0%	0%	100%
3 40～49歳	192	104	32	10	0	0	1	339
	57%	31%	9%	3%	0%	0%	0%	100%
4 50～59歳	215	61	19	8	1	0	0	304
	71%	20%	6%	3%	0%	0%	0%	100%
5 60歳以上	348	51	11	8	0	0	0	418
	83%	12%	3%	2%	0%	0%	0%	100%
合計	966	360	134	71	45	1	1	1578
	61%	23%	9%	5%	3%	0%	0%	100%

出典：「市民社会調査」（松本・前田 2008）より筆者作成

例 2.3 をよく見ると年齢が高ければ高いほど，いつも投票している人の割合が高いことが分かります．逆に 20 代の人の間では，「5 投票したことがない」が他の年代よりも多いことが分かります．成人してから総選挙を迎えた経験がない人が混じっている事情もあるのですが，全体として年齢が高い人ほど総選挙で投票している傾向がうかがえます．

2.3　新聞記事など各種報道の読み取り

1 章で説明したように，社会の集団的な動向を測定する目的で実施される調査は，広く**社会調査**と呼ぶことができます．新聞記事や地方自治体の広報誌などでも社会調査の結果がよく掲載されています．

新聞記事における調査結果を読み解くにあたっては，調査の概要がどのように記載されているかを確認する必要があります．いつ（時期），だれが，何を

（対象），どのようにして（方法）調査を行ったのか把握することが重要です．多くの記事では，冒頭や末尾などに簡潔に書かれています．

また，報道における調査結果では，グラフがよく活用されています．グラフには，棒グラフ，折れ線グラフ，帯グラフなど様々な種類があります．折れ線グラフは，時系列の推移をカテゴリー別に比較したいという目的によく用いられますが，年齢に連続性があることを利用して年齢層間の推移を折れ線グラフで表現することもあります．帯グラフは，カテゴリー間の相対的割合を比較するために用いられます．その他のグラフの使い分けについては，統計学の良書に譲りますが，ここでは調査結果に関する活用法を2点だけ言及しておきます．

第一に，素データがなくても集計した表レベルのデータさえあれば，作成することができるグラフは多いということです．つまり，新聞記事等で集計表が掲載されていれば，自分で調査していない場合もグラフを作成できるということを意味しています．

第二に，順序性のないカテゴリーの棒グラフでは，一番％の多い棒を最初に記載し，二番目以降の棒を％の順に続けて並べるという表記がよく用いられます．調査の結果の％の大きいものから小さいものへと順番（降順）に表記するほうが見やすいので，棒グラフの結果はもともとの選択肢の順番ではなく，調査結果の％の大きい順に並べることが多いのです．無論，選択肢に順序性がある場合（例えば，賛成－やや賛成－やや反対－反対）は，選択肢の順にしたがった並べ方の方が望ましいこともありますが，棒グラフを作成するうえでよく用いられる工夫の1つです．

第3章
社会調査の目的と意義

3.1　社会調査と呼ぶことができるのはどこからどこまでか？

私たちは，学術調査，世論調査，各種アンケートと様々な社会調査を実際に目にしています．その形式も，面接調査，電話調査，インターネット調査などさまざまです．それでは，「調査」という言葉がつくものであれば，社会調査と呼ぶことができるのでしょうか？

ここでは，4つの例を取りあげて社会調査の範囲を確認してみましょう．

①**浮気調査**：例えば，夫あるいは妻が，浮気をしていないか知りたいと思って，探偵に依頼する浮気調査は，社会調査と言えるのでしょうか．

結論から言えば，これは社会調査とは呼べません．なぜならば，依頼人個人が安心を得るためのものであり，その目的はきわめて個人的なものだからです．また明らかになる事柄もその個人固有のものです．社会調査は，個人的な目的の達成に利用されるだけでなく，もっと一般的に役立てられる可能性を持つ必要があります．また特定の個人に関する事柄を知るだけで完結するものでもありません．個別的な事例を調査する社会調査も確かにあるのですが，何らかの形で社会集団の性質を**推論**する手続きが行われます．例えば，どのような社会状況が浮気という現象を喚起しやすくなるのかという問題意識のもとで浮気についての事例調査が実施されるのであれば，その調査の性質も違ってくるといえるでしょう．もっともそれは探偵の仕事ではありませんが……．

②**事件現場の調査**：警察が何か事件が起きたので犯人を捜すような場合はどうでしょうか．

これについても同様のことが言えます．1つの個別の事件の犯人捜し自体は，事件の解決が目的ですので社会調査とは言えません．事件現場に何か残されていないか調べることは事件の解決には有益ですが，社会調査とは言えません．社会調査と呼ばれるには，社会を調査するという目的のもとに社会集団の性質を推論するものである必要があるのです.

③**水質調査・地質調査**：水質調査・地質調査はどうでしょう.

社会にとっては有益な気がしますが，残念ながら自然現象を測定する調査は，社会調査に含めないのが一般的です．ただし，環境問題のように人々の意識の動向の問題と関連させるなど，社会について考える姿勢が伴う場合は，自然現象を測定する調査であっても社会調査に含める余地があります．つまり，自然現象についてだけの調査では社会調査としてふさわしくありませんが，社会について考える姿勢があるものであれば，自然現象の観測を含むものであっても社会調査と呼ぶことができそうです.

第1章で，社会調査は，現実のデータを収集して，事実から理論を証明するという一連の手続きの基礎になるという説明をしました．もっと厳密には，（自然現象ではなく）社会集団を推論するという目的のもとに，現実のデータを収集・分析し，社会について考える営みであるということができます．社会調査は，実証的方法の基礎と位置づけられるわけですが，何らかの **fieldwork**（実査）[1] を伴う客観的な方法（＝現実のデータの収集・分析）という意味も含まれます．単なる思考だけにとどまるものであっては，いくら社会を扱っていても社会調査とは呼べません.

④**調査のフリ**：最後になりますが，外見上社会調査のように見えても社会調査と呼べないケースを述べておきます.

アメリカ合衆国の選挙戦で見られた**プッシュ・ポール**（**push poll**）と呼ばれる現象です（Groves, Fowler, Couper, Lepkowski, Singer & Tourangeau 2004）．これは，どのようなものかというと，「候補者Xが，児童虐待の罪に問われていることを知っていますか」といった質問を選挙戦の最中に電話で尋ねてくる人がいるのですが，実はこれは調査でも何でもないというお話です．一見世論の動向を探る社会調査のように思えます．しかし実は候補者Xは児童虐待の罪に問われていません．それ自体が全くのウソで，対立する候補者の陣営を支持する誰かが，候補者Xの信用を落とす目的でガセ情報を流し，あわよくば自陣営のYに

1　実際に調査の手続きを推進すること全般を意味します．直接現地に赴く場合だけでなく，郵送や電話による手段も含まれます．また一人の人が全てを行うのではなく，調査員の形で他者に委ねる方法でも構いません.

投票を勧誘しようと企んでいるという「調査のフリ」だったというわけです．日本でも，アンケートだというので街角で回答していたらどうも宗教団体の勧誘だったということがあります．これも調査のフリの例といえるでしょう．

社会調査とは，社会集団を推論する目的のもとに，現実のデータを収集・分析し，社会について考える営みと言えます．ただし，世論の誘導や特定の行動への勧誘といった別の目的をごまかすための手段であってもいけません．

3.2　社会調査の意義

社会調査には，個人的な目的ではなく，社会という集団の特性を調査するという目的があることが確認できました．また，自然現象についてではなく，社会について考える姿勢が必要であるということも確認しました．

このことから社会調査の意義は，まず次のような点にあるといえるでしょう．

「ある社会事象の性質や特徴を的確に記述する」

このことは，社会調査が社会科学における**実証的方法**の一つであるということとも関係します．現実のデータを収集して事実から理論を証明する実証的方法の典型として，実験と社会調査の2つをあげることができます．社会調査の意義を理解する上では，実験との違いを考えることが有益です．では，実験と社会調査との違いは何でしょうか？

実験は主に自然科学の領域で利用され，社会調査は社会科学において利用されるというのはあながち間違いではありませんが，厳密にはそうではありません．心理学などでは実験をよく用います．また社会実験といった言葉もあります．ただ心理学で実験をする際もそうですが，実験を行う場合は，実験に参加してもらう対象者（被験者）に対して，「さあこれから実験をします」といったことをあらかじめ伝え，実験室のような非日常的な空間で実験を行うことになります．このような場合には，「さあ実験されるぞ」「実験に参加しているぞ」ということで普段の感覚と少し違ってくることがあります．このような形で日常的に生じている意識や行動と異なる意識や行動が実験室のような非日常的な空間で生じる原因は，**ホーソン効果**（**Hawthorne effect**）に求められます（参考3.1を参照）．ホーソン効果が社会調査の場面においても生じないとは言い切れませんが，実験の場合よりは影響の程度が小さいと予想されます．

参考3.1

ホーソン実験（Hawthorne experiment）とは，AT&Tの子会社となったウェスタン・エレクトリック社のホーソン工場（シカゴ市）で，ハーバード大学のグループが1924年から1932年にかけて行った物理的環境条件と作業能率との関係を調べる一連の実験や調査のことです．統制を行った上で，直接的に観察を行うことが主な調査の方法でしたが，一部面接調査も行われました（⇒第8章）．ホーソン実験を構成する主なプロセスは，次の通りです．

1：照明実験（1924.11～1927.4）

照明の方法・強度と作業能率の関係を調査したが，両者の間に相関関係は見いだせなかった．

2：継電器組立作業実験（1927.4～1933.5）

他の要因と作業能率との関係を調べるため，色々と作業条件を変化させたが，能率との直接相関関係は見いだせなかった．

3：面接調査（1928.9～1931半ば）

監督方法と作業能率の間の相関関係を調べるため，継電器組立作業実験の途中，約2万人の従業員を対象として面接調査が行われた．監督や人事管理の事実については，あまり成果がなかったが，労働者の話，態度，行動は，彼らの抱く感情から切り離しては論ぜられないことが判明した．

4：電話交換台配線作業観察実験（1931.6～1932.5）

具体的なグループにおいて，職場集団の実態を観察しようとした．その結果，非公式組織とインフォーマルリーダーの存在が確認された．

ホーソン実験は，経営学的には**人間関係論（human relations）**登場の契機となったこと，心理学的には自分たちが選ばれて活動に参加しているという心理から熱心に取り組むようになる現象（**ホーソン効果**）が見出されたことで非常に有名です．しかし，ホーソン実験のプロセスそのものは，1960年代以降厳しい批判にさらされ，現在では実験そのものの意義やホーソン効果の発生について否定的に見られています（大橋・竹林 2006；藤田 2009）．

また実験は，全てのテーマを扱うことはできません．「ウィルスが流行している社会における人々の意識」は，実際にウィルスが流行している時に社会調査によって測定することはできますが，わざとウィルスを流行させて実験するわけにはいきません．そのような実験を行うことは許されず，また事実上できないのです．つまり，社会調査には，実験では扱えない（扱いにくい）テーマを扱うという特徴があります．

まとめると，社会調査の意義は，次の2つに集約されます．第一に，ある社会事象の性質や特徴を的確に記述する点です．第二に，実験よりも自然な状況で，かつ実験では扱いにくい社会事象のテーマについて扱うという点です．これらは社会調査の用途とも言い換えることができます．ただ，第二の意義は，実験と比較した場合の社会調査のメリットでもありますが，デメリットにもつながります．

例えば，実験は大抵の場合繰り返し行うことができる現象を取り扱います．したがってもう一度同じ実験を実施して，同じ結果を再現できる可能性があります．これに対して社会調査は厳密な意味での繰り返しは不可能です．ある程度の結果を再現できる可能性はありますが，同じ時間は二度と流れてきません．確かに社会状況があまり異なっていなければ同じような調査結果が得られるかもしれません．しかしたとえそうであっても，調査の時点が異なっていれば，厳密には同じ調査を再現したものとは言えません．

また実験は，**事前配置**による比較を行うことができるとされています．例えば，似たようなグループを 2 つ用意しておき，片方のグループ（**実験群**）に何らかの刺激を与え，もう片方のグループ（**対照群または統制群**）には刺激を与えず，両者を比較することによってその刺激の効果を調べるといったような方法です．社会調査において，このようなグループ分けをあらかじめ行うことは通常は難しいと考えられています[2]．例えば大学に進学した人と大学に進学せずに就職した人を比較するような場合には，進学と就職以外の諸条件を等質にすることはできません．何らかの社会的状況（性別，世帯収入ほか）が異なっていたために進学か就職かの選択の結果があると考えられるからです．このような比較は**事後配置**になります．

ここまで実験と社会調査を対比的に説明してきました．比較の表を表 3.1 に整理しておきます．

表 3.1　実験と社会調査

	実験	社会調査
対象となる分野	主に自然科学 例外：心理実験	主に人文社会科学
再現	繰り返し行える．	厳密な意味での繰り返しは不可能
比較の方法	事前配置	事後配置
ホーソン効果	より非日常性の強い空間を設定することにより，極度の心理的緊張を生み出す．	

2　社会調査においても異なる調査手法の効果を比較（2 種類の質問文の比較など）するような実験的な調査の場合は，あらかじめ等質の群に分けておき（事前配置），それぞれの効果を比較するという方法（スプリット=バロット法，split-ballot experiment）がとられることもあります．

3.3 社会調査の実施に伴う社会的責任

社会調査には，ある社会事象の性質や特徴を的確に記述することができるという意義があることが確認できました．しかし，世の中には，プッシュポールのような調査のふりをした怪しげな活動もあります．世間の人々が社会調査について誤解しないように，社会調査を実施しようとする人々は，適切に調査を実施し，社会調査そのものの信頼を損なわないようにする必要があります．厳密には調査倫理（⇒第25章）にも関連する問題ですが，ここでは社会調査を実施する人が最低限担っていくべき4つの社会的責任を確認していきます．

(1) 調査対象者のプライバシー

調査対象者の**プライバシー**（**privacy**）の保護は最大限尊重されなければなりません．調査対象者も調査を実施する人と同様に人格のある人間です．人権を尊重する上で，調査対象者のプライバシーの保護は尊重される必要があります．

(2) 調査結果の還元

調査対象者のプライバシーを保護するということは，調査対象者の個人レベルでの情報を保護することと関わりが深いことがらです．しかし，だからと言って社会調査の結果を何もかも秘匿するということではありません．確かにプライバシーや個人情報の保護は重要ですが，たいていの調査においては，それを守った上で，結果をむしろ積極的に公開する方が好ましいのです．その方が調査を協力した人の厚意に報いることになるからです．例えば，明日か明後日の新聞で結果が公開されるとわかっている方が，世論調査に協力しようという意欲がかき立てられます．

この点，マーケティング目的の調査の場合は，企業秘密として調査結果そのものが公開されない場合もあると思います．しかし，そのような場合であっても製品開発や市場の開拓に生かされてこそ調査の意義が増すといえるでしょう．何らかの形で調査結果が社会に還元されるように努めるのが調査実施者の**社会的責任**だからです．

(3) 社会調査の客観性

社会調査の結果は，非科学的なものでは意味がありません．そのため社会調査の全過程（データ収集・処理・分析など全て）において**客観性**が求められます．とはいえ，社会調査において完全に客観的であるということは現実には難しい場合もあるため[3]，社会調査の客観性は，採用した方法が完全に客観的であるということまで要するものではありません．

そのため，社会調査が客観的なものであるということは，当該社会調査において採用された方法が明示されていることになります．社会調査の方法が明示されていれば，他人が**追試**を行うことができ，再現性が担保されるからです．そして，ここで明示された社会調査の方法は，他人から批判を受けるような弱点が多少あったからといって直ちに客観的ではないというわけではありません[4]．しかし，ある程度批判に耐えられるようにしておく必要があります．

他人が追試を行うことができれば，当該社会調査の客観性を高めることになりますが，大半の社会調査は特定の一時点における社会の状態の把握を目的としていますので，過去の調査と完全に同一の社会調査を再度行うことは通常できません．しかし，採用された方法が明示されていることで誰もが納得できるというのは客観性を担保する重要な要件の 1 つと言えるでしょう．

(4) 社会調査の妥当性

社会調査の**妥当性**（validity）とは，調査したい事柄を的確に調査しているかどうか，社会調査を企画した趣旨や目的に調査の内容が適しているのかといったことを意味します（原・海野 1984：13，2004：39）．せっかく社会調査を実施していても的はずれな調査になっては無駄ですので，調査者には目的にかなった社会調査を実施する責任があります．次章では，この社会的責任を果たすために社会調査をどのように企画していけば，社会調査としての妥当性を保てるのかを検討します．

3　主観的な記述を活用することを必要とする社会調査もあります（⇒第 8 章）．

4　誤差のない調査や 100％の回収率というのは現実的ではありません．たいていの社会調査には不確実性がつきものです．不確実性が評価できることが重要と言えます．

第 4 章
調査企画とテーマ設定

4.1　社会調査の企画・テーマ設定

社会調査を始めるにあたっては，まず調査の企画・立案を行います．大まかな**調査のテーマ**を設定し，誰を（場合によっては，何を）調査するかを明確にし（目標母集団の明確化），その際に調査の全体スケジュールの確認を行います．さらに必要であれば予算を確保します．

企画にあたっては，調査したい事柄を的確に調査できるようにすることが必要です．企画した趣旨や目的に調査の内容が適した妥当性のある社会調査（⇒第 3 章）を実施していく責任が調査者にはあるからです．そして，調査したい事柄を的確に調査できるようにするには，「より正確に，より多くの情報が得られるようにすること」が必要になります．そのため，社会調査においては，

（1）（正確に回答しやすい）現在の意識や行動を取り扱うこと

（2）より多くの情報を得られるようにすること

といったことを意識して，テーマを設定することが推奨されます．

(1) 現在の意識や行動を取り扱うこと

社会調査の企画にあたっては，様々なテーマの設定が考えられます．環境問題や教育問題，福祉の問題など人によって関心は様々です．多くの場合，その調査の関心は現在の問題にあります．そして現在の出来事や現象に対して調査がなされるのが普通です．

このことは必ずしも過去の出来事を調査してはいけないというわけではありません．社会調査の中には，成人に対して子供のころの家庭環境を尋ねる調査もあります．働き方の調査などでは，最初の就職や職業を調べるものもあります．文書記録や回想・回顧を手掛かりに過去の歴史的なできごとを明らかにしようとするものも珍しくありません．しかしながら，調査対象者の現在の状態を把握することに比べて，過去を調べようとすることの方がより困難です．調

査対象者が過去の事実を忘れてしまったり，覚えていても回答を省略してしまったりすることがあるからです．

何を覚えていて何を忘れているかは当然人によって異なりますが，何を思い出しやすいかについてはある程度の傾向があります．トランジョーら（Tourangeau et al. 2000）は，クラスメートの名前は思い出しやすい一方で，成績の評価は時間の経過につれて思いだしにくくなることを示しました（図 4.1）．

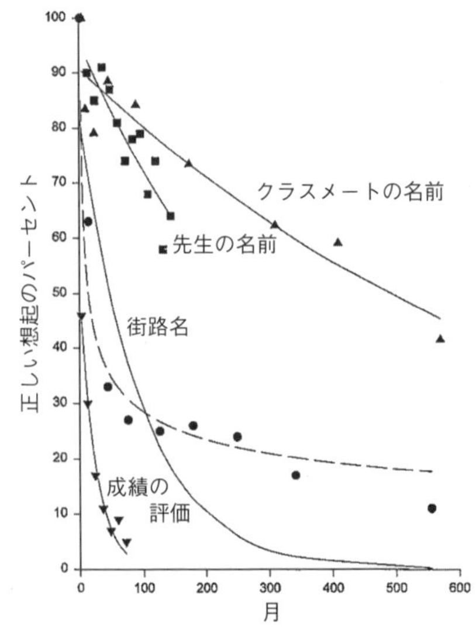

図 4.1　想起の正確さ
出典：Tourangeau et al. 2000, Fig 3.3 を改変

最初の就職から現在までの経歴を尋ねるような場合のように事実についての調査においては，記録をたどりながら回答するのであれば比較的正確な回答が得られますが，過去の気持ちや意見といった意識に関する事柄は比較的最近のことであっても覚えていなくても不思議ではありません．食事なども特別なメニューであればともかく，数日前の普段の食事の内容や感想を覚えている人はあまりいないと思います．

そのため，社会調査は過去の状態よりも現在の状態を調査するのが得意であるといえます．特に（勤務先の名称や担任の先生の名前のような）実態的な事実の場合より，心情や意見といった意識的なことがらにおいては，現在の状態でなければほとんど把握はできないと考えた方がよいでしょう．

もっとも**ライフヒストリー研究（life history research）**のように調査対象となった個人（**インフォーマント，informant**）の主観的かつ**回顧的なデータ（retrospective data）**を多く入手する場合もあります．このような場合は，公的・私的な文書資料，統計データを用いる等，多元的なアプローチによって証拠づけること（**トライアンギュレーション，三角測量法，triangulation**）[1]が必要になります．

ちなみに未来の調査というのは当然ありえませんが，未来にむかって実施される調査はありえます．現在から未来に向けて追跡的に同じ対象者に対して繰り返し実施する調査のことです．これは**パネル調査**と呼ばれます（⇒第 6 章）．

正確な情報を得るためには，現在のことがらであっても「(意識的な，あるいは無意識的な）虚偽の回答を減らす」工夫が必要です[2]．このことは，調査方法の決め方や調査票の構成・質問文の作成の場面で重要となってきます（⇒第 20，21，22 章）．

(2) より多くの情報を得られること

調査においては，回答そのものが得られなければ，十分に情報を得られたとは言えません．また回答が得られたとしても，誰に聞いても同一の回答しか得られないような場合も十分に情報を得られたとは言えないでしょう．逆に言えば，調査対象者からしっかりと回答を得られ，かつその回答が同じものではないことが，より多くの情報を得られる調査といえます．

(2)-1. しっかりと回答を得られるようにテーマの水準に配慮すること

調査対象者にとって，テーマの水準が不適切な場合は，まともに回答が得られないことがあります．

例えば，生死にかかわるような交通事故の経験をした人々の意識を分析したいからといって，日本人一般を対象とするような質問紙調査で，交通事故の経験の有無を尋ね，そのあとに「経験あり」と答えた人にその詳細を質問するような場合です（原・海野 2004 参照）．この場合は，ほとんどの人が「経験なし」となって，「テーマの内容」の面でも不適切になるかもしれませんが，仮に「生死にかかわるような」をはずして「経験あり」の回答者がいるようなケースで考えたとしてもどうでしょうか．メインのテーマは「交通事故の経験をした人々の意識」です．仮に 10％の人が「あり」だったとしても「あり」の 1 割の人たちだけに何問か詳細な質問を行うわけですから，9 割の人たちは

1　データだけでなく，調査者や方法論も相補的に組み合わせる．

2　社会調査における測定の妥当性は，回答の虚偽や面接者の影響によっても損なわれる（原・海野 2004：39）．測定の方法全体の妥当性であるが，この他に測定の尺度の妥当性もある．

メインテーマの対象から外れてしまい，調査の対象にならなくなってしまいます（**非該当**と呼ばれます）．

ただし，このようなテーマの立て方であっても，交通事故経験者のみを調査の対象とすることができるのであれば話は変わってきます．全員が事故経験者ですから「交通事故の経験をした人々の意識」を調べる場合でも，前述した場合のように9割方の対象者が無駄になるような事態は避けられます．テーマの水準として適切かどうかは，「想定されている調査対象者」によって変化します．

テーマの水準として不適切なケースは他にも考えられます．例えば，一般の人々を対象とする質問紙調査を実施する場合に，法律の専門家でないとわからないような法律の条文の解釈のあり方について賛成か反対かの意見を尋ねるとしたらどうでしょうか．このような質問には，そもそも一般の人には答えようがないので，極端な場合，1％の人が「はい」，1％の人が「いいえ」，98％の人が「わからない」（Don't Know）や答えない（No Answer）といった無回答（item nonresponse）になってしまうかもしれません．このような場合も，社会調査で取り扱うテーマの水準が適切とは言えません．

ただし，この場合も想定されている調査対象者が変わると，適切なテーマの水準も変わってきます．例えば，弁護士会の会員が対象であれば，法律の条文の解釈についての無回答はそれほど多くはないかもしれません．調査テーマの水準は「想定されている調査対象者に対して適切かどうか」だからです．

(2)-2. 全ての調査対象者が同一の回答をしないこと

無回答も非該当もなく，何らかの回答が得られたとしても意味をなさない調査というのがありえます．例えば，ある質問をしたとして，その質問に対して調査の対象となるような全員がおなじ回答をするようなケースです．企画した調査においてキーとなるような質問において，「はい」か「いいえ」で答えるような形式だったとしましょう．回答した人たちのうち100％の人が「はい」，0％の人が「いいえ」と答えるようであれば，回答が「はい」と「いいえ」の人たちの間でどのような違いがあるのかを全く調べることができません．そもそも100％の人たちが「はい」と答えるような質問であれば，質問する前から圧倒的多数の人たちが「はい」と答えると予想できたのではないでしょうか．調査をした意味が全くなかったとは言えないまでも，誰でも予想できたけどやっぱりそうだったというぐらいの成果なので，せっかくの労力の割には得られた果実が少なかったのではないでしょうか．

現実的には，一つの選択肢に 100%の回答が集中するということはなかなかありませんが，ほとんどの人が「いいえ」だったということは起こりがちです[3]．

例えば，インターネット上のツールの利用頻度などへの関心から，「あなたは日常的に YouTube で動画配信をおこなっていますか」のような質問をしたとします．しかし，日常的に動画を閲覧する人はわりといたとしても，高齢の人まで含めて尋ねるような一般的な社会調査の場合に「日常的に配信を行っている人」の割合はめったに高くなるものではありません．特定の国や地域への旅行経験を尋ねるような質問でも同様の現象が起きます．昨晩みたテレビ番組で興味を持ったからといってタヒチ（フランス領ポリネシア）に行ったことがある人の割合を調べるために「タヒチにいったことがありますか」という質問を行っても「はい」と回答する割合は極めて小さいでしょう[4]．

ここでは 1 つの質問文の設定を例にとって説明していますが，いずれにしても調査の対象となった人がほぼ全員が同じような回答をするような質問がキーとなるようなテーマ設定の仕方は適切ではないということが言えます．

以上から，社会調査の企画段階においては，社会調査が現在を調査する題材が得意であることを意識しつつ，想定されている調査対象者にとって内容と水準が適切な調査を企画することが重要であることが分かりました．具体的にどのような調査を考えていけば良いのかについては，第 5 章で扱います．

(3) 社会調査として成立していること

順番が前後しますが，社会調査の企画段階での妥当性を高めるにあたっては，そもそも社会調査の企画として成立していることが前提となっています．

例えば，面白いだけの非科学的な調査は，そもそも社会調査とはいえません．バラエティー番組などで，「海辺に遊びに来ている人々にこんな簡単なはずの料理を作ってもらったらこんな結果だった．できたのは何人中何人でし

3　誰も選ばなかった選択肢（0%）が生じたということはよくあります．

4　フレンチ・ポリネシア統計局によると，タヒチを含むフランス領ポリネシアへの日本人訪問者数は 2016 年の段階で 1 万 2174 人（1 万人中 1 人）です．

た」というものがあります．バラエティーとして成立し，面白おかしいからと言っても調査としての意義はありません．

つまりそのようなものは本当の調査とは言えないのです．同様にインターネット上で，図 4.2 のような結果を示して各自に選んでもらうような試みも同様です．面白企画であって本当の調査ではありません．

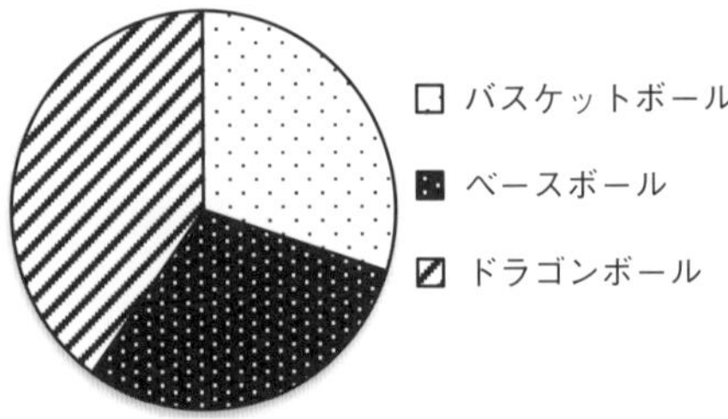

図 4.2　調査とは言えない例

一方で，本当の調査ではあるけれども，社会調査と言えるというだけでもいけません．調べなくてもわかるような自明な調査です．一生懸命結果が出るように企画したものの，キーとなるべき質問において「全ての調査対象者が同一の回答をする」ような場合は，無意味な結果となります（表 4.1 左）．

またテーマ水準の設定を誤ってしまい，ほとんどの人が肝心の質問文で尋ねるべき対象からはずれる非該当となってしまったり（表 4.1 中央），無回答となったりした場合も同様です（表 4.1 右）．この点はすでに説明した通りです．

表 4.1　妥当でないテーマの設定

テーマ内容が不適切		テーマ水準が不適切		テーマ水準が 不適切	
はい	100%	はい	1%	はい	1%
いいえ	0%	いいえ	1%	いいえ	1%
無回答	0%	非該当	98%	無回答	98%

4.2　目標母集団の明確化

(1) 目標母集団（target population）

「日本の有権者」「○○市民」「市内の学校に通う高校生」のように特徴を明らかにしたいターゲットとしての社会や集団を**目標母集団（target population）**と呼びます．目標母集団は，具体的な調査内容と同時に決定していきます．

(2) 調査母集団・枠母集団（frame population）

本来明らかにしたいと考えている対象を目標母集団と呼びますが，厳密にはこの目標母集団を調査したり，標本調査の対象として抽出したりすることができない場合があります．例えば，日本人を目標母集団とする調査でも基準となるある調査時点において調査できるのは海外にいる人を調査できないので日本に住んでいる人に限られます．また電話調査の場合

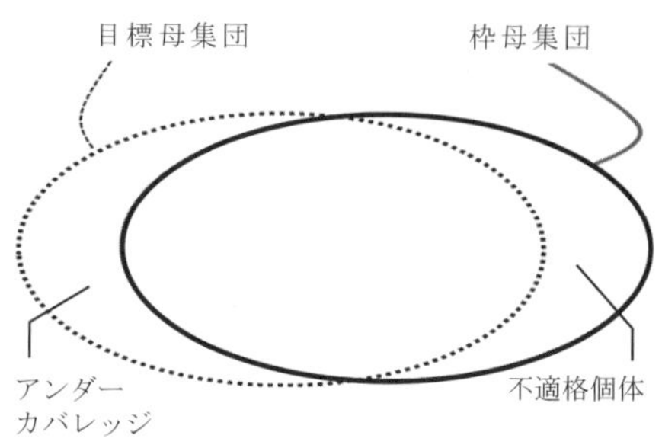

図 4.3　カバレッジ誤差の発生
出典：Groves et al. 2004, Fig 2.6 を改変

は，もっと露骨にずれが生じます．調査の方法にもよりますが，電話保有者や固定電話保有者といった限定がつくことになります．電話帳を用いる方法であれば，電話帳掲載者という限定条件も生じます．このように本来何か明らかにしたい対象となっている集団（目標母集団）とは厳密には少し異なるものの調査の都合上母集団とみなす社会や集団全体を考えます．これを**枠母集団**（**frame population**）とか**調査母集団**と呼んで，目標母集団と区別します．繰り返しになりますが，この枠母集団と目標母集団のずれが，**カバレッジ誤差**（**coverage error**）の原因となります．カバレッジ誤差とは，目標母集団と枠母集団のずれによって生じる誤差です（図 4.3）．目標母集団に含まれるが，枠母集団に含まれないものによるずれ（**アンダーカバレッジ，undercoverage**），逆に目標母集団には含まれないのに，枠母集団に含んでしまうもの（**不適格個体，ineligible unit**）によるずれの２つがあります．アンダーカバレッジの例としては，固定電話保有者を枠母集団とした電話調査において，固定電話を保有していない人が調査から漏れてしまうことがあげられます．一方，一般世帯を対象としている電話調査において，企業や事業所の電話番号にかけてしまう場合は不適格個体の例になります．

なお標本調査の場合は，この枠母集団からサンプリングを行います．そのため枠母集団は**標本抽出枠**（**sampling frame**）となります．

4.3 スケジュールの確認

早い段階でいつまでに調査を完了しておきたいかをあらかじめはっきりさせておく必要があります．どれくらい調査の実査に時間をかけられるのかは，調査の方法の選定に影響します．

4.4 予算の確保

実施しようとしている調査には予算としてどれくらいのお金をかけられるのかということは，どの調査の方法を採用するかに影響します．例えば，郵送調査と面接調査では値段が大きく異なります．郵送調査の場合は，郵送代が固有の費用ですが，面接調査の場合は交通費や面接にかかる人件費が固有の費用になります（参考 4.1 を参照）．そのため，予算は早い段階で確認する必要があるのです．

理想論をいえば，望ましい内容の調査があってそれに必要な費用を見積もり，その予算を確保できるのが良いのですが，現実には難しい場合があります．費用対効果という点から考えれば，調査の精度をわずかに向上させただけで値段が跳ね上がるような場合もありえるので，やみくもに水準の向上を考えるのではなく，効果に見合った最適な費用というものを見積もる必要があります．

参考4.1

調査票の印刷代や対象者の抽出費用，対象者への謝礼，データの整理，データ入力などにも費用はかかりますが，それらはどの方法でも同じようにかかる費用です．そこで，調査対象者が 1000 人いると想定した場合に，郵送調査と面接調査それぞれ固有の事情でかかる費用だけをシミュレーションすると，次のようになり，概算とはいえ 160 万円近くの差が生じることがわかります．

●郵送調査固有の費用（合計 402,000 円）
- （1）案内ハガキ用切手　62 円× 1000 部＝ 62,000 円
- （2）調査票送付代　140 円× 1000 部＝ 140,000 円
- （3）返送用封筒貼付切手　140 円× 1000 部＝ 140,000 円
- （4）封入作業　10,000 円× 6 人× 1 日＝ 60,000 円

●面接調査固有の費用（合計 2,000,000 円）
- （1）調査員手当　10,000 円× 50 人× 3 日＝ 1500,000 円
- （2）調査員交通費　3,000 円× 50 人× 3 日＝ 450,000 円
- （3）調査員通信費　1,000 円× 50 人＝ 50,000 円

※実際には調査員手当は成功報酬の歩合給のことが多いのですが，ここでは計算の便宜上日給 1 万円で計算しています．

第 5 章
調査項目の選定と仮説構築

5.1 調査テーマの設定から調査項目の選定へ

第 4 章では，社会調査の企画にあたって，どのような調査のテーマを扱うのがよいかを考えました．それぞれが関心のあるテーマを自由に設定して構わないのですが，企画として適切なテーマを選んでおくことが必要になるということでした．そのポイントを再掲すると以下のようになります．

【1：現在の調査であること】

社会調査は過去の状態よりも現在の状態を調査するのが得意であるということに留意します．心情や意見といった意識的なことがらにおいては，現在の状態でなければほとんど把握はできません．

【2：全ての調査対象者が同一の回答をしないこと】

調査の対象となった人のほぼ全員が同じような回答をする質問がキーとなるようなテーマの設定の仕方は適切ではないといえるでしょう．

【3：テーマの水準に配慮すること】

大多数の調査対象となった人たちがメインテーマの対象から外れてしまい，「非該当」として調査の対象にならなくなってしまうような場合や，質問の内容が専門的すぎるなど大多数の調査対象にとって理解が困難な質問であるためにほとんどの人が「わからない」や「無回答」になってしまう場合です．このような場合も，社会調査で取り扱うテーマの水準が適切とは言えません．

過去の状態（特に，意識）については調査しようにもうまくいかないこと，また想定されている調査の対象者に対して，調査の内容や水準が食い違っていると，この場合も調べたいことを調べることができず，全体としての妥当性を損なうということでした．

5.2 より意義のある調査を目指して

このような配慮を踏まえ,「環境問題」「政治と選挙」「教育の問題」「福祉」「働き方とライフスタイル」等といった大きなくくりのテーマ自体を設定したとします.その上で,より意義のある興味深い結果を導くことができるような社会調査を実施するにはどのようにすればよいのでしょうか.

1つには,単なる事実の**記述**(description;どうなっているのかを述べる)だけでなく,なぜそうなのかという**説明**(explanation)をすることをあらかじめ念頭において社会調査を企画するという方法があります.この記述と説明の区別は重要です.何らかの推論が含まれることを踏まえて,それぞれ**記述的推論**と**因果推論**と呼ばれる場合もあります.マスコミ等が実施する報道目的の世論調査では,現在の内閣の支持率は何パーセントであるという風に注目している事象に関して記述することが多いのですが,学術的な調査においては,何が原因でどのような結果が生じたのかという**因果関係**(causality)の説明を行うことも多いのです.その際に,よく念頭に置かれているのが,図5.1のような関係図です.

因果関係の説明を考えた上で,**仮説**(hypothesis)を立てるのがポイントです.そして,仮説を検証するために**相関関係**(correlation)が成立しているのかどうかを確認します.例えば,よく世間で言われるような言説「高齢者は,よく投票に行くが,若者はあまり投票に行かない」を仮説の例として考えてみましょう.この仮説では投票によく行く・あまり行かないといったような投票行動(概念①)と高齢者か若者かといった年齢層(概念②)の関係が述べられていることになります.

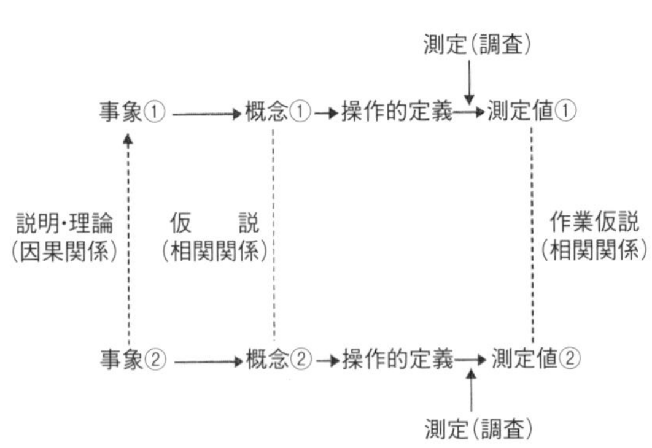

図5.1　因果関係のある仮説についての諸概念の関係図
出典:原・海野 2004:17,図1.3

そしてこのような仮説の裏には,〈若者=政治に無関心,高齢者=政治に関心がある〉ということが想定されていると考えられます．政治に関心があるかないかを事象①として，事象②を人生経験の長さと考えることができるでしょうか．個人差はあるといっても人生経験が長いほうが政治的な関心が高まるのだという因果関係を説明する理論がこの仮説の背後にあるというわけです．

ところで，ここで扱われている「若者」とか「高齢者」とかの定義は，何でしょうか．政治家の世界などでは，60 歳を過ぎても若者扱いされたということもありました．以前は「女子」という言葉では未成年が想定されていましたが，雑誌などで「30 代女子」とか「40 代女子」という使い方を積極的にすることで，まだまだ若いという認識がアピールされています．その一方で，発展途上国などでは平均年齢が低いため，30 過ぎぐらいでも社会全体からみると高齢層のように扱われることもあります．実際のところ「高齢者」か「若者」かの定義は人によって様々です．若いと自分で思っている人が若い人という定義だって間違いではありません．そこで概念として「高齢者とは……」や「若者とは……」と定義を決めておくことがあります．これを**概念的定義**と言います．「投票行動」についても同様です．

一方で，実際の調査において具体的に測定するための定義というのも考えられます．社会調査の場合，具体的に質問をする際に，年齢を記入するかもしれませんし，「あなたは若者か高齢者かその中間かどれだと思いますか」のように尋ねて選んでもらうということも考えられます．前者の場合は，例えば，「25 歳以下の年齢を回答した人」が調査における若者の定義になります．本当は 30 歳だけど 5 歳若く 25 歳と書いていたとしても便宜上その人は若者になります．後者では，「1 若者」という回答を選んだ人が「若者」として認識されます．投票についても「1 いつもいく」「2 大体いく」「3 あまりいかない」「4 ほとんどいかない」という選択肢があったとすれば，「1 か 2 を選んだ人」= よく投票にいく人，「3 か 4 を選んだ人」= あまり投票にいかない人と分類して考察することがあります．このように調査や分析の都合で具体的に測定するための定義のことを**操作的定義**と呼びます．

実際に調査を行うと，「年齢が高い人ほど投票へ行く頻度が高まる」というような関係性が見出されることが知られています．第 2 章の例 2.3 は，衆議院総選挙への投票行動と年齢の関係をあつかったものですが，同様の関係性を確認できます．この場合のように変数が何らかの量をあらわすとき，一方の変数が増加すれば他方の変数も増加する場合を**正の相関関係**があると表現します．

逆に一方の変数が増加すれば他方の変数は減少するような関係は**負の相関関係**があると呼ばれます（図 5.2）.

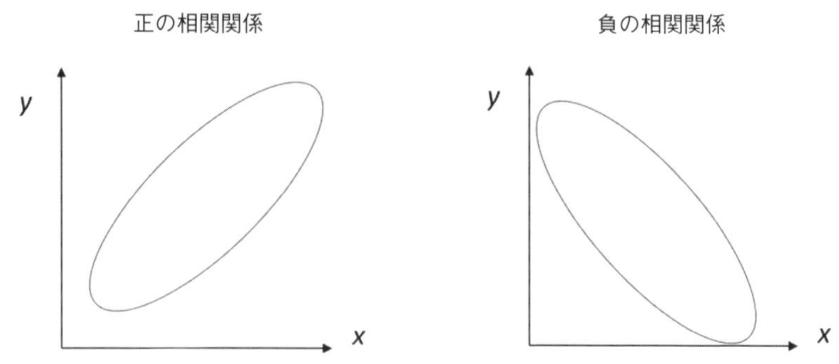

図 5.2　正の相関関係と負の相関関係

5.3　仮説構築とクロス表

第 2 章の例 2.3 は，衆議院総選挙への投票行動と年齢の関係をクロス表の形にしたものでした．このクロス表の分布から，「年齢が高い人ほど投票へ行く頻度が高まる」というような関係性を読み取ることができますので，前節で扱ったような言説を確認する手段として使うことが考えられます．クロス表は，何らかの仮説の成立を確認する手段として有効であると言えます．

いくつか例を確認して見ましょう．

表 5.1　ぬるま湯感と充実感

Q2. 自分の仕事に充実感を感じている.	Q1. 職場の雰囲気を「ぬるま湯」だと感じることがある.		
	Yes	No	計
Yes	175	176	351
No	138	77	215
計	313	253	566

Cramer's $V = -0.140$, $\chi^2 = 11.074$, $p < 0.001$

出典：高橋 1997：138，表 1

表 5.1 は，調査対象となった日本企業 11 社の従業員 566 人のぬるま湯感と充実感の関係を表しています．このクロス表から，自分の仕事に充実感を感じている 351 人のうち，職場の雰囲気をぬるま湯だと感じたことがあるかどう

かという質問について,「Yes」と「No」を選んだ人の割合はおよそ半々であることがわかります.しかし一方で,自分の仕事に充実感を感じていない 251 人のうち,ぬるま湯だと感じたことがあるのはおよそ 64%の 138 人にのぼることも分かります.つまり,充実感がない人の方が,ぬるま湯だと感じる傾向が強いということが読みとれます.

このクロス表は,仕事に対する充実感が職場におけるぬるま湯感を引き下げるという因果関係が成立するのではないかという仮説構成を前提に分析されており,その仮説を裏付ける結果を得ている例になります.

次に,調査対象となった NPO（非営利組織）1059 団体における意思決定の方法と存在理由の考え方から導出された NPO のタイプとの関連についてのクロス表（表 5.2）の例を見てみましょう.この表からは,問題解決型の NPO では,実質的な決定方法として理事会や幹事会等といった複数の幹部から構成される正規の決定機関で決めると答えた団体の割合が,最大の 46%であったのに対し,存在重視型の団体においては,メンバー全員の協議によって決まると答えた団体が最大割合 40%を占めていることが分かります.

表 5.2　活動の理由と意思決定方法

NPOのタイプ	団体の日常活動の方針やその執行等の実質的な決定方法				
	1. リーダー一人	2. 幹部の協議	3. メンバー全員	4. 正規の決定機関	合計
問題解決型	15 2%	132 22%	178 30%	277 46%	602 100%
存在重視型	10 2%	96 21%	183 40%	168 37%	457 100%
合計	25	228	361	445	1059

Cramer's $V = 0.114$,　$\chi^2 = 13.859$,　$p = 0.003$

出典：松本 2006 を一部改変

あらかじめ調査の実施時点で,このようなクロス表の作成を通じて検証することを想定し,「X ならば Y になりやすい」という形式の因果関係についての仮説を構築するというのが実証研究の基本形の 1 つになります.あらかじめ仮説を用意しておき,データを用いてその仮説を検証するという手順をたどるわけです.

コラム

仮説検証的アプローチと事実探索的アプローチ

実のところ，実証研究はその方向性の違いから，仮説検証的アプローチと**事実探索的アプローチ**の二つに大きく分けて考えることができます（飽戸 1987）．本章で説明してきたのが，仮説検証的アプローチです．これは，事前に仮説を用意し，それを現実世界や経験世界で実際に起きている事実から検証することで，抽象的な概念や理論的枠組みを修正・補強するものです．この仮説検証的アプローチは，現在の科学の主流を占めています．

これに対し，事実探索的アプローチとは，事前に仮説などを用意せずに，現実世界や経験世界で実際に起きている事実をありのままに測定することから新しい概念や理論的枠組を発見することに重きをおきます．テューキー（J. W. Tukey）の**探索的データ解析（exploratory data analysis）**，林知己夫の**データの科学**，グレイザー（B. G. Glaser）とストラウス（A. L. Strauss）の**グラウンデッドセオリー・アプローチ（grounded theory approach）**は，これに近い立場で知られています．

第 1 章における科学的研究のアプローチの図 1.2 に，仮説検証アプローチと事実探索アプローチの考え方のイメージを加筆修正したのが図 5.3 です．

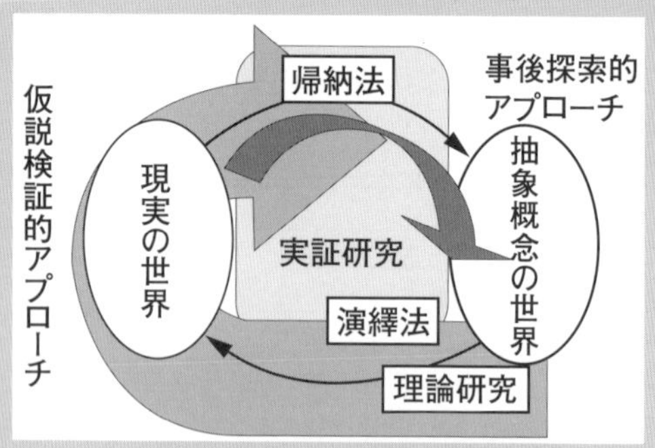

図 5.3　仮説検証と事実探索

矢印の太さの違いは，仮説検証的アプローチが科学における研究手法として主流を占めていることを表しています．主流のアプローチに対抗して，探索的なアプローチが主張されるのは，仮説検証的アプローチが科学としての新しい発見につながらないという批判があるためです．例えば，林知己夫は，仮説検証アプローチのことを「当たり前のことでもデータで示さなければ満足しないような世界」（林 2001：4）と表現しています．

もっとも仮説検証的アプローチと事実探索的アプローチも現実には完全に分離できるものではありません．実際の研究の場面では，仮説検証がうまくいかず，事実探索的になっていくこともありますし，事実探索的に調査を始めても，得られた仮説を検証するということもあるため，大きな目で見れば，仮説検証と事実探索を相互に繰り返しているという側面があるのも事実なのです．

第 6 章
社会調査の分類と種類

社会調査と言っても色々な種類がありますが，分類の仕方自体が色々です．

6.1　データの構造の有無による分類

第 2 章例 2.1 のような質問文をいくつかまとめた形式の社会調査は，質問ごとにどの選択肢がどれぐらいの頻度で選ばれたかを測定します．統計的に処理されて，回答割合も示されるわけです．そのため調査の形式は画一的に決まっており，定型のフォーマットを用いてデータが収集されています．このように定型化されたフォーマットにしたがってデータを収集する社会調査は，**統計的調査**（**survey**，**サーベイ**）に位置づけられます．

これに対し，**事例研究**（**case study**）の文脈で実施される調査においては，必ずしもこのような定型化はなじみません．調査対象に応じて尋ねるべき事柄が変わることもあれば，得られた回答によって次に尋ねるべき事柄が変化することもあるからです．結果的に，調査結果は計量的に測定されるとは限りません．このように定型化されたフォーマットに依拠せずに，データを収集する場合は，統計的な調査として位置づけることができません（**非統計的調査**）[1]．

定型化された一連の質問群を同一の調査票を用いて実施する**質問紙調査**（**調査票調査**）は統計的調査の典型です．電話やインターネット上で実施する場合のように，実際に質問紙そのものを見た目には用いない調査もありますが，このような場合であっても作成された調査票が前提となっているのであれば，**調査票調査**（**質問紙調査**）に位置づけられます[2]．英語では，questionnaire survey が質問紙調査に相当します．日本でなじみがある**アンケート**（**enquête**）というカタカナ語は用いられません．

ちなみにアンケート（enquête）は Survey を意味するフランス語に由来し

1　量的調査・質的調査あるいは定量調査・定性調査の呼び方も知られています．ほぼ同じ意味ですが，後述するように英語との対応を考えれば，定量的研究・定性的研究と呼ぶのが正確です．本書では survey の訳語を統計的調査とし，それ以外の社会調査を非統計的調査と呼んでいます．

2　質問紙調査以外の統計的調査としてはアクセスログなどをもとにした行動観察目的の調査などが考えられます．

ています．実際，英語とフランス語の両方が公用語となっているカナダで発行される学術雑誌である *Survey Methodology* の反対側の表紙には *Techniques d'enquête* というフランス語名の記載があります．この語は，特定分野に通じた専門家からの意見の聴取を意味する場合もあり紛らわしい用語です．そのためカタカナのアンケートという言葉を避ける人もいます．その一方で質問紙調査と呼べるほどにしっかりと手順を踏んだものではないという意味で，紙に記入する方式の社会調査全般に用いる人もいます．一般の人々には，調査票調査というよりもアンケートの方がイメージしやすいのでアンケートといった方が調査を説明しやすいという現実もあります．非常に複雑です[3]．

参考6.1

データの構造の有無による分類

1. **統計的調査**（survey）…定型化されたフォーマットによってデータを収集する．

   例）**質問紙（調査票）調査**（questionnaire survey）

2. **非統計的調査**（qualitative research）…上記以外．定型化されたフォーマットに依拠せずに，データを収集する．ただし，調査の枠をはみ出るものが多い．

   例）**事例研究**（case study）**的調査**

6.2　調査対象の単位による分類

単位（unit）とは個体あるいは**要素**（element）とも呼ばれるもので，何らかの調査を実施する際のひとつひとつの調査対象のことです．メートルや kg といった測定単位の意味ではありません．例えば，日本人の世論調査であれば，調査対象全体は日本人ということになるわけですが，日本人ひとりひとりが調査において測定の対象となる個体として位置付けられていたことになります．このように調査の対象者がひとりひとりの人間であればその単位は個人となります．一方，企業の従業員数を調べる場合や，学校の敷地面積，在校生の人数

3　日本語と英語の関係において，社会調査という言葉はもっと複雑です．社会調査を social research のように広くとらえる場合には，英語圏では**定性的研究** qualitative research と**定量的研究** quantitative research のような二区分に分類されます．その場合，定性的な研究は観察者の主観を交えて論述を中心に考察する広範囲の研究手法を，定量的研究も統計的調査 survey よりもやや広い範囲を指し示します．また社会調査を social survey という用語で考える場合もありますが，これは survey よりも意味が狭くなります．

といったことを調べる場合は，その調査対象の単位は個人ではなく組織となるのです．

自然科学の調査においては，調査対象の単位は，昆虫であったり鳥であったりすることもあるかもしれませんが，社会調査においてはたいてい個人か組織・集団のいずれかです．学術調査である「日本人の国民性調査」（統計数理研究所）は，ひとりひとりの日本人の意識を探るものでしたので，典型的な個人を単位とする調査に位置づけられます．一方で「家計調査」（総務省）や「学校基本調査」（文部科学省）は，それぞれ世帯あるいは学校という組織を単位とする調査ということになります．表 5.2 もその例です．ビデオリサーチ社の実施する視聴率調査[4]はオンラインメーターによるものがよく知られてきましたが，これは世帯調査です．そのために世帯視聴率というものが計算されてきました．それに加えて，ピープルメーターによって個人を単位とする調査も実施されています．

この分類上の「国勢調査」（総務省）の解釈はちょっと複雑です．国勢調査では，調査票が世帯単位で配布され，世帯単位で報告する形をとっています．しかし一方で，日本国内にふだん住んでいるすべての人（外国人を含む）及び世帯を調査の対象としていることから個人が調査の対象の単位となっている側面もあります．個人単位と世帯単位のどちらとも解釈できそうです．

参考6.2

1. 個人を単位とする調査…調査の対象者がひとりひとりの人間
   例）「日本人の国民性調査」（統計数理研究所）
2. 組織・集団を単位とする調査…世帯，学校，企業，村落等
   - ・世帯調査　「視聴率調査」（ビデオリサーチ社）「家計調査」（総務省）
   - ・学校調査　「学校基本調査」（文部科学省）
   - ・企業調査　「毎月勤労統計調査」（厚生労働省）

6.3　調査の内容による分類

社会調査の内容は，その性質から人間の意識的なもの（**態度，attitude**）とそうではない実態的なもののいずれかに分けることができます．あなたはどう

4　視聴率調査は，世帯視聴率を調査するオンラインメーター方式，世帯視聴率と個人視聴率を調査するピープルメーター方式の他に，視聴状況を調査票に記録してもらう日記式アンケート方式もあります．

思うかといった事柄は前者に該当します．一方で性別や世帯人数，お小遣いの金額，自宅の敷地面積といった事柄は，後者に該当します．前者はそのときの気分などで変化しやすいですが，後者はそもそも調査対象者の気持ちで決まるものではありません．

このように人々の意見や態度の把握を中心とする社会調査を意識調査とよび，人々の行動あるいは収入や人数などの把握を中心とする社会調査を実態調査と呼んで区別することがあります[5]．人々の行動（あるいは収入や人数など）は，その場で曖昧な記憶を思い出しながら口頭で回答するよりも，調査対象者に一定期間調査票を渡しておくやり方（留置調査）の方が記録などを確認しながら回答できるので調査としてはスムーズです．逆に人々の意見や態度を知りたいような場合は，面接や電話などを用いて調査員が口頭で尋ねるやり方の方が望ましいとされています．意識調査と実態調査のそれぞれの特性を上手に生かした使い方を考えるのが望ましいといえるでしょう．

参考6.3

1. **意識調査**…人々の意見や態度のようにその時々で変動しやすい項目が多い．
2. **実態調査**…人々の行動や収入・人数といったその時々で変動しにくい項目が多い．

6.4 調査対象の地理的な範囲や規模による分類

調査対象の地理的な範囲によって**全国調査**と**地域調査**に分類できます．

1. **全国調査**…日本全国など，国全体を調査地域とする調査
2. **地域調査**…特定の都道府県や市区町村など地域限定の調査

6.5 調査の用途による分類

社会調査は，その用途別に**行政調査**，**世論調査**，**市場調査**，**学術調査**の 4 種類に大まかに分類することができます．あらかじめそれぞれの調査の概要を示すと次のようになります．

1. **行政調査**…行政の基礎資料収集のために行政機関が行う．
2. **世論調査**…人々の政治問題・社会問題に対する意見を把握するためにマ

5 実際には，意識的な項目と実態的な項目の両方を含む調査が多いので厳密に区別できるものではありません．

スコミ等が行う．

3. **市場調査**…消費者の購買意欲や動向の把握のために営利企業などが行う．

4. **学術調査**…大学や各種研究機関に所属する研究者が研究のために行う．

1の典型は，官公庁などが公的統計の作成を目的とする統計です．しかし，行政調査という言い方はあまり耳にしなくなりました．計量的な調査と言う意味合いの統計的調査と表現が似ていて非常に紛らわしいのですが，**統計調査**という表現がよく用いられるようになっています．これは，住民基本台帳法第11条の2第1項第1号で，「統計調査，世論調査，学術研究その他の調査研究のうち，総務大臣が定める基準に照らして公益性が高いと認められるものの実施」にあたって，**住民基本台帳の一部の写し**を閲覧させることができるという規定があるためです．つまり，法律上の文言において，行政の基礎資料収集のために行政機関が行う調査を，統計調査と表現することになっているので，この表現の方が広まったというわけです[6]．なお統計調査については統計法第2条第5項に「行政機関が統計の作成を目的として個人又は法人その他の団体に対し事実の報告を求めることにより行う調査[7]」と定義されています．そのため，官公庁が実施する調査であっても，意識や意見を調査項目とする意識調査は統計調査に該当せず世論調査に区分されます．

2の世論調査は，「マスコミ等が行う」と書いていますが，厳密には調査を実施する主体はマスコミに限定されません．人々の政治問題・社会問題に対する意見を把握するために行うものであれば，その多くは世論調査と呼んでも構わないのです．内閣府大臣官房政府広報室が調査機関，研究機関，行政機関から情報を収集して作成していた『世論調査年鑑』[8]においては，①対象者数（標本の大きさ）が500人以上，②調査項目数（質問数）が10以上，③調査票（質問紙）を用いたもの等の一定の条件を満たす調査を世論調査としていました．

3は，マーケティング目的の調査ですので，マーケテイングリサーチという言い方をしても通用します．**1行政調査**，**2世論調査**，**3市場調査**の3種類の

6　行政機関・地方公共団体が行う統計調査は，以前は，**指定統計調査**（旧統計法，2条，3条），**届出統計調査**（旧統計法，8条），**承認統計調査**（旧統計報告調整法，3条，4条）に分けられていました．現在は，新統計法の施行（2007年成立，2009年全面施行）と統計報告調整法の廃止により，**基幹統計調査**と**一般統計調査**の2種類になっています．

7　いわゆる「業務統計調査」の除外を想定したただし書きがあります．

8　現在は，内閣府が「全国世論調査の現況」https://survey.gov-online.go.jp/genkyou/index.html でまとめています．

調査において共通する特徴としては，現状がどのようになっているのかという事実を記述することに調査の力点が置かれることが多いということがあります．

これに対して，4 の**学術調査**は，単なる事実の記述にとどまらず，因果関係の説明にも取り組むのが一般的という点で，1 ～ 3 と異なる性格をもっています．

6.6 調査主体が統一化されているかどうかによる分類

1つの統一テーマのために行う単発型の調査を**アド・ホック調査**（**ad hoc survey**）と呼びます[9]．これに対して，複数の調査主体が同一の調査に相乗りして実施する調査を**オムニバス調査**（**omnibus survey**）と呼びます．

オムニバス調査の調査票は各調査主体の質問で構成されますが，調査対象者の選定・実査・集計は同一です．

オムニバス調査は，委託調査において複数の依頼主がいる場合によく用いられます．オムニバス調査を利用すれば，それぞれの依頼主は費用をそれほどかけずに十分な数の調査対象者に対し，少数の質問だけを実施することができます．

6.7 母集団からの抽出の範囲による分類

母集団（**population**）というのは，その特徴を明らかにしたいと考えている社会や集団全体のことです．日本の有権者の動向を知りたいという場合は，日本で選挙権を有する人々全体が母集団になります．高槻市民の生活意識を調べたいという場合は，高槻市民が母集団です．これらは何千万人，何十万人という規模の調査対象者が母集団になりますが，そのような大きな数字だけが母集団を表すとは限りません．自分が所属している趣味のサークルのメンバー 7 人の意見を調べたいという場合は，母集団を構成する個体はわずか 7 名です．母集団の規模はターゲットとする対象をどのように定めるか次第なのです．

社会調査によっては，その母集団に含まれるすべての**個体**（**unit**）を調べる調査があります．これは**全数調査**（**census**）あるいは**悉皆**（しっかい）**調査**と呼ばれます．代表的なのは，総務省が 5 年に一度実施している国勢調査です．これは，日本国内に住んでいるすべての人と世帯を対象としています[10]．

しかし全数調査は，7 名だけのサークルの会員の調査であれば実施は簡単ですが，一般的にはそうではありません．多くの社会調査が想定している母集団

9　一定周期でくり返し行なわない単発の調査というニュアンスもあります．

10「日本人全員」と一致していないことに注意が必要です．

は，何千万人の個体から構成される大規模なものであり，その場合全員に調査を実施するということは容易ではありません．そこで世論調査にせよ学術調査にせよ，母集団に含まれる個体全てを調査するのではなく，母集団から一部分の個体を抽出し，抽出された個体全体を調べるという方法がとられることがあります．これが**標本調査**（sample survey）です．

なお，このように母集団から一部分の個体（または要素）を抽出することを**サンプリング**（sampling，**標本抽出**）と呼び，抽出された個体全体のことを**標本**（sample）と呼んでいます．この標本から得られたデータを用いて母集団全体のことを推測しようとすること，あるいは推測のための統計学的方法論のことを**統計的推測**（statistical inference）と呼びます．**標本調査**（sample survey）では，最終的に統計的推測を行うので調査においては標本だけを抽出するという方法がとられています．

6.8　実施される調査の回数が異なる場合の分類

大規模な調査では何度も同じ調査が繰り返されることがあります．ある特定の1時点だけの調査は，**横断的調査**（cross-sectional survey）と呼ばれます．1時点だけではなく2回以上調査を繰り返す，すなわち複数時点において調査が実施されると**縦断的調査**（longitudinal survey）となります．

1時点だけの調査は，基本的には横断的調査なのですが，例えば東京と大阪でそれぞれ同時期に実施されるとか，日本とアメリカで国際比較のために同じ時期にそれぞれ調査が実施されるということもあります．このような**比較調査**（comparative survey）では，東京や大阪，あるいは日本やアメリカのそれぞれで母集団が設定されています．調査時点は1時点ですが，複数の母集団が設定されているので，2つ以上の調査が実施されていることになります．

複数時点で実施される調査も注意が必要です．例えば，ある年のK大学の1年生を対象として標本調査を実施しました．この時点では単なる横断的調査にすぎません．このとき標本として抽出された人々を追跡して，1年後2年後と繰り返し調査するような場合があります．これは**パネル調査**（panel survey）と呼ばれます．最初K大学1年生だった太郎君や花子さんが2回目，3回目と調査を繰り返すにつれて2年生，3年生と進級していることに注意が必要です．最初は新入生の調査だったかもしれませんが，2回目以降はそうとは言えないのです．パネル調査では一度抽出された標本をそのまま調査し続けるので，調査されるメンバーが固定されているという特徴があります．もっとも2年目，3年目と繰り返すにつれて退学や休学で調査できなくなる人（脱落という）も出てきますので厳密には同じメンバーを完全に維持し続けることができるわけではありません．

一方で，毎年K大学の1年生から標本を抽出しなおして調査を実施するという方法も考えられます．この場合は恒例の新入生調査という扱いになるわけですが，毎年実際に調査される標本は異なります．このような調査は，**繰り返し調査・継続調査（replicated survey）**と呼ばれ，パネル調査とは明確に異なります．継続調査では，今年の新1年生と来年の新1年生はそれぞれ違う母集団ですから，複数の母集団からそれぞれの時点で標本を抽出して調査を実施していることになりますが，パネル調査の場合はある一時点の母集団から抽出された標本を複数回調査するわけですので基本的には最初の時点の1つの母集団の調査を継続しているということになります．またパネル調査では，調査される対象は歳を取り続けますが，繰り返し調査では年齢は一定です．

パネル調査の例としては，消費生活に関するパネル調査（旧家計経済研究所．2017年12月解散後は，慶應義塾大学パネルデータ設計・解析センター）やPanel Study of Income Dynamics（ミシガン大学社会調査研究所）があります．

参考6.4

実施される調査の回数が異なる場合の分類

	単一の母集団	複数の母集団
一時点	横断的調査 cross-sectional survey	比較調査 comparative survey
複数時点	パネル調査 panel survey	繰り返し調査・継続調査 replicated survey

6.9 データ収集方法（モード）による分類

面接調査，郵送調査，電話調査といったデータ収集（data collection）の方法は調査モード（survey mode）とも呼ばれます．重要かつ大部にわたる話ですので，章をかえて扱います．

第７章
面接調査の種類

7.1　データ収集方法（モード）としての面接調査

社会調査において，面接調査，郵送調査，留置調査といった**データ収集方法**（data collection method, mode）に基づく分類法は重要なものの１つです．このうち面接調査は，伝統的かつ主要な調査手法の１つであり，また統計的な調査でも非統計的（定性的）な調査でもよく用いられてきました．

注意したいのは，面接調査の範囲は広く，カタカナ語のインタビュー（あるいは，聴き取り調査やヒアリング）もこの１つに含まれることです．カタカナ語のインタビューは，取材目的で話を聞くという意味で日常的に用いられており，定性的な調査手法と理解されています．しかし，英語の interview は統計的な目的で実施される訪問面接調査における個々の面接の場合にも用いられます．さらに英語の interview は電話調査における個々の聴き取りにも用いられるため，カタカナ語のインタビューが想定されている範囲よりも広く利用されています．

この章では，面接調査を英語の face-to-face interviewing の翻訳と位置づけ，対面式の調査全体を取り扱います．ただし，直接対面しない**電話における聞き取り調査**（telephone interview）は含まないものとします．

7.2　面接調査とは

面接調査（face-to-face interviewing）は，次の２条件を満たしています．

①　調査者・調査員が，調査対象者に直接面接する．

②　調査者・調査員が，調査票に回答を記入する．

調査者というのは，調査を実施しようとする調査主体のメンバーのことです．調査をしたいと考えているあなた自身と考えてもよいでしょう．しかし，調査というのは必ずしも自分一人でできるものでもありません．特に何人もの人の意見を聴取する面接調査ともなると何日もかかってしまいます．その場合，友人や同じ志をもつ仲間に協力を求めるのも１つの方法です．しかし，調査にかけられるお金があるようであれば，専門の調査会社に委託して，実際に面接を行う人員を動員してもらうこともできます．このように実際に面接を実施する人は調査員と呼ばれます．その点で，調査者と調査員は意味合いが異なりますが，自分で調査員の役割を兼ねるような場合は，以降では調査者・調査員と併記せず，**調査員**（interviewer）と記載することにします．

さきほどの2条件について少し補足します．

①の条件は，調査員が**直接面接**（face-to-face）を行うことです．電話を通じて聞き取りを行う場合のような間接的な面接は含んでいません．

②の条件は，調査票に回答を記入するのが調査対象者ではなく，調査員であるということです．調査対象者が自分で書くものではないので，**他記式**（**他計式**）と呼ばれます．逆に調査対象者が自分で回答を記入する場合は，**自記式**（**自計式**）と呼ばれます．郵送調査や留置調査は自記式に該当します．

7.3　個別面接調査と集団面接調査

ひとくちに面接調査といっても広範囲に及びますので，分類自体が様々です．まずは**個別面接調査**（personal interviewing）と**集団面接調査**（group interview）の2つをあげておきます．個別面接調査は，調査の対象となる人ひとりひとりに対して面接を行うものですが，集団面接調査とは，個別ではなくまさしく集団（複数人）に対して一度に面接形式の調査を行うものです．

個別に面接する方法も色々なやり方が考えられますが，調査員が調査対象者の居所へ個別に訪問するやり方が最も一般的です．調査対象者への訪問，挨拶，調査依頼，面接，御礼という一連の手順により調査を完了します（⇒第10章）．これを個別訪問面接調査あるいは**個別訪問面接聴取法**と呼びます．「個別に」といいましたが，現実には調査対象者の住居へ訪問することが多いので，「戸別に」訪問するといっても差し支えがないかもしれません．しかし，居住地以外の場所に訪問するということも考えられますので，ここでは一般的に通用するように，個別に居所へ訪問するという無難な表現にしてあります．

このことから，個別訪問面接聴取法は，さきほどの面接調査の2条件に一つ追加された以下の3条件を満たしていることがわかります．

① 調査者・調査員が，調査対象者に直接面接する．

② 調査者・調査員が，調査票に回答を記入する．

③ 調査員が，調査対象者の居所に個別に訪問する．

個別訪問面接聴取法は，日本人の国民性調査やSSM調査といった伝統的な継続調査で採用されてきたデータ収集方式です（⇒第10章参照）．

これに対し，集団面接とは，司会者と数人（7～8人）の調査対象者グループに座談会形式で自由に話し合ってもらい，討論の過程で表れる意見や態度，またはその変化の状況を分析する方法のことを言います．しばしばグループインタビューを省略してグルインなどと呼ばれることもあります．就職活動などでもおなじみの言葉かもしれません．

これは，単に集団で面接するという説明では正確さを欠いたものになりますので注意が必要です．特に，集合調査と呼ばれる調査手法とは異なるものですので，その違いにも注意しておく必要があります（参考7.1参照）．

参考7.1

集合調査（ギャングサーベイ）は，調査対象者に同じ場所に集まってもらい，その場で一斉に調査票の配布，記入，回収を行う方法のことを言うのが一般的です．やり方としては，通常は自記式になります．特定の調査対象者について調査すればよいような場合に，学校の教室などで，一度に多人数を集めて調査するものです．同じ映画や番組を見せてその反応を調査するといった実験調査の手法としても有効であることが知られています．1948年に実施された「日本人の読み書き能力調査」は，集合調査の形式ですが，無作為に標本抽出された日本全国の人を対象に大規模に実施された調査として知られています（⇒第26章）．

フォーカスグループインタビュー（focus group interview）や**フォーカスグループディスカッション（focus group discussion）**といった集団面接もあります．あらかじめ選定された研究関心のテーマについて焦点が定まった議論をするため，明確に定義された母集団から少人数の対象者を集めます．手法としてはその議論のプロセスを記録します．グループインタビューの手法を洗練させたものですが，質問紙調査の準備段階で用いられることがあります（Groves et al. 2004）．その場合の手順は次の通りです．

参考7.2

1. 目標母集団に属する少人数の集団による（焦点が定まった）議論を行う．

　↓

2. 目標母集団に属する人々が，質問紙の扱う内容について，何を知っているか，どんな風に考えるか，どんな用語を用いるかを探る．

（時と場合によっては）**マジックミラー**（one-way mirror）越しにフォーカスグループによる議論を観察し，さらに映像や音声を記録することもあります．

7.4 指示的面接調査と非指示的面接調査

面接調査の分類として，**指示的面接**（directive interview）と**非指示的面接**（in-directive interview）とに分ける考え方があります．

指示的面接とは，どの調査対象者に対しても同一の質問の内容，質問数，質問の仕方（順序など）を用いる面接です．調査の全体構造が決まったうえで実施される面接ですので，**構造化面接**（structured interview）ということもあります．

これに対して，非指示的面接では，調査者および調査員の自由な判断に基づき，対象者に応じて，質問の内容，質問数，質問の仕方（順序など）を変えて行う面接のことを言います．**非構造化面接**（non-structured interview）という言い方もあります．非指示的面接にもいろいろな種類がありますが，臨床心理や精神分析の知見を踏まえて実施される**深層面接調査**（depth interview）・**精神分析的面接法**（psycho-analytic interview）はその１つです．直接的な質問では得られない無意識の部分をとらえる面接です．多くの場合，意識的な深層心理を精神分析的に面接するため，精神分析に造詣の深い専門家（臨床心理や社会心理）が，長時間（数時間）面接をすることになります．なお，自由記述的な回答を非指示的面接であると理解されることがありますが，これは全く誤りです．指示的面接においても自由回答形式で答える質問は存在するからです．

非指示的な面接法聴取調査においては，どうしても主観的なデータが得られがちです．質問紙調査のように形式的な同一性を確保しないので，実質的な同一性を確保することが重要とされています（原・海野 2004）．実施にあたってはインフォーマントからの**ラポール**（rapport，**良好な人間関係・信頼関係**）の確保が特に重要となります．高度な面接能力も必要となりますので，調査者本人が直接調査を実施することの必要性は高いといえます．

ところで，いわゆる調査票調査は指示的面接で実施されると考えられがちですが，必ずしもそうではありません．統計的な把握を目的としている意識の調査においては，調査対象者に対して定型化された質問を用いることが多いのは確かですが，実態の把握などにおいては，質問項目となることがらの要点はある程度決めているものの，具体的な尋ね方に関しては調査員に裁量がある場合もあります．また，回答次第で深く掘り下げて意見を尋ねるような場合もあります．このような指示的面接と非指示的面接の中間的な面接として位置付けられるものは，**半構造化面接（semi-structured interview）**と呼ばれることがあります[1]．深層面接法と質問紙調査法の中間という意味で**詳細面接法（detailed interview）**という言い方も存在します．

非構造化面接と半構造化面接は似てくる場合も考えられますので，厳密に峻別するのは難しいかもしれません．しかし，非構造化面接においては，テーマ設定や質問の流れをある程度意識しつつも，あくまで回答者の語りを優先する特徴があるとされています（青山 2014）．

ここまでの説明をもとに面接調査を整理すると表 7.1 になります．

表 7.1　面接調査の種類

← 構造化		非構造化 →
指示的面接		非指示的面接
構造化面接	半構造化面接	非構造化面接
	詳細面接法	深層面接調査
		精神分析的面接法
個別面接調査※ 1	個別面接調査※ 1	個別面接調査※ 1
	集団面接調査※ 2	集団面接調査※ 2

※ 1 個別訪問面接聴取法を含む
※ 2 フォーカスグループインタビューを含む

ちなみに文化人類学者のラッセル・バーナードは，面接調査を**非公式面接（informal interviewing）**，**非構造化面接（unstructured interviewing）**，**半構造化面接（semi-structured interviewing）**，**構造化面接（structured interviewing）**の 4 種類に分類しています（Bernard 2002）．ややもすると日常的なおしゃべりに近い非公式面接を，計画性や最小限の統制がある非構造化面接と区別した点に特徴があるといえるでしょう．

1　Flick（1995）は，半構造化面接の例として，**焦点面接（focused interview）**，**半標準化面接（semi-standardized interview）**，**問題中心面接（problem-centered interview）**，**専門家面接（expert interview）**，**民族誌面接（ethnographic interview）**をあげています．

7.5 その他の面接調査法

非指示的面接の特殊な一例として，**写真誘いだしインタビュー**（photo elicitation interview）があげられます．この方法では，人々の生活について撮られた写真を用いて，調査相手から談話や回答を引き出すことが行われます．インタビューの探りとして写真を用いるものですが，インタビューイー（被調査者）とのラポールの形成や被調査者の反応を引き出す触媒として機能します．ビジュアル調査法の１つにも位置づけられます．ビジュアル調査法には，調査者が写真やビデオを撮影することそのものからデータを収集するものもありますが，この手法のように画像を利用してデータを収集するものも含まれます．

第 8 章
定性的な調査研究法

8.1　定性的研究

第 6 章であつかったように，定型化されたフォーマットによってデータを収集する**統計的調査**（survey）以外に，非統計的な調査に位置づけられる質的な調査とか定性的な調査と呼ばれるものがありました．**事例研究**（case study）の文脈で実施される調査はその一例ですが，調査の対象に応じて尋ねるべき事柄が変わってくることもあれば，得られた回答によって次に尋ねるべき事柄が変化することもあり，定型化されたフォーマットにしばられない特徴があります．

英語圏では，**社会調査**（social research）を広くとらえた上で，**定性的研究**（qualitative research）と**定量的研究**（quantitative research）に分類します．調査手法と分析手法を包括的に取り扱っているわけです．特に，質的調査と呼ばれる手法の中には，単なるデータ収集プロセスだけでなく，データの分析方法にまで踏みこんだ方法論がしばしば見受けられます．そのため，調査であることを限定した質的調査あるいは定性的調査という表現よりも，分析まで含めた多様な研究を指す定性的研究という表現の方が正確といえます．また質的研究・量的研究や質的調査・量的調査という言い方は質の高さを重視するか量の多さを重視するかの対比になっているととられかねない表現ですが，実際にはそうではなく，数量的な測定を重視するか，記述的な特性の測定を重視するかの違いです．そこで，この章では，定量的研究に対比させ，定性的研究という表現を用いて解説を進めていきます．

8.2　非指示的面接

定性的研究の一例が，第 7 章で扱った**非指示的面接**（in-directive interview）です．非指示的面接は，**指示的面接**（directive interview）と異なり，調査者および調査員の自由な判断に基づき，対象者に応じて，質問の内容，数，やり方（順序など）を変えて面接を行います．第 7 章に詳しいので詳細は省略しますが，**非構造化面接**や**半構造化面接**は，これに該当します．臨床心理や精神分析の知見を踏まえて実施される**深層面接法（精神分析的面接法）**も非構造化面接の一例です．これに対して，質問の要点はある程度決めているものの具体的な尋ね方に裁量を持たせているやり方として，半構造化面接や**詳細面接法**が知られています．聴取調査（カタカナ語のインタビュー）は，非指示的面接法のいずれかに該当することになりますが，実施にあたっては**インフォーマント**からの**ラポール（良好な人間関係・信頼関係）**を確保することが重要です．

また，1対1で行う面接だけでなく，グループによって座談会形式で自由に話し合ってもらう形式のものも定性的な研究法に位置づけられます．集団面接や，**フォーカスグループインタビュー・フォーカスグループディスカッション**が該当します（⇒第7章）．

参考8.1

面接調査の分類

1. **指示的面接（directive interview）**

どの調査対象者に対しても同一の質問の内容，質問数，質問の仕方（順序など）を用いて面接を行う（**構造化面接**）．

2. **非指示的面接（in-directive interview）**

調査者および調査員の自由な判断に基づき，対象者に応じて，質問の内容，質問数，質問の仕方（順序など）を変えて面接を行う（**半構造化面接，非構造化面接**）．

8.3 ブレインストーミング

ブレインストーミング（brain storming）とは，**オズボーン（Osborn, Alexander Faickney）**によって考案された会議方式の一つです．日本では「ブレスト」と略されて，ビジネスの現場などで用いられてきました．自由に意見・アイデアを出し合う会議であり，オズボーン自身の言葉によれば，「少人数の人々が1時間程クリエティブなイマジネーションを働かせるためにのみ行う会議」（Osborn 1948，訳書［1969］2008，はしがき）です．

通常の会議との違いは，「他人のアイデアを批判しない」「類似した意見でも構わない」「意見の背景や根拠を省いて簡潔に述べる」「無責任な発言でよい」「批判や評価をしない」といった制約がある点です．アイデア出しの手法であり，必ずしも調査や研究の手法として利用されるとは限りませんが，定性的な研究を進める上で活用できる技法の1つと言えます．

ただし，ビジネスの研究領域では，ブレストはアイデアを出す上では必ずしも効率が良くないとされてきました．互いに気兼ねして大胆な意見を出しにくくなるためです．しかし，1990 年代に，ブレストが組織内において誰が何を知っているかをお互いに把握している状態（トランザクティブ・メモリー・システムと呼ばれます）を強めることが指摘され，組織内の知を引き出すきっかけとして役に立つものとして見直されてきました（Sutton & Hargadon 1996）．

8.4　KJ 法

ブレインストーミングなどによって得られた発想を整序し，問題解決に結びつけていくための方法として，**KJ 法**が用いられることがあります．この呼び名は，これを考案した文化人類学者**川喜田二郎（Kawakita Jiro）**のアルファベット頭文字からとられています．KJ 法は，問題構造を把握したり，データをまとめたりするのに有用です．カード作り，グループ編成，図解化，文章化という手順を通じてアイデアを整理します．

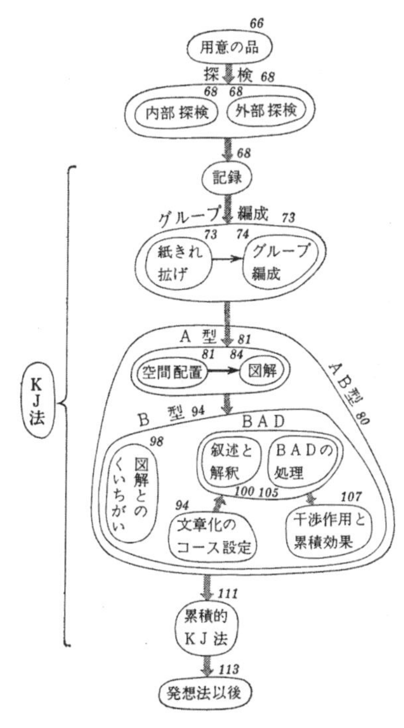

図 8.1　KJ 法の図解
出典：川喜田 1967：65

川喜田二郎自身「ブレーンストーミングで吐き出したいろんなアイディアのみならず，…（中略）…吐き出された情報は，たんに枚挙するだけではなくて，組み立てられなければならない．…（中略）…その組み立てにあたって，いわば統合を見いだしてゆくのに使うのが，のちに述べる KJ 法である．」（川喜田 1967：60-61）と述べています．数名の会議の形でブレインストーミングを行い，アイデアを出し合ってそれを KJ 法で整理していくのはおすすめの手順なのです．図 8.1 は，その著書において KJ 法の手順を説明した「発想をうながす KJ 法」という章の内容を KJ 法風の図で表したものとなっています．これだけでも **KJ** 法の一端を垣間見ることができるでしょう．

もともと **KJ** 法は，川喜田二郎氏がヒマラヤの山村を民族誌学的に調査する際に用いていた野外科学の方法として位置づけられていました．そのため野外科学の方法の中では，メモノートをはさみで切り取る，カードを利用するといった動作も手順のなかに含まれていました，現在ではコンピュータ上でも **KJ** 法に基づいてデータを整理できるアプリケーションなども広まっています．

8.5 エスノグラフィー

民族誌調査とも呼ばれ，主として文化人類学の分野で使用されてきた手法です．当事者の観点に立ちながら，文化を記述し生活様式を理解するものです．このエスノグラフィーにおける主要なデータ収集技法の一つに，参与観察があるといえます．**参与観察（participant observation）**とは，問題関心を抱いた社会集団などにメンバーとして参加しながら，観察を行う調査手法のことです．参与観察における観察活動は，次の3ステップ（前のステップに立ち戻ることもある）をたどるとされています（Flick 1995；榎本 2010）．

1. **描写的観察**…基礎的関心に基づいてフィールドの全体像を把握する記述段階
2. **焦点的観察**…どの視点から，何に注目すればよいのかといった観察対象の分節化→研究上の設問（research question）の確定と分析枠組みの見通しが立てられる段階
3. **選択的観察**…分析枠組みに合致した事例の収集，例外的な事例の収集により，分析枠組みの検証と修正

参与観察の事例として，**ジェラルド・カーティスの**『代議士の誕生』（1971）があげられます．コロンビア大学教授として知られるジェラルド・カーティスは，1966年5月～67年7月の期間，日本に滞在し，1年弱にわたる参与観察を通じて，当時大分県議会議員だった佐藤文生が衆議院議員になる（1967年1月当選．大分県）までの背景と道筋を克明に描写しています．参与観察は定性的な手法とされていますが，この著作では，多くの表・グラフ・統計数字を利用しながら，代議士が誕生する過程が描写されています．定性的な手法といっても，数字を使うものである点は留意しておくべきでしょう．

観察法では，言葉のやりとりよりも行動の観察の記録に重きがおかれます．その意味では，グループインタビュー（集団面接）では，討論の過程で表れる

意見や態度，またはその変化の状況を分析するわけですから，観察を活用する機会があると考えられます．また，有名なホーソン実験では，追加で採用された面接調査の他は，条件を統制された形の直接的な観察によって記録されていました（⇒第 3 章）．このような観察調査をビジネスの現場で適用するビジネスエスノグラフィーが注目されるようになってきています（朝野 2011）．

なお，似た単語に**エスノメソドロジー（ethnomethodology）**というものがありますがエスノグラフィーとは異なるものですので注意が必要です．アメリカの社会学者**ハロルド・ガーフィンケル（Harold Garfinkel）**が，著書『**エスノメソドロジー研究（*Studies in Ethnomethodology*）**』（1967）で用いたことで知られているものです．

研究の手法としては会話やインタビューの録音，参与観察等が使用されますが，同書で「日常生活の組織化された巧妙な実践が偶発的に継続して達成されたもの」（p.5）と表現されていたように日常的な方法論の実践を明らかにするという視点に特徴があります．

8.6　社会調査における位置付け

定性的研究は，社会調査においてどのように位置づけられるのでしょうか．

以前は，定量的な調査に社会調査を限定する考え方がありました．例えば，『社会調査の基本』では，

> 社会調査とは，社会における種々の現象を科学的データとして把握し，社会現象の解明に対処する指針を与え，目標を定めるための手段である．社会調査は種々の分野を含むが，個別のケースを記述する事例研究は含まない．（杉山 1984：1）

のようになっていますが，最近ではこのような考え方は見られなくなりました．よく見られるのが，定性的な研究と定量的な研究の両方を活用するものです．例えば，定性的な研究法は定量的な調査を補うという考え方が見られました．『社会調査ハンドブック』（飽戸 1987：55）では，

> …（前略）…質的調査は，あくまでも本格的な「量的調査」のプリテストとして，または「量的調査」の後づけ調査として用いられるのが原則である．

と書かれています．この考え方では，あくまで本流は定量的な調査で定性的な手法は後付け調査ととらえられています．

これに対し，『経営統計入門』では，

> …（前略）…調査結果の統計数字を前にしての事後的なヒアリング調査はかなり効果的で，的確に核心的な事実について聞き出すことを可能にしてくれる．それは，効果的なヒアリング調査のために統計調査をしているといってもいいほどである．（高橋 1992：6）

と書かれており，両者が補い合っていると解釈されていて，見解がやや異なります．

ここまで取り上げた考え方は，定性的なものと定量的なものを別物と理解している点では共通していると言えます．

一方で，そもそも両者は本質的には同じとする考え方があります．例えば，『社会調査演習［第2版］』においては，定性と定量の2つの概念は本質的には同一とする考え方が見え隠れします．

> ごく少数の人や，場合によってはたった1人を対象にした調査…（中略）…その個人の背後に同じような境遇や意見をもつ人々の存在が想定されており，その人びとの代表ないし典型として特定の個人が調査対象となっていると考えることもできる．その場合には，真の目標は想定された「集団」なのであり，調査対象の代表性や典型性が重要な検討課題となってくるだろう．（原・海野 2004：7-8）

標本調査では，その結果から母集団の推論を行います．1人や数人といった少数事例の研究であっても母集団に対する何らかの推論を行うという点で，本質的に同じことを目指しており，どちらの場合も「真の目標は想定された『集団』」（原・海野 2004：8）であると言っているわけです．

数千人規模の調査対象者を取り扱う標本調査も1人や数人に聴き取り調査を行う少数事例の調査も，母集団の一部を抽出して，そこから母集団を推論するという点では，本質的には同じと考えられるわけです（図8.2）．

図 8.2　母集団の推論のイメージ

この点に関しては，定性的研究の中には，母集団を想定して標本を抽出する考え方になじまない場合があるのではないかという批判もあるかと思います．例えば，理論的飽和をめざしてデータの収集と分析を交互に続けるグラウンデッドセオリー・アプローチです（戈木 2006）．このようなアプローチでは，分析を踏まえて対象者やデータ収集内容が決まっていくため，「だれを対象にするかも研究のはじめには分からない」（戈木 2006：31）とされています．しかし，このように事前に母集団が想定されていない研究においても，研究の結果が確定した段階では，研究の対象者が確定しているはずです．事後的かつ暗黙のうちに，理論が適用される範囲―母集団―が想定されていることを含めれば，どのような調査でも母集団は想定されるものと考えられます．なお，確率論の文脈における標本も母集団の概念を用いて議論されませんが（例えば，伊藤 1991），これは試行という考え方を前提としていることに留意すべきです．

では定性的研究と定量的研究の違いは何でしょうか．両者が入手するデータの形状でしょうか．原・海野（2004）では，次のように書かれています．

> 聴取調査のようなデータに関しても，また，統計的処理の方法が工夫されるべきである．不定型のデータから，統計的分析が可能な定型的データを引き出すかという問題は，…（中略）…未開拓の興味深い研究分野である．（原・海野 2004：155）

現在では，かなりの不定型データが定型データ（1，2，…）の形に変換されることが普通になってきています．もはや定性・定量といった区別はつきません．このような考え方は，実は古くから指摘されていました．

例えば，1974 年刊行の『数量化の方法』では，次のように書かれています．

> 標識は，そのものに内在する「与えられている」属性ではなく，われわれが目的に応じ「与える」ものなのである．…（中略）…ある測定方法によって得られたものが，数量的定量的であろうと，定質的（関係表現を含む）なものであろうと同様である．（林 1974：4）

このことは，調査において質問文と次のような選択肢を与えることにより，定性的な記述を定量可能な数値に置き換えることにほかなりません．

1. そう思う　2. どちらかといえばそう思う 3. どちらかといえばそう思わない　4. そう思わない

クロスビーの『数量化革命』における次のような指摘も示唆が富んでいます．

> 古代の人々は計量という概念を現代人よりはるかに狭く定義し，往々にして事物を計量する代わりに，もっと広範に適用できる評価法を採用していた．
>
> …（略）…
>
> 現代の人々は，重さや硬さや温度という性質も「その他の反対的諸性質」も，数量的に把握できると主張するだろう．（Crosby 1997：13，訳書 2003：27–28）

歴史的には，古代においては定性的と考えられる事がらはもっと多く，時代が下がるにつれ，数量的に把握できる範囲が広がってきたにすぎないのです．

キング＝ヴァーバ＝コヘインは，『社会科学のリサーチ・デザイン――定性的研究における科学的推論』の中で，「定量的研究と定性的研究との流儀の違いが，単にスタイルの違いに過ぎず，方法論的にも実質的にも重要な違いではない」（King et al. 1994：4，訳書 2004：3）と断言し，社会科学における科学的研究とは，次の4つを見出すものであると言っています．

① 目的は推論　…記述的推論，因果推論
② 手続きの公開　…追試可能
③ 結論は不確実　…不確実性を評価する
④ 一連の推論のルールを厳守した研究

上記に述べたような考え方を踏まえ，少し考え方を整理します．

まず定性と定量の違いは，標本の大小の問題ではありません．小標本の定量というものもありますし，標本として調べる個体数が多いか少ないかは定性と定量の違いとは言えません．「定量的・統計的である」とは，大きな標本を入手することとイコールではないのです．定量と定性，統計的と非統計的といった区別は，本質的な違いではなく，収集されたデータの見え方の違いにすぎないと考えられます．具体的にはやはり「データを収集する際のフォーマットが定型化されているかどうか」ということが区別のポイントになると考えられます．

第 9 章
調査票調査の一巡

9.1　調査票調査の全体像

統計的調査の典型である調査票調査の一巡について，全体像を概観します．

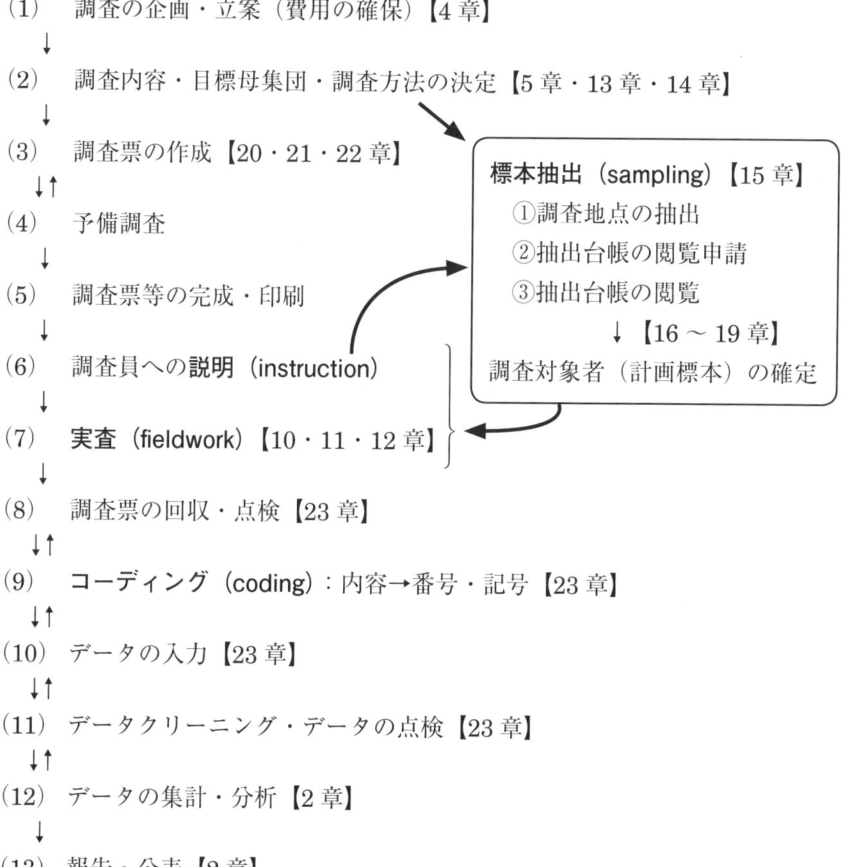

9.2 調査の企画・立案（予算の確保）

最初に行うことは，調査の企画・立案です（⇒第 4 章）．大まかな調査のテーマを設定し，必要であれば予算を確保します．調査の全体スケジュールもこの段階で計画し，しっかりと確認します．

調査のテーマについては，「環境問題」「政治と選挙」「教育の問題」「福祉」「働き方とライフスタイル」等といった大きなくくりで構いません．ただし，第 4 章で述べたように，現在の調査であること，全ての調査対象者が同一の回答をしないような調査であること，テーマの水準に配慮することに留意し，社会調査の企画として適切なテーマを選んでおくことが必要です．

9.3 調査内容の決定

調査テーマを設定した後は，そのテーマに基づいて調査項目という形で具体的な調査内容を定めていきます．この際，調査は，何らかの社会集団にどのようなことが起きているのかという単なる事実を記述することだけでなく，なぜそのような事象が起きているのかという説明をすることを念頭において社会調査を企画するということが考えられます（⇒第 5 章）．これは，学術調査においては，多くの場合何が原因でどのような結果が生じたのかという因果関係の説明を導出することが好まれるという事情があります．このような場合は，調査の前に立てた仮説を裏付けるような相関関係が見出されるかどうかが分かるような調査設計が必要になります．

9.4 目標母集団の決定

この段階では，明らかにすべき社会集団も明確になっているはずです．「日本の有権者」，「市内の学校に通う高校生」のように目標母集団をはっきりさせます．

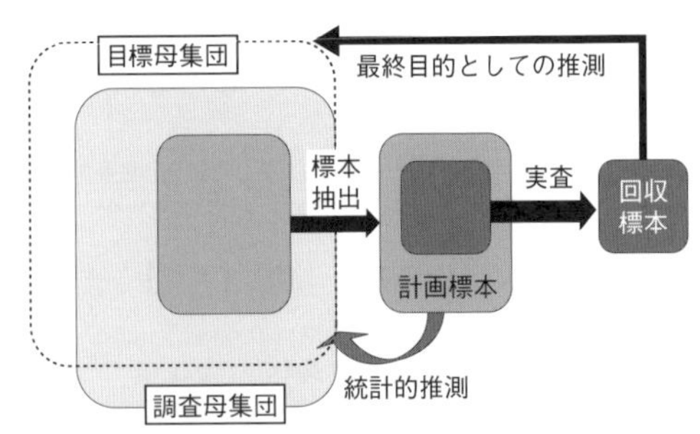

図 9.1　調査対象選定の流れ

目標母集団の決定は，調査対象の選定の最初のプロセスであり，以後順番に，調査母集団の設定，（標本調査の場合は）計画標本の抽出，回収標本の収集という流れをたどることを意識しておくことも重要です（図9.1）.

（1）目標母集団（target population）

調査で特徴を明らかにしたいターゲットとしての社会や集団を**目標母集団（target population）**と呼びます．具体的な調査内容が決定する頃までには，目標母集団を決定します．「日本の有権者」や「○○市民」あるいは「市内の学校に通う高校生」のように，本来明らかにしたいと考えている対象を定めます．

（2）調査母集団・枠母集団（frame population）

目標母集団の一部には，調査対象として選び出すことができない個体が含まれている場合があります．例えば，調査票調査では基準となるある調査時点において調査できるのは日本に住民票がある人に限られます．国外居住者は含められません．電話調査の場合，具体的な調査の方法にもよりますが，電話保有者や固定電話保有者といった限定条件がつきます．電話帳を用いる方法であれば，電話帳掲載者という限定条件も生じます．このように，本来何かを明らかにしたい対象となっている集団（目標母集団）とは厳密には少し異なるものの，調査の都合上母集団とみなす社会や集団全体を考えます．これを**枠母集団**あるいは**調査母集団**と呼んで，目標母集団と区別します．繰り返しになりますが，この枠母集団と目標母集団のずれが，カバレッジ誤差（⇒第4章，第14章）の原因となります．

（3）計画標本

標本調査の場合は，サンプリングを行います．その場合，枠母集団が**標本抽出枠（sampling frame）**となります．標本抽出枠から抽出される**標本（sample）**が**計画標本**になります．計画標本を抽出する方法は無作為抽出とは限りません（⇒第15章）.

（4）有効標本（回収標本）

計画標本の中には，実際に回答をした回答者以外も含まれます．実際に調査を試みた相手の中には，不在のため接触できない人もいれば，協力を得られずに拒否する人もいます．このように調査全体（質問全部）の回答が得られないことを**調査不能**（unit nonresponse）と呼び，調査不能とならなかった調査対象者だけが**回答者**となります．この調査不能部分以外の回答者を回収標本あるいは**有効標本**と呼んで計画標本とは区別します．

ちなみに**回収率**（response rate）は，次のような式で計算します．

$$\text{回収率（回答率，有効率）} = \frac{\text{回答（者人）数}}{\text{対象（者人）数}} = \frac{\text{回答（者人）数}}{\text{回答（者人）数} + \text{調査不能の数}}$$

標本調査の場合は，回収標本サイズ÷計画標本サイズになります．

9.5　調査方法の決定

調査方法には，調査モード（データ収集技法）を何にするかと，標本調査か全数調査かの二種類があります．この2点を同時に決めていく必要があります．

（1）調査モードをどうするか？（⇒第13章）
面接調査，郵送調査，留置調査，電話調査といったデータ収集方法からどれを採用するか検討します．

（2）全数調査か標本調査か？（⇒第14章）
標本調査の場合は，標本抽出の設計も考える必要があります．

9.6　標本抽出の実際

実際の全国調査では，層化二段無作為抽出（⇒第18章）がよく用いられます．まず，個人を対象とする調査の場合，調査地点となる市区町村が抽出されます（①調査地点の抽出）．次に，市区町村において，抽出台帳から最終的な計画標本を抽出します．多くの場合，抽出台帳として，選挙人名簿抄本か住民基本台帳の写しのいずれかが用いられます（⇒第19章）．

住民基本台帳とは，その市区町村の（登録済みの）住民が全員掲載されているものです．これに対して選挙人名簿は，住民のうち有権者だけが記載されています．統計調査，世論調査，学術研究その他調査研究の実施が目的であれば，これらの名簿を閲覧することはできますが，どちらも「公益性が高いと認められるもの」など閲覧条件がありますので，これらの名簿を閲覧するにあたって，閲覧申請をあらかじめ行います（②抽出台帳の閲覧申請）．

閲覧許可がおりた後，各自治体の担当部署を訪問し，住民基本台帳の写しや選挙人名簿から調査の対象者を抽出します．簡単な抽出方法である系統抽出

(⇒第 16 章）が，実務上はよく用いられます.

9.7　調査票・質問文の作成

標本抽出の手順と並行して質問文・調査票の構成を検討して作成するプロセスがあります．詳細は第 20 ～ 22 章で解説しますので省略しますが，言いまわし（ワーディング）や質問の順序などに気をつかって質問文を作成していきます．この際，重要なのは基本的な姿勢です．具体的には，

・調査が社会的な行為であることを認識する.

・調査対象者に対して敬意を払う．人格を尊重する.

の 2 点を肝に銘じておく必要があります.

9.8　予備調査から実査完了まで

予備調査としては，プリテストやパイロット調査があります．**プリテスト（pretest）**とは，実査に先立って，作成した調査票の質問文や選択肢の内容・形式・配列，さらには調査票全体の長さなどの適切性を検討するために，本調査よりも少数の人々に対して実施する試験的な調査のことです．**パイロット調査（pilot survey）**とは，社会調査の企画において本調査の調査票作成や現地調査の見通しなどに関する情報を得るために行う調査のことです.

調査票の作成は，プリテストを繰り返しながら，修正・確認を経て完成・印刷にたどり着きます．個別訪問面接調査など調査員が必要な場合は，調査員への**説明（instruction）**を行った上で実査を行い，調査票の回収・点検というプロセスをたどります.

9.9　コーディングとデータ入力

コーディング（coding）とは，次の 3 つの作業を行うことです（⇒第 23 章).

(1) 調査対象者の回答をいくつかのカテゴリーに分類する.

(2) 分類したカテゴリーに対して一定の**記号（code）**を与える.

(3) 個々の回答を所定の**記号（code）**で表現する．(記号化)

最終的に，調査の結果得られた回答は，与えられた記号に基づいて，データとして入力され，1 つのデータセットができあがります．このように入力されてできあがったデータセットは素データ（raw data）あるいは個票データ（micro data）と呼ばれます（「参考 9.1」を参照).

参考9.1

個票データのイメージ

ID	地点	対象	Q1	Q2	Q3	Q4	Q5	…	…	…	…
1	101	1	1	2	1	1	1	…	…	…	…
2	101	2	2	1	1	2	1	…	…	…	…
3	101	3	1	2	2	2	2	…	…	…	…
4	101	4	1	1	2	1	2	…	…	…	…
5	101	5	2	3	2	1	1	…	…	…	…
6	102	1	2	1	1	2	1	…	…	…	…
7	102	2	1	1	2	2	2	…	…	…	…
…	…	…	…	…	…	…	…	…	…	…	…

9.10 データの集計と分析

データの集計の基本は単純集計である度数分布表の作成です．第 2 章の例 2.1 を度数分布表として，改めて整理すると次のようになります．

例 9.1　度数分布表の作成

問 1 ［カード　1］あなたの生活水準は，この 10 年間でどう変わりましたか．
（「市民社会調査（日本）」）

カテゴリー	度数	相対度数	累積度数	累積相対度数
1. よくなった	30	0.06	30	0.06
2. ややよくなった	52	0.10	82	0.15
3. 変わらない	260	0.48	342	0.63
4. ややわるくなった	135	0.25	477	0.88
5. わるくなった	66	0.12	543	1.00
8. その他（記入）	0	0.00	543	1.00
9. わからない	2	0.00	545	1.00
合計	545	1.00		

この段階では，最頻値はどれかといった基本的な統計量の確認（量的データであれば，平均，最大，最小など）を行います．場合によっては，ヒストグラム（量）や棒グラフ（質）といった図も作成します．単純集計は，**データクリーニング（data cleaning）**としての役割も担っているため，次の 3 点を行う上でも役立ちます．

(1) 存在するはずのない（あるいは不自然な）コードを検出する．

(2) そうしたコードをもつ個体を特定し，原因を究明する．

(3) 当該データあるいは，コードを修正する．

単純集計の次に行う分析としては，クロス集計（クロス表）があります．男女別，年齢層別の集計は基本ですが，興味のある質問と他の質問との関連を見るのもよいです．クロス表では％表示を使うなどの工夫をすることも重要です．

このような分析を終えた後は，**多変量解析（multivariate analysis）**と呼ばれる 3 以上の変量を用いた統計解析手法（重回帰分析，主成分分析，因子分析，数量化法，判別分析，クラスター分析）などの分析に進みます．

9.11　報告・公表

調査結果の報告・公表は，基本的には，多変量解析まで行わない段階で行われます．集計データ（aggregate data）だけでなく，素データ（raw data，個票データとも）も公開されている場合は**二次分析（secondary analysis）**と呼ばれる形で他の人に利用されることがあります．公開されている**個票データ（micro data）**を用いて，集計データや最初の研究で明らかにされなかった点を解明することができます．個票データを管理して公開する拠点であるデータアーカイブにおいて素データが提供されます．アーカイブ拠点としては，米国のミシガン大学にある ICPSR（Inter-university Consortium for Political and Social Research），ドイツの GESIS（かつての ZA），イギリスのエセックス大学にある UK Data Archive などがあります．日本では，東京大学社会科学研究所にある SSJDA（Social Science Japan Data Archive），大阪大学人間科学研究科にある SRDQ（Social Research Database on Questionnaires），札幌学院大学の SORD（Social and Opinion Research Database）が知られています．

第 10 章
個別訪問面接聴取法

10.1　個別訪問面接調査の実査場面

個別面接と指示的面接の典型例ともいえる個別訪問面接聴取法は，社会調査において主要な方法として知られています．この個別訪問面接聴取法についての実査場面の一連の流れは，次のようになります．

① 訪問　**調査員**（**interviewer**）が，**調査相手**（**interviewee**）の居所へ訪問します（多くの場合，訪問の前に予告状を送付しています）．ただし，本人と会えない場合は，訪問時間を変えるなどして，決められた回数まで訪問を繰り返します．

② 挨拶　挨拶を行うとともに，調査のために訪問したことを告げます．

③ 依頼　調査対象者本人に調査の趣旨などを述べ，正式に依頼を行います．状況によっては，そのまま面接になります．

④ 面接　面接においては，調査員が質問文を読み上げ，調査相手から回答を聞き取り，調査票（図 10.1 の上図）にその回答を記入します（**他記式**）．

　この際，調査相手には調査票を見せずに調査員が質問文を読み上げるのが原則です．多くの場合，回答の選択肢などが記載された**カード**（**show card**，**リスト**ともいう．図 10.1 の下図）を調査相手に提示します．記入された調査票は，回答票（回答済調査票）となります．

⑤ 御礼　お礼のあいさつとともに謝礼（プリペイドカードなど）を渡します．謝礼は面接の前に渡すやり方もあります．

10.2　個別訪問面接調査の特徴

個別訪問面接調査の特徴を長所，短所の観点から述べておきます．

長所としては第一に，調査員が直接調査対象者に質問を尋ねることから，回答をしたのが本人なのかどうかがはっきりと確認できます．その結果，他の人

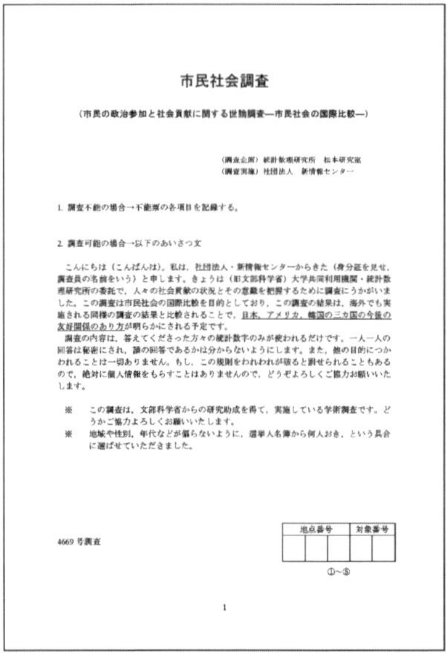

市民社会調査

（市民の政治参加と社会貢献に関する世論調査―市民社会の国際比較―）

（調査企画）統計数理研究所　松本研究室
（調査実施）社団法人　新情報センター

1. 調査不能の場合→不能票の各項目を記録する。

2. 調査可能の場合→以下のあいさつ文

こんにちは（こんばんは）。私は，社団法人・新情報センターからきた（身分証を見せ，調査員の名前をいう）と申します。きょうは（旧文部科学省）大学共同利用機関・統計数理研究所の委託で，人々の社会貢献の状況とその意識を把握するために調査にうかがいました。この調査は市民社会の国際比較を目的としており，この調査の結果は，海外でも実施される同様の調査の結果と比較されることで，日本，アメリカ，韓国の三カ国の今後の友好関係のあり方が明らかにされる予定です。

調査の内容は，答えてくださった方々の統計数字のみが使われるだけです。一人一人の回答は秘密にされ，誰の回答であるかは分からないようにします。また，他の目的につかわれることは一切ありません。もし，この規則をわれわれが破ると罰せられることもあるので，絶対に個人情報をもらすことはありませんので，どうぞよろしくご協力お願いいたします。

※　この調査は，文部科学省からの研究助成を得て，実施している学術調査です。どうかご協力よろしくお願いいたします。
※　地域や性別，年代などが偏らないように，選挙人名簿から何人おき，という具合に選ばせていただきました。

4669 号調査

地点番号			対象番号	

①~⑤

1

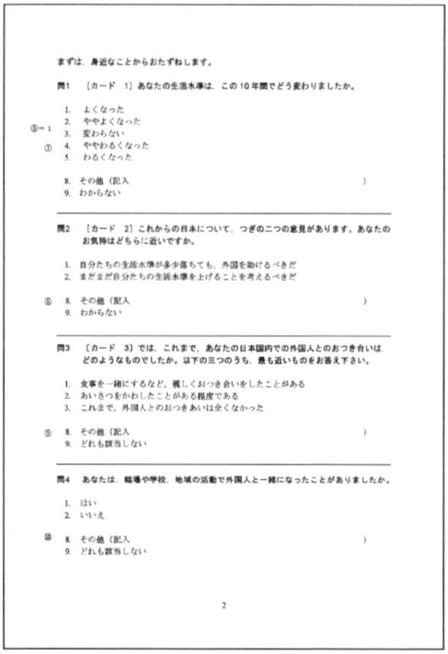

まずは，身近なことからおたずねします。

問1　［カード　1］あなたの生活水準は，この10年間でどう変わりましたか。

1. よくなった
2. ややよくなった
⑤=1　3. 変わらない
⑦　4. ややわるくなった
5. わるくなった

8. その他（記入　　　　　　　）
9. わからない

問2　［カード　2］これからの日本について，つぎの二つの意見があります。あなたのお気持はどちらに近いですか。

1. 自分たちの生活水準が多少落ちても，外国を助けるべきだ
2. まだまだ自分たちの生活水準を上げることを考えるべきだ

⑤　8. その他（記入　　　　　　　）
9. わからない

問3　［カード　3］では，これまで，あなたの日本国内での外国人とのおつき合いは，どのようなものでしたか。以下の三つのうち，最も近いものをお答え下さい。

1. 食事を一緒にするなど，親しくおつき合いをしたことがある
2. あいさつをかわしたことがある程度である
3. これまで，外国人とのおつきあいは全くなかった

⑤　8. その他（記入　　　　　　　）
9. どれも該当しない

問4　あなたは，職場や学校，地域の活動で外国人と一緒になったことがありましたか。

1. はい
2. いいえ

⑩　8. その他（記入　　　　　　　）
9. どれも該当しない

2

市民社会調査で用いられた調査票

市民社会調査

回　答　票

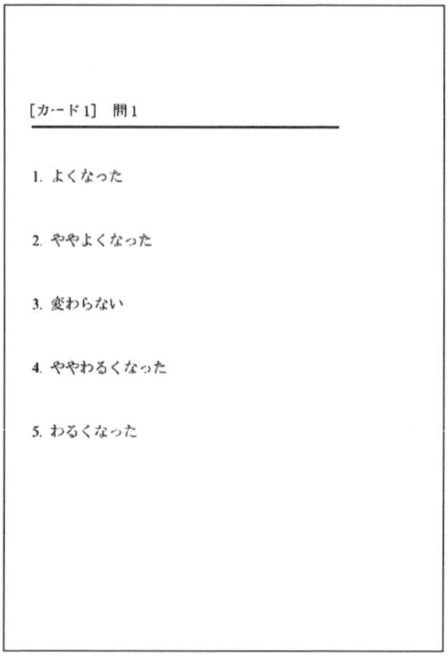

［カード1］　問1

1. よくなった

2. ややよくなった

3. 変わらない

4. ややわるくなった

5. わるくなった

市民社会調査で用いられたカード（リスト）

図 10.1　個別訪問面接調査において実際に用いられた調査票とカード（リスト）

が代理で回答する身代わり回答を防止することができます．

第二に，調査員が調査対象者の面前にいるので，不測の事態に対応できます．調査対象者が質問の意図が分からなかったり，回答の仕方に困るようなことがあったりしてもフォローすることができます．回答誘導とならないよう，あらかじめ決められた範囲で**念押し（プロービング，probing）**をすることも可能です．また，1つの選択肢を選ぶべき質問で2つ以上の選択肢を選ぶなどの誤った回答の仕方を防止することができます．その結果，面接調査であれば複雑な調査も可能になります．

第三に，調査票全体の分量が多くても，実施することが比較的可能です．例えば，電話での調査の場合は比較的短い時間でないと難しいとして5～10分程度に収めるようにコールセンターに要請され質問数を調整したことがあります．しかし市民社会調査（図10.1）の面接調査に要した時間は，平均すると25分程度ですので，面接による場合は20分を超えても耐えられることがうかがえます．

第四に，（質問紙調査の場合ですが，）調査対象者に調査票を一度に見せるわけではないので，後方にある質問を回答してから前方にある質問の回答を変えるなど，前後の回答を整合化させることがないようにすることが可能です．そのため意識調査に適していると考えられています．

第五に，必ずしも現在も当てはまる長所とは言い切れませんが，協力が得られやすいということが以前は長所として言われてきました．つまり，質問紙を用いるような面接調査の場合は，第9章でも説明した**回収率（response rate）**が高いということが知られていました．

回収率の計算方法を改めて確認します．

回収率（回答率，有効率）

$$= \frac{\text{回答（者人）数}}{\text{対象（者人）数}} = \frac{\text{回答（者人）数}}{\text{回答（者人）数} + \text{調査不能の数}}$$

調査の対象者人数は2000（人）であったが1600人から回答が得られたという場合は，1600 ÷ 2000で80％ということになります．なお，**調査不能（unit nonresponse）**と**無回答（item nonresponse）**は別概念ですので注意してください．この例では，400（人）が調査不能の数となります．

参考10.1

伝統的な面接調査における回収率の低下

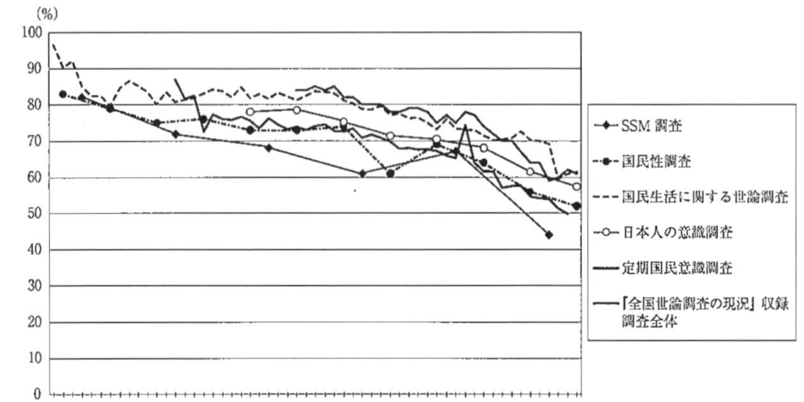

注 1) 1976（昭和 51）年度版から 1996（平成 8）年度版の「全国世論調査の現況」（内閣府大臣官房政府広報室発行）において示されている無作為抽出を用いた調査の回収率の平均は，カテゴリーの中央値（ただし 20% 未満のカテゴリーは 15，20〜30% 未満のように分けられたカテゴリーは 25，100% の回収率の場合は 100）を用いて算出した。

注 2)「全国世論調査の現状」1965（昭和 40）年度版から 1975（昭和 50）年度版の回収率は，抽出法別のデータが掲載されていないため，全体の回収率を算出して示している。

図 10.2　回収率の推移

出典：篠木 2010：11，図 1

図 10.2 にあるように伝統的な面接調査においての回収率の低下が言われています．調査結果に影響を与え，代表性を損なっていることが危惧されています．

背景には，IT の社会への浸透から情報化社会が到来したことにより，社会生活の利便性が増した半面，個人情報流出の危険が増したことがあるとされています．その結果，人々のプライバシー意識が高まったことにより，調査に協力しない「拒否」が増えたと考えられわけです．

この他には，勤務時間と通勤時間の増加による在宅時間の減少など，社会調査をめぐる環境の変化が都市周辺での「不在」に影響を与えたとも考えられますが，今後のテレワークの普及次第ではむしろ在宅率は上昇するとも予想されます．この点は今後の推移が注視されるところです．

・**調査不能（unit nonresponse）**… 調査全体（質問全部）回答がない．
例えば，拒否，不在，死亡 etc.

・**無回答（item nonresponse）** … 一部の質問のそれぞれで回答がない．

次に短所としては第一に，個別訪問面接調査は，費用・コストがかかることです．これは，多くの人手や手間がかかるため，人件費や交通費といった形で費用がかさむことが多いためです．

第二に，他の調査モードに比べて，面接調査は，調査実施の期間が長くかかる傾向にあります．ただし，「日本人の意識」調査（NHK放送文化研究所）のように数日間だけの実施事例もあります（後述）．

第三に，調査対象者への負担が大きいことがあげられます．調査の対象者を面接の相手として，一定時間拘束する場面があるためです．

第四に，正確さが必要な調査（例えば　家計状況の調査）には向いていません．過去の記録などを調べてもらう必要がありますが，面接調査を実施している最中に，その場で調べものをするのは難しい場合が多いためです．

第五に，調査員自身の不正を防止することが難しい点があげられます．メイキングなどの形で，調査員が不正を行った場合は，調査結果が著しく歪められるだけでなく，調査全体の信頼性を損なうという問題も生じます．

第六に，調査員の特性や意向に調査対象者の回答が影響されることがある点です．これは，**調査員バイアス（interviewer bias）**と呼ばれます．調査員バイアスには，調査員が男性か女性かによって，調査対象者が見栄をはった回答を行うなどの影響も考えられますが，調査員の意向が調査対象者の回答にも影響を与える可能性があることも知られています（表10.1）．

表10.1　調査員バイアス

調査相手 ＼ 調査員	合計	奇跡を信じる	奇跡を信じない
合計（人）	374	119	255
奇跡を信じる（%）	16	25	12
奇跡を信じない（%）	84	75	88

出典：杉山 1984：66，表26を一部改変

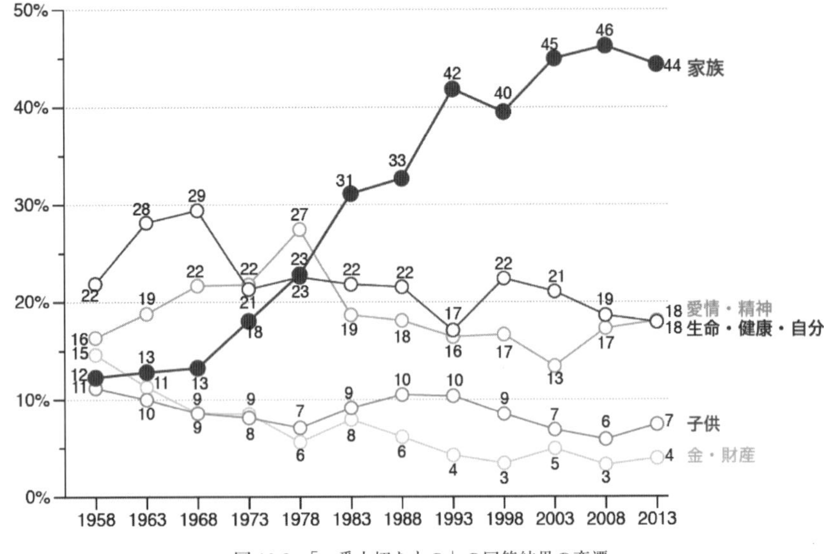

図 10.3 「一番大切なもの」の回答結果の変遷

出典：統計数理研究所ウェブサイト「日本人の国民性調査」「8-2. 一番大切なものは「家族」」より一部改変（https://www.ism.ac.jp/kokuminsei/page2/page15/index.html#2）

10.3 個別訪問面接調査の事例

(1) 日本人の国民性調査

日本人の国民性調査は，戦後間もない 1953（昭和 28）年に第 1 次調査が実施されました．テレビ放送が始まった年です．その後，統計数理研究所国民性調査委員会が 5 年に一度実施しています．2018 年に第 14 次調査が実施されていますが，第 13 次調査の結果まで公表されています（2021 年 8 月時点）．

国民性調査では，新しい調査項目を追加しながらも，基本的には同じ調査手法・同じ質問項目を尋ねるという継続調査が実施されています．そのため，日本人の“ものの考え方”の変化の様相が明らかになっています．例えば，「一番大切なもの」を尋ねる自由回答形式の質問では，半世紀以上の年月の間に「家族」という回答が上昇して来たことが知られています（図 10.3 参照）．

(2) SSM（Social Stratification and Social Mobility）調査

SSM 調査は，日本の社会学者の有志が実施ごとに SSM 調査委員会を組織して 10 年に 1 度実施してきています．第 1 次「日本人の国民性調査」が実施された 2 年後の 1955 年に最初の調査が実施されました．SSM というのは，**Social Stratification and Social Mobility（社会階層と社会移動）**の略です．

次の質問文は，SSM 調査の趣旨がよく伝わる良い一例です．

例 10.1　1955 年 SSM 調査 調査票

問 28 ［階層リスト］それでは，仮りに現在の日本の社会全体を，やはりこの五っの層にわけるとすれば，あなた自身は，そのどれにはいると思いますか？

1（イ）上 2（ロ）中の上 3（ハ）中の下 4（ニ）下の上 5（ホ）下の下

出典：1955 年 SSM 調査 調査票

また，表 10.2 のような具体的なクロス表を用いた分析も良い典型事例です．

表 10.2　世代間職業移動表

父 職 業	息 子 職 業			合 計
	ホワイトカラー	ブルーカラー	農 業	
ホワイトカラー	281	88	40	409
ブルーカラー	100	244	43	387
農業	193	212	686	1091
合計	574	544	769	1887

注：単位は人数

出典：今田 1989：53，表 2-1

日本社会が階層化したりしていないかといった不平等の構造の問題や，社会的地位を変化させられるような社会かどうかといったことへ強い関心があることがうかがえます．

(3)「日本人の意識」調査

「日本人の意識」調査は，NHK 放送文化研究所が 1973 年以降 5 年ごとに実施している調査です．日本人の国民性調査同様，長期的な変化をとらえるという目的を持っているので，調査内容は社会や経済，政治，生活など多岐にわたるもので，その時々で変わることがあるものの，原則として同じ質問・同じ手法を用いて実施されています．

「日本人の意識」調査は，1973 年実施の第 1 回～ 2013 年実施の第 9 回までは 2 ～ 4 日程度の数日間だけで実施されてきていましたが，2018 年実施の第 10 回調査は，2018 年 6 月 30 日（土）～ 7 月 22 日（日）の 3 週間程度の調査実施期間となっています（荒牧 2019）．

(4) 日本版総合的社会調査（JGSS：Japanese General Social Surveys）

https://jgss.daishodai.ac.jp/

日本版総合的社会調査は，大阪商業大学が実施する総合的社会調査です．**Japanese General Social Surveys** の略語である **JGSS** という短い呼び名で知られています．もともとは，大阪商業大学比較地域研究所と東京大学社会科学研究所によって2000年に始まった調査です．ここまで紹介してきた他の3つの調査に比べると新しく始まった調査になります．ただし，JGSS は2000年の開始以降，年によって実施されない年度もありますが毎年のように頻繁に実施されているという特徴があります．

JGSS のモデルは，シカゴ大学の National Opinion Research Center（NORC）が1972年以降実施してきている全米規模の総合的社会調査 General Social Survey（GSS）です．海外では，ミシガン大学に事務局をおく ICPSR（Inter-university Consortium for Political and Social Research）を始めとするデータアーカイブがあり，GSS のような調査データは個票レベルで分析できるようにデータアーカイブを通じて公開される仕組みができていました．このように調査実施者以外の人が，個票レベルのデータを再度分析することを二次分析（secondary analysis）といいますが，JGSS は当初から二次分析のような形で利用されることを意図して実施されていることも，その特徴といえます．

第 11 章
留置調査と郵送調査

11.1　留置調査

留置調査（とめおき）も主要な社会調査の方法です．留置調査についての実査場面の一連の流れは，次の通りです．

1. **調査員**（interviewer）が，**調査相手**（interviewee）の居所へ訪問します．個別訪問面接調査とスタートは同じですが，訪問後の対応が少し異なります．次の 3 つのケースを考えましょう．
   ①　調査対象者本人に会えた場合⇒2 へ（個別訪問面接調査では，調査開始に必須）
   ②　調査対象者本人に会えなかったが，家族等の同居人に会えた場合⇒2 へ
   ③　不在で誰にも会えなかった
   ③の場合は，何度もこの手順を繰り返しますが，留置調査の場合は，個別訪問面接調査と異なり，①だけでなく②の場合でも，次の手順に進めます．
2. 調査対象者本人又は家族等の同居人に調査票を渡します．この際，調査票を回収するための訪問予定についての約束をとりつけます．
3. 調査対象者本人が調査に対する回答を調査票に記入します．
4. 約束の日（一週間後など）に本人または家族等が調査員に回答票（回答記入済み調査票）を手渡します．
5. 受け取った回答票を確認・点検します．

一言で言えば，留置調査とは，調査員が調査対象者を訪問し，調査票を留置いて，後日記入済みの調査票を回収する自記式の調査ということになります．

留置調査の長所としては，まず調査票を預かって記入するわけですから，じっくりと時間をかけて回答することができるということが言えるでしょう．時間をかけて考えたり，確認したりする必要がある調査，例えば生活行動の記録を行うような調査には適した方法と言えます．実際に正確さが必要な実態調

査（家計状況の調査，生活時間調査，視聴率調査）においてよく用いられています．

また対象者本人にしてみれば，都合の良い時間に記入すればよいので，それほど負担は大きくないことや，回答時に調査員がそばにいるわけではないので他人の目を気にせずに落ち着いて回答を記入できることも長所となります．

また費用や労力の点でも，（個別訪問）面接調査の場合と比べると長所があります．留置調査でも調査員の人件費と交通費がある程度生じますし，ある程度手間はかかるので労力が必要になりますが，面接調査ほどにはどちらもかからない可能性が高いです．調査員が，他記式の場合と異なり調査票を読み上げたりする手間がないことに加え，必ずしも調査対象者に会わなくても調査を完了できるためです．

さらに同居人に会うことができれば，調査対象者に会わなくても調査を完了できるということは，調査対象者が在宅となるまで訪問し続ける必要がありません．そのため，調査票を配布してから回収が完了するまで，3 日なり 1 週間なりと一定の期間を必要とはしますが，全体としてみれば比較的短期間で調査を完了させることができると考えられます．

またさらに帰宅時間が遅いので面接調査ではいつも不在で実施できないような人でも留置調査であれば同居人を通じて調査を依頼できる可能性があります．そのため結果的に協力が得られやすくなり，高い回収率につなげることができる可能性があります．もっとも回収率については，様々な要因が影響するのでどのモードの方が高いということは一概には言えないところがあるので注意は必要です．

留置調査には，上記のような長所がある一方で短所としては，まず本人が回答したかどうかを直接確認しているわけではないので，本人以外の人が代わりに回答する（**身代わり回答**）の危険性があります．同様に回答の手順についても調査員が読み上げるわけでもなければ，そばにいて指導できるわけでもないので，回答ミスを予防しにくいということがあります．ただし，留置調査の場合は，回収時にどなたが回答したかを質問して確認したり，簡単な点検を行ったりということができる場合も考えられます．そのため次に説明する郵送調査の場合とは異なり，身代わり回答や回答ミスを一切予防できないというのとは少し状況が違うといえるでしょう．

留置調査の長所の説明で，好きな時に調べて回答できるので正確さが必要な実態調査（例：家計状況の調査）に適するという話をしましたが，自記式で対象者本人が好きなように回答するということは，自分自身で勝手に回答を整合化してしまう恐れがあります．社会調査においては，自分自身の意見や態度を素直に表明してもらう必要があるのですが，調査票を読み進めてある質問に回答しているうちに別の質問の回答が不自然に思えてきて自分自身で回答を修正してしまうとか，本来の意見と異なる回答を選んでしまうということが起こりえるということです．その意味では，尋ねていく順序が重要な意識調査は，質問の順番を変更することができない面接調査の方が適しているといえます．また，留置法では，調査対象者が好きな順番で回答してしまう可能性があるので，尋ねる順番を生かすことができません．

例えば，「○○内閣を支持しますか，しませんか」と尋ねた後に，「×× 政策について賛成ですか反対ですか」という質問を尋ねたとしましょう．「ああそうだった××政策のことを忘れていた．○○内閣を支持すると答えたけど，支持しないに変更しよう」という風に回答を修正するかもしれません．でもその人は××政策を忘れていたぐらいですから，普段から ×× 政策について考えていたわけではありません．どうでもよかったわけです．ですからありのままの意見としては，もともと○○内閣支持という意見表明であっているのです．面接調査であれば，内閣支持を聞いた後に，個別政策の賛否を尋ねるという順番を維持することができます．しかし，自記式の場合は本人が自由に答える順番を変えていては個別政策の賛否の回答が内閣支持の回答に影響（**順序効果，キャリーオーバー効果**）を与えている可能性だってあるのです．

この他にも留置調査の場合は，周囲の人間の影響が懸念されるという問題もあります．例えば，家族と暮らしているような場合は，ついつい家族に相談するなどということが考えられます．おこづかいの金額や使い道を尋ねるような実態調査であればむしろ家族に尋ねた方が正確かもしれません．しかし，政治的意見や自分自身の心情はやはり本人の回答が必要です．家族が横から意見を挟んできてだれの回答かわからないような事態になるのは望ましくありません．そういう意味でも留置調査という手段は，意識調査よりも実態調査の方に適しているといえるでしょう．

ここまで留置調査の長所と短所を述べてきました．どのような調査に適しているかという点では，すでに述べたように意識調査と実態調査のどちらかであれば，好きな時に確認して回答できる点や周囲に影響されにくい点から実態調

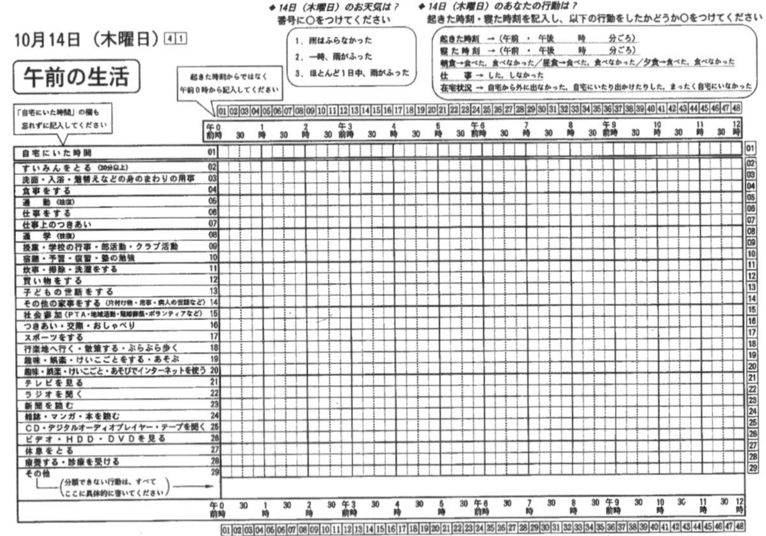

10月14日（木曜日）4 1

午前の生活

◆ 14日（木曜日）のお天気は？
番号に○をつけてください

1．雨はふらなかった
2．一時、雨がふった
3．ほとんど1日中、雨がふった

◆ 14日（木曜日）のあなたの行動は？
起きた時刻・寝た時刻を記入し、以下の行動をしたかどうか○をつけてください

起きた時刻 →（午前 ・ 午後 時 分ごろ）
寝た時刻 →（午前 ・ 午後 時 分ごろ）
朝食→食べた，食べなかった／昼食→食べた，食べなかった／夕食→食べた，食べなかった
仕 事 → した，しなかった
在宅状況 → 自宅から外に出なかった，自宅にいたり出かけたりした，まったく自宅にいなかった

起きた時刻からではなく午前0時から記入してください

「自宅にいた時間」の欄も忘れずに記入してください

01 02 03 04 05 06 07 08 09 10 11 12 13 14 15 16 17 18 19 20 21 22 23 24 25 26 27 28 29 30 31 32 33 34 35 36 37 38 39 40 41 42 43 44 45 46 47 48

午前0時 30 1時 30 2時 30 午前3時 30 4時 30 5時 30 午前6時 30 7時 30 8時 30 午前9時 30 10時 30 11時 30 12時

自宅にいた時間 01
すいみんをとる（30分以上） 02
洗面・入浴・着替えなどの身のまわりの用事 03
食事をする 04
通 勤（往復） 05
仕事をする 06
仕事上のつきあい 07
通 学（往復） 08
授業・学校の行事・部活動・クラブ活動 09
宿題・予習・復習・塾の勉強 10
炊事・掃除・洗濯をする 11
買い物をする 12
子どもの世話をする 13
その他の家事をする（片付け物・用事・病人の世話など） 14
社会参加（PTA・地域活動・冠婚葬祭・ボランティアなど） 15
つきあい・交際・おしゃべり 16
スポーツをする 17
行楽地へ行く・散策する・ぶらぶら歩く 18
趣味・娯楽・けいこごとをする・あそぶ 19
趣味・娯楽・けいこごと・あそびでインターネットを使う 20
テレビを見る 21
ラジオを聞く 22
新聞を読む 23
雑誌・マンガ・本を読む 24
CD・デジタルオーディオプレイヤー・テープを聞く 25
ビデオ・HDD・DVDを見る 26
休息をとる 27
療養する・診療を受ける 28
その他 29
（分類できない行動は、すべてここに具体的に書いてください）

午前0時 30 1時 30 2時 30 午前3時 30 4時 30 5時 30 午前6時 30 7時 30 8時 30 午前9時 30 10時 30 11時 30 12時

01 02 03 04 05 06 07 08 09 10 11 12 13 14 15 16 17 18 19 20 21 22 23 24 25 26 27 28 29 30 31 32 33 34 35 36 37 38 39 40 41 42 43 44 45 46 47 48

図 11.1　留置調査の調査票の例
出典：NHK 放送文化研究所 2011

査の方が適しているといえます．また留置調査では，回答ミスが予防しにくい点から，構造が複雑でない調査がよいといえます．どのような調査の場合でも簡単でわかりやすい方がよいわけですが，複雑に分岐したり，途中のいくつかの質問を飛ばす場合があるような調査では，調査員が尋ねる形式の方が間違いが起きにくいはずです．複雑な構造があるような調査では，留置調査はできれば避けた方がよいということになります．

すでに述べてきたように留置調査は，家計状況の調査や生活時間調査，あるいは視聴率調査といった場面で活用されています．総務省統計局が実施している「社会生活基本調査」や NHK 放送文化研究所が実施している「国民生活時間調査」はその代表例と言えるでしょう．図 11.1 は，『データブック国民生活時間調査 2010』から引用した「国民生活時間調査」の調査票の一部です．同書の「調査の概要」によれば，この調査対象は 10 歳以上の日本国民です．また調査は 4 回に分けて実施され，調査の対象となった日は各回ともに 2 日間となっています．例えば，1 回目は 10 月 13 日を配布日とし，14 ～ 15 日の 2 日間が調査対象日で，16 日が回収日とされています．

11.2　郵送調査

郵送調査（mail survey）とは，調査者が調査票を調査対象者に郵送し，調査対象者が自分で調査票に回答を記入（自記式）し，回答票（回答記入済み調査票）を調査対象者が調査者に返送する調査モードです．

つまり，以下の 3 条件がそろって郵送調査と言えます．

① 調査者が調査票を調査対象者に郵送する．

② 調査対象者が自分で調査票に回答を記入（自記式）する．

③ 回答票（回答記入済み調査票）を調査対象者が調査者に返送する．

次に郵送調査の特徴になりますが，実のところ郵送調査は留置調査とかなり似ています．

まず郵送調査の長所ですが，郵送されてきた調査票に記入するわけですからじっくりと時間をかけて回答することができるという点では留置調査と同じです．時間をかけて考えたり，確認したりする必要がある調査にむいている可能性はありますが，郵送調査は返送されるタイミングが調査対象者次第ですので，家計状況の調査，生活時間調査，視聴率調査といった調査期間が指定されるような場合は，留置調査を優先して考えるのが普通です．

対象者本人にしてみれば都合の良い時間に記入すればよいのでそれほど負担は大きくないことや，回答時に調査員がそばにいるわけではないので他人の目を気にせずに，落ち着いて回答を記入できるという点も留置調査と同じです．

また費用の点では，（個別訪問）面接調査の場合だけでなく，留置調査と比較しても，調査員の人件費と交通費が不要になるという点でかなりおさえられます．郵送調査固有の主な費用は郵送代ですが，人件費や交通費と比べると格段に安価だからです．面接調査，留置調査，郵送調査の 3 つのモードの中では，郵送調査がほぼ確実に最も安くつきます．労力という点でも，調査員管理が不要になるので，やはり 3 つのモードの中では最も小さくなると考えられます．

短所についても留置調査と共通する点が多いといえます．

まず，留置調査同様，本人が回答したかどうかを直接確認しているわけではないため本人以外の人が代わりに回答する（身代わり回答）の危険性は留置調査と同様にあります．また，回答の手順についても調査員が読み上げるわけでもなければ，そばにいて指導できるわけでもないので，回答ミスを予防しにくいということも留置調査と同様です．しかし，郵送調査の場合は，留置調査と

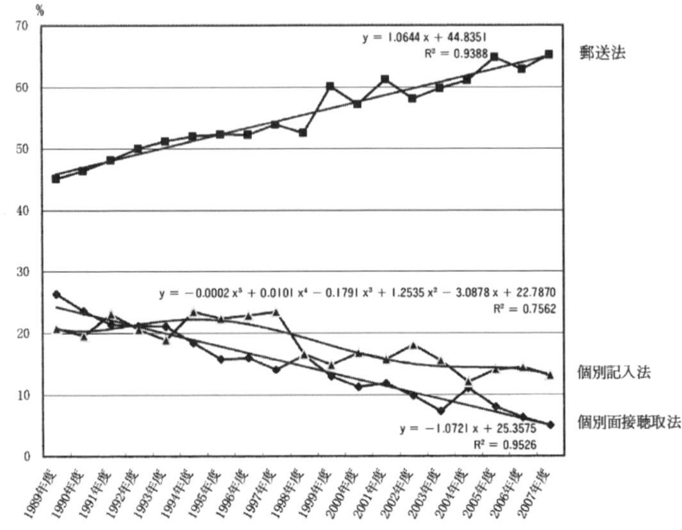

図 11.2　世論調査における調査方法別構成比の推移
出典：林 2010：129，図 1

違って回収時に確認したり点検したりすることもできませんので，身代わり回答や回答ミスを一切予防できないということには留意すべきでしょう．

留置調査において対象者本人が好きな順序で回答できるということは，自分自身で勝手に回答を整合化してしまう恐れがあるという短所を述べましたが，これは自記式であるために生じることですので，郵送調査でも同様にあてはまります．その点では，質問を尋ねる順序が重要な意識調査の実施においては，留置調査や郵送調査よりも質問の順番を変更することができない面接調査の方が優れているといえます．また，周囲の人間の影響が懸念されるという問題も，留置調査同様郵送調査にもあてはまります．そのような点でも郵送調査は，留置調査同様，意識調査よりも実態調査の方に適しているということができます．

しかし，現実には郵送調査によって多くの意識調査が実施されています．図 11.2 からは増加傾向がうかがえます．理由として，やはり面接調査の場合と比べて圧倒的に費用が少なくてすむということがあります．どの調査モードがよいのかは一つだけの要因では決めにくく，総合的に判断をせざるをえません．

なお，郵送調査には，他のモードにはない問題もあります．配布から回収を

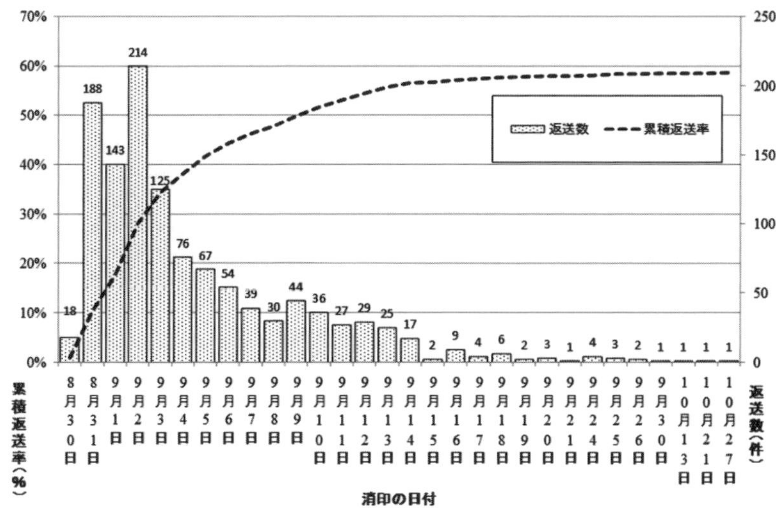

（注1）返送数とは、回答票の返送日ごとの件数（日付は消印による）
（注2）累積返送率とは、その日までに返送された件数の累計を計画標本サイズで割った値。

図 11.3 「高槻市と関西大学による高槻市民郵送調査」
（令和元年度）の返送状況
出典：関西大学総合情報学部編 2020：4，図 1

終えるまでの時間（調査の期間）が非常に長いということです．時系列に見た調査票の返送状況の図を見るとわかります．

図 11.3 は，関西大学総合情報学部における 2019 年度の社会調査実習において実施した郵送調査「高槻市と関西大学による高槻市民郵送調査」の返送状況を表しています．消印基準で日付を取っていますが，最初の 1 通目が投函されてから最後のものが投函されるまでに 2 か月近くかかっています．これは何も調査者側は 2 か月近くも調査期間を用意していたわけではありません．基本的には締め切りは 2 週間程度の期限で設定していますが，期限後も返送され続けるので返送数が限界に達したと判断できるようになるのに 2 か月かかったにすぎません．郵送調査はこのように返送が飽和状態になるまでに時間がかかるという難点があります．このケースでは 2 か月で終わっていますが，半年後や 1 年後に思いついたように投函された回答票を封入した封筒が返送されてくることもまれにあります．

ちなみにこの「高槻市と関西大学による高槻市民郵送調査」においては，回収率は6割近いことが分かると思います．昨今の個別訪問面接聴取法の場合の回収率と同程度のように思われるかも知れませんが，郵送調査一般については必ずしもここまで高くありません．地方自治体の実施している郵送調査においても50％に届かないことは珍しくありません．実際同時期に高槻市単独で事業者に委託して実施した調査の回収率は概ね40％台前半です．「高槻市と関西大学による高槻市民郵送調査」においても，6割程度の回収率を維持するため，かなりの工夫を行っています．

「高槻市と関西大学による高槻市民郵送調査」
ご協力のお願い

高槻市と関西大学は、高槻市民の生活とものの見方についての調査を共同で実施することになりました。調査の対象は、無作為に選ばれた18歳以上の市民の方です。

近日中に調査票の入った大きな茶封筒（ボールペン入り）が届きます。ご多忙中、誠に恐縮ですが、届き次第、調査票に回答をご記入の上、ご返送頂きますようよろしくお願い申し上げます。

令和元年8月

高槻市 Takatsuki City　関西大学

市民生活環境部 市民生活相談課
〒569-0067 高槻市桃園町2-1
TEL 072-674-7130

関西大学 総合情報学部
〒569-1095 高槻市霊仙寺町2-1-1
TEL 072-690-2151

※あて所に尋ねあたらない場合は、高槻市へ返戻して下さい。

図 11.4 「高槻市と関西大学による高槻市民郵送調査」（2020年度）の予告はがき

工夫のひとつは，**予告はがき**の送付です．郵送調査であるにもかかわらず，郵便物によってあらかじめ調査が行われることを告知することで心の準備をさせています．図11.4は，2020年度の調査の際に，実際に送付したハガキの裏面です．

見やすいシンプルな文面とするため，最低限の趣旨説明を含めた挨拶のほかには，最低限の情報（調査票が「大きな茶封筒」というやや特徴的な封筒で届くこと，ボールペンが同封されること，対象者が無作為で選ばれたこと，連絡先）しか記載していません．情報過多になっても受け取る方は困るだろうと考えていたので，圧着ハガキも使用していません．またハガキには，ボールペンが同封されているという記述があります．筆記具を探す必要がないようにという配慮ですが，封筒の形状を目立たせほかの郵便物に紛れないようにするという効果も狙っています．ボールペンを利用してもらえれば消しにくいので，回答を事後的に修正して整合性をとろうとするのを予防する狙いもあります．

表 11.1 「高槻市と関西大学による高槻市民郵送調査」(2020 年度) のスケジュール

8/24	8/25	…	8/27	8/28	…	9/11	…
月	火		木	金		金	
予告葉書 発送	予告葉書 受取（予定）		調査票 発送	調査票 受取（予定）		返信 締切	
葉書を見て問合せ		…… → …			…		
			調査票を見て問合せ		…… →		

もうひとつは，送付のタイミングも重要です．社会調査実習では，(年度後半の) 秋学期にデータ入力を行うため，夏季の長期休暇の間に調査を実施する必要があるのですが，この調査の場合は，勤め人の夏休みなどを避けるため，お盆休みが終わったと考えられるタイミングで予告ハガキを送付しています．表 11.1 は，2020 年度の調査のスケジュールを整理したものです．調査票の発送が木曜日になっているのは，調査票を受け取った後できるだけ早い段階で，土日になるようにするためです．2019 年度の調査において 8/31（土）～ 9/2（月）の消印が返送のピークになっているように，時間のある週末を活用して回答がなされることが期待される点を考慮しています．

調査票の内容やデザインは，最も重要ですが，他の調査モードでも共通することがらですので，調査票の作成方法を扱う第 20 ～ 22 章で改めて解説することにします．

第12章
調査実施方法の発展

12.1 技術進歩がデータ収集方法へ与える影響

技術進歩の影響によってデータ収集方法のあり方も変わってきています．図12.1は，米国における調査技法の変化を示したものです．日本における調査技法の状況は，この図の通りには語れませんが，マスコミが実施する世論調査を中心に，面接調査・郵送調査・留置調査の他に，電話調査が普及するようになったのも事実です．電話が普及していなかった時代には考えられなかったことです[1]．いまや電話調査自体,コンピュータの利用を通じて自動化がなされています．またインターネットの普及に伴って，インターネット調査，とりわけウェブ調査が普及するようになりました．ウェブ調査は，郵送調査の進化した形として理解することもできます．

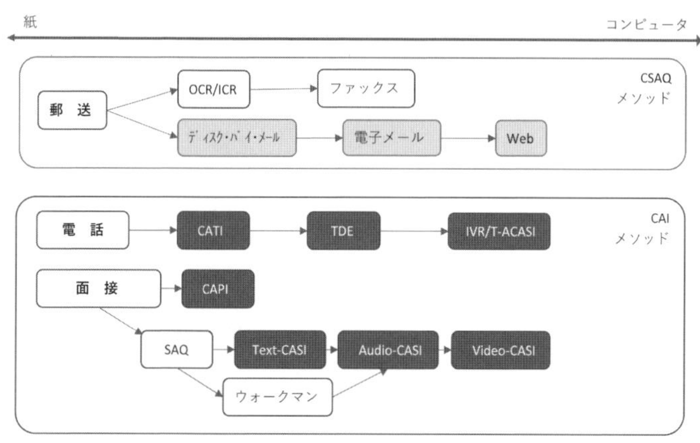

図12.1　米国における調査技法の進展
出典：Groves et al. 2004：140を参考に作成

1　1985年に電電公社（日本電信電話公社）が民営化されてNTT（日本電信電話株式会社）が発足した後に新電電が長距離電話サービスに参入するまでは，市外電話への通話料金はかなり高額でした．

12.2 電話調査

電話調査（**telephone survey**）とは，文字通り，電話を用いて質問を行い，調査相手からの回答も電話を通じて入手する調査のことを言います．通常は調査員（この場合，日本語ではオペレーターという言い方が一般的です）が，調査相手に質問を行い，それに対する回答もオペレーターが記録するので，他記式で実施されるのが一般的です[2].

(1) 電話調査の概要と全般的特徴

電話調査といっても様々な形がありますが，筆者が企画した「市民社会調査（日本電話調査）」で使用した電話調査の画面（図 12.2）を例に説明します．

まず電話をかけます（架電）．調査相手先として抽出されている世帯の電話番号それぞれをオペレーターが手作業でかける場合もありますが，コンピュータと連動しているような場合は，ある程度自動化して架電することになります．

次に調査対象者の存在が確認されると，調査対象者に電話がつながって会話が開始されます．この際，調査票に紙と鉛筆で記入するという方法（**Paper and Pencil Interviewing, PAPI**）を取っても構いません．しかし，電話調査を実施する場面では，図 12.2 のような画面を用意しておき，オペレーターが回答をマウスでクリックして入力していく方が後の集計が楽です（この時点での手間は大して変わりませんし，人によっては鉛筆の方が楽かもしれませんが，データ入力の作業が不要になります）．このようにコンピュータを活用した電話調査をコンピュータ支援型電話調査（**Computer-Assisted Telephone Interviewing, CATI**）と言います．

図 12.2 の画面では，オペレーターは，白地に記載されている質問文と選択肢を電話口で全て読み上げます．5 つの選択肢も全て読み上げる点は，面接調査の場合と異なります．面接調査の場合と違って，選択肢を掲載したリスト（カード）を提示できないためです．

オペレーターは，調査相手の回答を聞き取り，選んだ回答をマウスクリックして回答結果を記録します．基本的には 1 ～ 5 の選択肢のうちいずれかを選んでくれると思いますが，もちろん例外もあります．そのため，「6 その他」

2 自動音声を用いる TDE（Touch Data Entry）や IVR（Interactive Voice Response）の回答にあたって，調査対象者が電話機の数字をプッシュする場合は自記式に該当します．

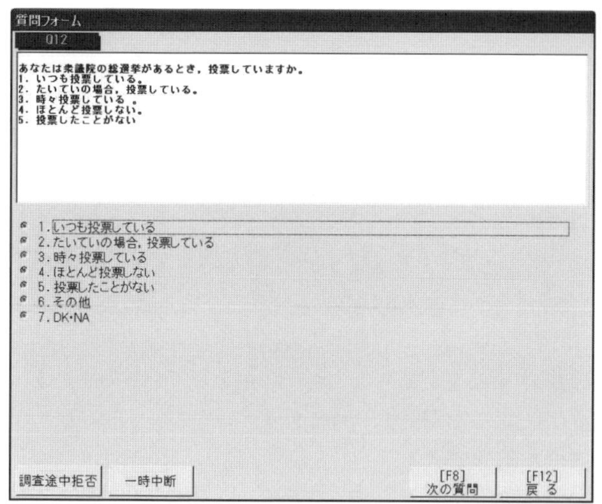

図 12.2　オペレーター（調査員）が見る CATI の画面
出典：筆者が企画した「市民社会調査（日本電話調査）」で使用したもの

「7 DK ／ NA」（わからない Don't Know・無回答 No Answer の略）があります．この点は，面接調査の場合に調査票に記録する手順とほぼ同じです．

次に電話調査の特徴（長所・短所）を順に述べていきます．

(1)-1．長所

1．個別訪問面接調査と比べて，費用が小さい．

個別訪問面接調査は，調査員が調査相手の居所まで訪問し，調査相手に会えない場合は何度も訪問します．また，調査の相手は一人ではないので，調査地域を何度も巡回することになります．つまり，その分の交通費が発生します．一方で，電話調査の場合は，つながらなければ時間をおいて適当な時にかけなおすだけで済みます．コール音のみの場合は電話代もかかりません．留守電につながった場合は，電話代が発生しますが，その場合の電話代も現在はそれほど高くつくものではありません．また，面接と電話では手間の差に大きな違いが出ます．調査員の報酬は，実際には出来高歩合制のことが多いのですが，仮に時給換算で調査の労力を費用に換算した場合，面接調査の方が訪問の手間がかかる分，最終的にコストが高くつくことは容易に想像できると思います．

2. 調査期間が長くならない.

調査プロジェクトにかかる時間はほとんどの場合短くすみます．ズバリ短いといってもよいのですが,「ほとんどの場合」と言って長くなる可能性を残しているのは，調査実施者がだらだらと回収数にこだわって長引かせることは可能だからです．実質的な計画標本サイズなど条件をほぼ同じようなものに揃えられれば，面接調査，郵送調査，留置調査のうちの，どのモードの場合よりもたいていは早く終了することができます（ケースバイケースなので絶対ではありません).

極端な利用例を言えば，リアルタイムの調査も可能です．オペレータを短期的に相当数動員する必要がありますが，今何をしているのかとか，今何の番組を見ているのかといった調査を一斉に行うということも可能とされています.

3. 調査員の安全を確保できる.

一般の人々を対象とする社会調査の場合は，どのような危険な地域でどのような危険な相手を調査することになるかはわかりません．全数調査では危険と思われる地域だけを避けることはできませんし，標本調査の場合も無作為に調査対象者を選んでいる以上，危険な相手に遭遇する可能性はゼロではありません．銃社会であるアメリカ合衆国では，銃を撃ち合うような現場に遭遇することも考慮しなくてはなりません．アメリカ合衆国において，日本と異なって電話調査が好まれた背景として，そのような事情も考える必要があります.

4. 調査員（オペレーター）による対応で回答ミスを予防できる.

これは，他記式全般の特徴です．調査の趣旨や全体像をあらかじめ理解しているオペレータが質問をしたり，回答結果を記録したりすることは，調査対象者が一方的に誤解して回答の仕方を誤る可能性を低減させることにつながります.

(1)-2. 短所

1. 調査対象者の網羅範囲のずれによってカバレッジ誤差が生じる.

このことを踏まえて図 4.3 を修正すると，第 4 章で説明したように調査の目標と考えられている調査対象者の集団（目標母集団）と調査実施上の母集団（調査母集団や枠母集団）の間のずれによって生じる誤差を**カバレッジ誤差（coverage error）**と言います（図 4.3).

電話調査の場合は，調査の対象となりうるのは基本的には電話保有世帯に限定されます．電話を保有しない人には調査ができないので，調査対象から

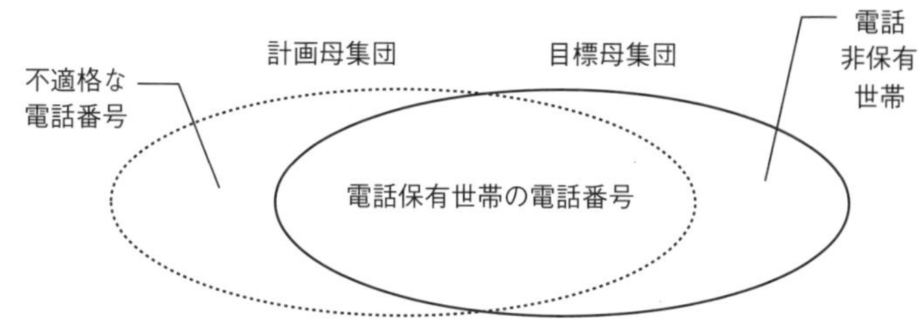

図 12.3　電話調査におけるカバレッジ誤差

漏れてしまうという問題があります．逆に調査対象外としていた事業用番号や非稼働の電話番号[3]を含めてしまうという問題もあります．

電話を非保有の世帯への対処方法については，例外的に電話保有世帯から近隣の電話のない世帯に取次いでもらうという方法が考えられます．日本でも電話普及率が低い時代にはそのような取次は一般的でしたし，現在でも寮などの集合住宅では呼出しをしてもらうことはあると思いますが，調査目的で何度も取り次いでもらうのは現実的には難しいと考えられます．

電話普及率はかなり高いのではないかと考える人も多いと思います．しかし，電話普及率は国によって様々ですので，国際比較調査など電話の普及が十分でない調査地域を扱う可能性がある場合は問題になります．また，固定電話に限定した調査の場合，携帯電話の普及でカバーできる世帯はむしろ減ってきています．保有率の高い携帯電話を用いた調査が近年採用されつつあり，固定電話の加入世帯の減少を原因とするカバレッジ誤差の問題は解消される可能性はあります．

なお，日本では，電話帳掲載者にのみ電話をかけて調査する方法が用いられていたことがあります（p.91「コラム」参照）．このような場合は電話帳掲載者に限定され，非掲載者は調査対象から外れてしまうので，この場合はさらにカバレッジ誤差が生じます．

また地域限定で電話調査を実施したいような場合があるかもしれませんが，この場合はまた別のカバレッジ誤差の問題が生じます．固定電話の市外局番はある程度地域と関連していて携帯電話にはないメリットのように見えますが，行政区画と電話局の管轄の区画は必ずしも一致していないためで

3　ACC（オートコールチェック）と呼ばれる，事前に信号を送信することで稼働の有無を確認する方法もありますが，完全ではありません．

す．大阪市内の市外局番は 06 ですが，兵庫県尼崎市の市外局番も 06 で始まっています．市外局番だけでは地域を区別できません．市内局番も用いればかなり区別できますが，実は転居した際に市区町村等の行政区分が住所上変わったのに電話番号が変わらなかったということがありえます．したがって，地域調査のように調査地域を限定して行う場合には，RDD（Random Digit Dialing）方式（p.91「コラム」参照）の電話調査を行うのは少し面倒です．電話番号である程度の地域を特定することはできても完全には地域を特定できないからです．前出の「市民社会調査（日本電話調査）」においても，調査のために用意した 5000 件の電話番号のうち，32％に相当する 1644 件において都道府県が不明のままでした．そのため，本来調査したい地域の世帯が調査対象に含まれなかったり，逆に調査対象外の地域の世帯が調査対象に含まれたりするという現象が起きてしまいます．

2. **分量が多い調査や複雑な質問は，難しい．**

電話調査においては分量が多いと時間がかかりすぎるので実施が難しいか，あるいは実施できても回収率が下がってしまうと考えられます．実際，再三紹介している「市民社会調査（日本電話調査）」の実施においては，コールセンターと協議した結果，もともと 49 問だったところを，19 問に絞り込んで実施しています．また口頭だけでやりとりしますので，長い説明を必要とするような複雑な質問も難しい面がありあります．ただし，質問の分岐に関しては，調査相手は分岐するかどうかの判断をする必要はありませんし，オペレータが記録するコンピュータの画面上でしっかりコントロールしておけば，オペレータも分岐の判断を誤ることはありません．したがって，CATI であれば分岐はむしろ活用しやすくなると考えられます．

3. **聞き間違いが発生しやすい．**

これは，電話ごしの耳からの情報だけである以上起こりやすい問題です．

4. **協力拒否にあいやすい．**

突然見知らぬ人から電話がかかってきます．相手が見えませんし，営業の電話と誤解される可能性もあります．警戒されて協力を得られないということはよくあります．

5. **本人確認は不完全である．**

声によってなんとなく性別と年齢層が判断できるだけですので，こちらが想定していた調査相手と会話しているかどうかはやや不確実です．

コラム

電話調査の変遷

日本における最初の電話調査は，1973 年に実施された総理府内閣広報室による実験研究であるとされています．電話調査の先駆けとされているものです．この後，電話調査はすぐには普及せず，1980 年代半ばになってようやく電話調査そのものが一般にも知られるようになってきます（鈴木 2003）．1990 年代半ばになって，世論調査において面接調査に代えて電話調査が多く行われるようになります．

電話調査においては，電話帳そのものを抽出台帳として世帯を抽出する方法（電話帳法）もありましたが，実際に日本では，抽出台帳となる名簿（選挙人名簿抄本や住民基本台帳の写し等）から抽出した対象者のうち電話帳で電話番号が判明した対象者に対して調査を実施する方法が普及しました．用語として定着していたかは微妙ですが，便宜上，**名簿法／TD（Telephone Directory）法**と呼ぶことがあります（土屋・前田 2003）．電話帳法同様，電話帳非記載者を対象者に含めていないという欠点があります．

イメージとしては，図 12.4 の通りです．ランダムに抽出された調査対象者の氏名と住所のリストをもとに電話帳で電話番号を調べるので，電話番号が判明した人だけが調査対象になるのがポイントです．もし電話帳への掲載率が 5 割程度であれば，2000 人を無作為抽出しても 1000 人だけ調査することになります．

以前は多くの人が電話帳に電話番号を掲載していたので，これでも何とかなっていたのですが，電話番号の電話帳掲載率の低下により，この問題が一層顕著になってきました．

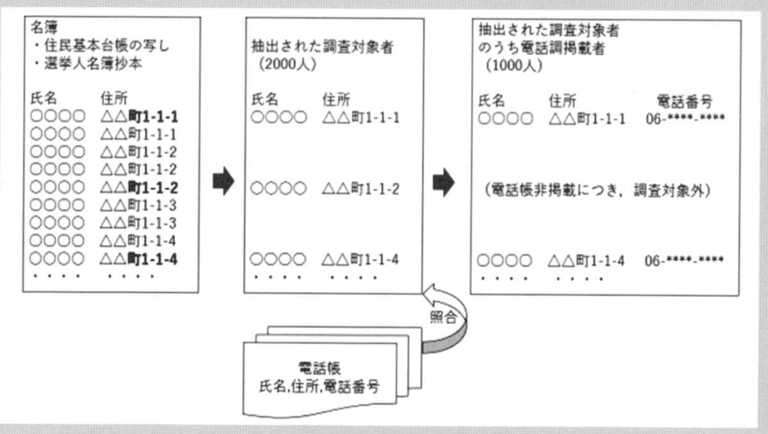

図 12.4　名簿から抽出した調査対象者の電話番号を電話帳から調べる方法

そこで，現在では乱数を発生させて生じた番号を利用する **RDD（Random Digit Dialing）法**を用いることで，電話帳非記載者に対しても調査を可能にしています．例えば，072-690-XXXX　のように上の 6 桁まで番号を選び出し，そのうえで，下 4 桁の XXXX だけ乱数によって電話番号を決めるという方法です（乱数とする桁数には種類があります）．時代が進み，電話番号の電話帳掲載率が低下するにつれて，この RDD 法が主要な電話調査の方法になりました[4]．

ただし，この RDD 法の場合にも欠点があります．例えば，072-690-XXXX は，高槻市内の多くの事業者に用いられています．関西大学の高槻キャンパスにおける専用番号としても多く用いられているものです．一般世帯の番号ではありません．世論調査で用いる場合は，一般世帯の個人の意見を尋ねるわけですから，会社や学校が用いる事業用番号をあらかじめ除いておく必要があります．また事業用回線に加え，FAX 回線，未使用番号なども抽出してしまうためそれらを区別して不要な番号を除去する必要があります．

また一般世帯が抽出された場合も抽出確率の問題があります．RDD 法の場合，3 人家族であれば何らかの手段を用いて家族の中から無作為にひとりを選ぶわけですが，単身者の場合の抽出確率は 1 であるのに対し，3 人家族の場合 1/3 になります．つまり，世帯を抽出した後に，世帯内の抽出を行う方法を用いた場合は，ある調査対象者個人が抽出される確率（抽出確率）は，世帯人数によって異なってしまいます（抽出確率が不均等）．

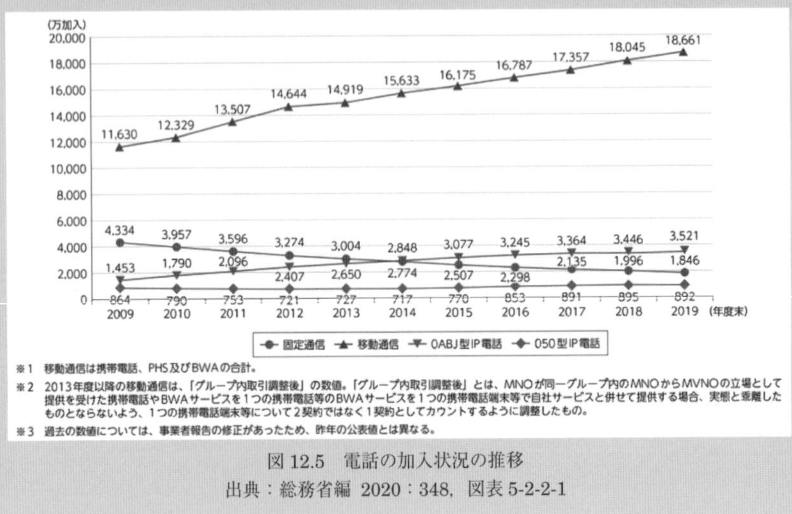

図 12.5　電話の加入状況の推移

出典：総務省編 2020：348，図表 5-2-2-1

4　ハローページの発行が 2021 年 10 月で最後となり，今後電話帳をベースとした方法も日本では適用できなくなります．

例）世帯が抽出される確率が 10 分の 1 の場合の個人の抽出確率
2 人家族：世帯から個人が抽出される確率 2 分の 1 ⇒ 1/10 × 1/2 ＝ 1/20
3 人家族：世帯から個人が抽出される確率 2 分の 1 ⇒ 1/10 × 1/3 ＝ 1/30
このようなことから RDD 法による電話調査の場合は，世帯人数のことを考慮して調査結果を読み直すなど工夫が必要になります．
また日本の RDD による電話調査は，通常の固定電話（0ABJ 型と呼ばれる電話番号で IP 電話以外のもの）に限定して行うのが普通で，IP 電話も含まれていません．携帯電話・スマートフォンの普及につれて，従来の RDD 法でカバーできる世帯は減っています（図 12.5）．そのため，近年では携帯電話と固定電話を併用した電話調査もなされるようになってきています．

12.3　インターネット調査

インターネット調査とは，インターネットを利用した調査全般を指します．種類はさまざまで，ウェブ調査や電子メールによる調査などがあります．現在では，最初の接触に電子メールを用いることはありますが，ウェブ調査が主流になりつつあります．

ウェブ調査は 1990 年代ごろからマーケティングの分野で盛んに用いられるようになってきました．大隅（2002）は，表 12.1 のように分類しましたが，最近ではもっといろいろなタイプが登場しています．

多くの場合，専門の調査会社において，調査の対象となる候補者が募集され，データベースの形であらかじめパネルとして登録されています．この登録者集団（リソース）から無作為に調査対象者が選びだされ，個別の調査における調査対象者となります．この際，電子メールによって登録パネルに調査開始のお知らせをすることもありますが，調査への協力になれている登録者は，自分専用のページ（マイページ）における調査開始の告知を通じて当該調査への開始を知って，回答を開始することもあります．調査の対象に選ばれても所定の期限までに回答を完了しなければ，回答者にはなりません．最後まで回答を完了した人がいわゆる回収標本になります．たいていは数十円程度に相当するポイントを謝礼として受け取っています（図 12.6）

こういったリソース内サンプリング方式のウェブ調査に限らず，インターネット調査は，安さと迅速さを重視しており，誰を調査しているのか（母集団が何か）といったことが軽視される傾向がありました．そのため世論調査など

表 12.1　Web 調査方式の分類

(1) パネルタイプ

WWW 上での広告・告知によって調査協力の意思のある者を募集して登録化し，その全員に対して複数回の調査を継続的に行う方法．登録者は数千人程度のことが多い．

(2) リソースタイプ

WWW 上での広告・告知によって調査協力の意思のある者を募って登録し（リソース化），その中から実査の対象を選ぶ．登録者は数万人～十数万人規模におよび，現時点の Web 調査サービスの中心となる方法である．これはさらに 3 つに分類して考えられる．

①リソース内オープン方式

登録を対象者にバナー広告などで調査への協力を呼びかける．特定の個人への調査協力依頼は行わない．

②属性絞り込み方式

調査対象を特定の性，年齢，職業などで絞り込み，条件を満たす該当者に調査依頼の依頼電子メールや Web 調査票を送る方法．多くの場合，目標回答数が得られた時点で調査が打ち切られることが多い．

③リソース内サンプリング方式

登録者集団（リソース）の中から無作為に調査対象者を選び，前もって調査依頼の電子メールを送り，続いて Web 調査票に回答を行う方法．

(3) オープンタイプ

WWW 上に調査票を公開し，バナー広告などで調査協力を広く呼びかける．ここでは特定の個人に対しては調査への協力依頼は行わない．認知度の高い検索サービスサイトの「インターネット・ユーザー・プロフィール調査」等はこの方法で行われることが多い．

出典：大隅 2002：206，表 4.7

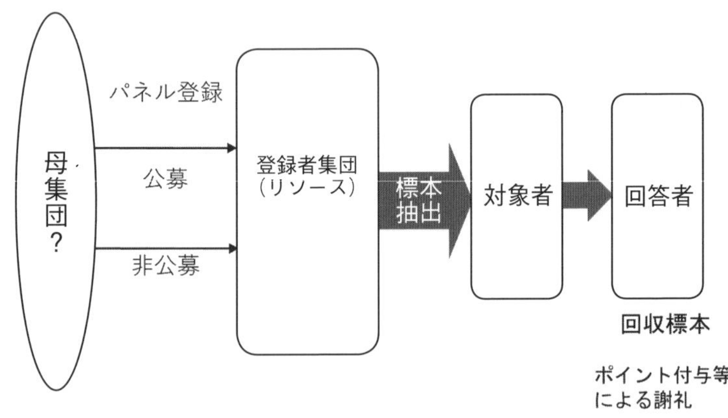

図 12.6　リソース内サンプリング方式のウェブ調査

では利用できないとされてきました．

2010 年代後半ごろになって，NHK 放送文化研究所の「参院選後の政治意識・2016」調査など，住民基本台帳から無作為に抽出した人を対象に郵便での通知を用いてウェブ調査へ誘導するという方法が試みられるようになってきましたので，今後は世論調査としての利用も生じる可能性があります．しかし，多くの調査会社において提供されるウェブ調査は，登録されたパネルの集団（リソースあるいはデータベース）から調査対象者を抽出するという手順をとっています．そして，調査対象者として抽出された人々は先着順で回答していくわけですが，その場合，あらかじめ設定された目標人数に達した段階で回収標本が確定するため，先着順に回答した人々が回収標本になるという仕組みが多いようです．

またリソースとなるパネルについては，以前はあらかじめ確率抽出に基づいて選び出された人々を登録するという非公募型の登録方法も見られましたが，極めてまれです．登録したいと思う人々が任意に登録する公募型のパネルがほとんどです．そのため，全国民を目標母集団としてその中から代表性のあるサンプリングフレームを構築する方法はウェブ調査において確立したとはいえず，世論調査の手段として定着したとは言い難いのが現状です．

インターネット調査における主なメリットは，①迅速性，②簡便性，③安価性の 3 つになります[5]．あらかじめ登録してあるパネルに調査への回答を求めるわけですから，調査の開始と同時に回答が集まってきます．また面接調査や留置調査のように調査員が移動する必要もなければ，何度も訪問することで時間をロスすることもありません．また，インターネット上で回答するわけですから，回答はそのまま電子的に入力されるので結果を得るのに時間はかかりません．パネルとして登録される人を集めることや調査サイトなどの基本的な準備にある程度手間をかける必要がありますが，あらかじめ準備しておけば，調査企画が進んでから調査の実施に至るまでは非常に簡単であるともいえます．また迅速かつ簡便であることから調査にかかる経費が抑えられ，総じて費用が安くなります．

一方，主なデメリットとしては，公募によって集められたパネルであるがゆ

5　**無作為化実験**（randomized experiment）や**スプリット＝バロット法**（split-ballot experiment）と呼ばれます．調査対象者を無作為に折半して比較する実験調査を行いやすいというメリットもあります．

えに，標本の代表性の欠如，あるいは母集団が不明確という問題が生じることがあげられます．結局，厳密にはどのような対象を調査しているのかが曖昧にならざるを得ないのです．

インターネット調査において，このようなデメリットを解消できる場合としては，1）全数調査における利用，2）名簿による抽出，3）非公募型パネルによる抽出，の3つをあげておきます．

参考12.1

1）全数調査における利用

全数調査の場面で，インターネットを用いて回答させる場合は，母集団が曖昧にはなりません．例えば，国勢調査においては，日本国内居住者のほぼ全員に対して調査が実施されますが，国内居住者が母集団であることは明らかですから，このような場合は，同一人物や世帯が二重に回答しないように気をつけておけば，調査対象者にインターネットを用いた回答をよびかけても代表性が損なわれることにはなりません．インターネットの世帯普及率は100％ではない以上，調査不能を抑えるために，郵送や留置による方法も併用する必要が生じます（⇒第13章）．

2）名簿による抽出

調査にあたって，あらかじめ登録されたリソースパネルを用いるのではなく，住民基本台帳や選挙人名簿といった抽出台帳から調査対象者を抽出しておき，当該対象者にインターネットを通じた回答を呼び掛ける方法です．この場合は，郵送などによって回答方法を案内してインターネットでの回答を誘導する必要があります．万一インターネット環境がない個人や世帯が調査対象者に該当する場合は，調査不能になる可能性が高いですが，インターネットの普及によってそのような問題は徐々に解決されるものと期待されます．

3）非公募型パネルによる抽出

公募に応じて任意にパネルとして登録される公募型パネルではなく，何らかの方法を用いて確率抽出に近い形でパネル登録者を用意しておく方法です．住民基本台帳や選挙人名簿などからの抽出においては，個人情報をプールし続ける形式では，閲覧許可がおりない可能性がありますので，住宅地図を用いるなどして公的名簿に依存しない形の代替案が必要になります．

第 13 章
調査方法の決定

13.1　二種類の意味がある「調査の方法」

企画しようとしている社会調査の大まかな全体像が見えてきたら，調査の方法を決定する必要があります．調査の方法と言っても，2 つの意味がありますので，それらを混同しないようにしなくてはなりません．

1 つが**調査モード**（survey mode）・**データ収集方法**（data collection method）です．これは，例えば直接面接をするのか，郵便を利用するのかといった，手段という観点から見た「調査の方法」の区別です．もう 1 つが**全数調査**か**標本調査**かということです．これは，目標母集団に含まれる全部を調査するのか，一部だけを調査するのかという観点から見た区別です．標本調査の場合は，さらに詳しい標本設計をどうするかといった方針を決める必要にも迫られます．

この章では，調査モードの決定について考えます．

13.2　調査票調査におけるデータ収集方法の決定

調査票調査におけるデータ収集方法（調査の実施方法）として，**個別訪問面接調査**（10 章），**留置調査**と**郵送調査**（11 章），**電話調査**（12 章），**インターネット調査**（12 章）を扱ってきました．調査票調査においてどの調査モードを採用するかの決定にあたっては，それぞれの手順を理解するだけでなく，それぞれのモードの特徴を総合的に把握しておく必要があります．

そこでこの章では，①自記式か他記式かという基本的な区別と②メリットやデメリットなどの比較の 2 つの観点からそれぞれの特徴を確認します．

13.3　質問紙調査の実施方式に関する基本的な区別

質問紙に記入するのはだれかという観点から，主に自記式（自計式）と他記式（他計式）の 2 つに区分することができます．主なものを以下に整理しておきます．

(1) 自記式（自計式）…調査対象者が調査票に回答を記入する．
(2) 他記式（他計式）…調査員が調査票に回答を記入する．
(3) その他　　　　　…調査対象者または調査員が調査票に回答を記入する．

(1) 自記式（自計式）調査

自記式調査の例として，**郵送調査**，**留置調査**，**面前記入法**，**郵送回収法**，**ウェブ調査**，**CASI**，**集合調査**があげられます．

(1)-1. 郵送調査

11章で扱ったように郵送調査とは，次の3条件を満たすものです．

① 調査票を郵送（調査主体→調査対象）
② 対象者が回答を記入する（自記式）．
③ 調査票返送（調査対象→調査主体）

(1)-2. 留置調査（配布回収法）

留置調査とは，調査員が調査対象者を訪問し，調査票を留置いて，後日記入済みの調査票を回収する自記式の調査です．概略を示すと以下の通りです．

① 調査対象者を訪問する．
　↓　※　①以前に依頼状を発送することが多い．
② 回答記入を依頼（＋謝礼）し，回収日の約束をする．
　↓　調査票を留置→本人あるいは家族
③ 調査対象者が回答を記入する（自記式）．
　↓
④ 回答票回収（＋点検）．

(1)-3. 面前記入法

調査員が調査票を調査相手に渡し，調査相手が調査員の面前で自ら回答を記入する方法です．

① 調査員が調査票を調査相手に渡す．
② 調査相手が調査員の面前で自ら回答を記入する．

選挙の投票所で見られる**出口調査**（**exit poll**）では，調査員が調査票を有権者に渡して回答を記入させる方式がよく採用されています．

(1)-4. 郵送回収法

調査票を郵送し，調査相手が自分で回答を記入し，後に調査員が回答票を回収する方法です．郵送調査と似ていますが，少し違います．

(1)-5. ウェブ調査（Web survey）

インターネット調査の中心的存在です．インターネットを利用した調査全般を指す場合は，インターネット調査と呼ぶのが適切ですが，ウェブ調査以外に，様々なインターネット調査手法が存在します．

なお，電話調査やウェブ調査でも準備にあたっては質問紙（調査票）を作成することが必要であることは留意する必要があります．その意味では，これも質問紙調査の1つといえるでしょう．ただし，実際に記入するのは，質問紙という「紙」でなくてよいというのが，郵送調査や留置調査との違いになります．

(1)-6. CASI（Computer-Assisted Self Interviewing）

調査員が用意したノートパソコンに表示される質問文に対して調査対象者が自分で回答を入力する調査は，日記をつける形式の場合も，調査員が（対象者の回答を見ずに）面前にいる場合もCASIと呼ばれます．留置調査や面前記入法のコンピュータ支援型と言えます．センシティブな質問等の場合，他記式のCAPIの利用に組み合わせてCASIが用いられることもあります（Biemer & Lyberg 2003：202-203; Couper, Baker, Bethlehem, Clark, Martin, Nicholls II & O'Rilly 1998：645）．

(1)-7. 集合調査

一般には調査対象者に同じ場所に集まってもらい，その場で一斉に調査票の配布，記入，回収を行う方法です．**ギャングサーベイ（gang survey）**とも呼ばれます．学校の教室などで一度に多人数を集めて調査する場合もあります．1948年の日本人の読み書き能力調査（⇒第26章）は，集合調査で実施されました．

実験調査として有効であり，同じ映画や番組を見せてその反応を調査する場合にも有効です．質問文のワーディングの変化の影響を実験する場合にも利用されています（例えば，Loftus & Zanni 1975；Tversky & Kahneman 1981）．

(2) 他記式（他計式）調査

他記式調査の例として，個別訪問面接調査，CAPI，電話調査があげられます．

(2)-1．個別訪問面接調査（単に面接調査とも）

個別に面接する方法も色々なやり方が考えられますが，**個別訪問面接調査**あるいは**個別訪問面接聴取法**と呼ばれる方法は，調査員が調査対象者の居所へ個別に訪問しますので，通常，次の3条件を満たしています．

① 調査員が，調査対象者の居所に個別に訪問する．

② 調査者・調査員が，調査対象者に直接面接する．

③ 調査者・調査員が，調査票に調査対象者の回答を聞きとって記入する（他記式，他計式）．

なお，質問紙調査の話題であることが明らかな場合には，個別訪問面接聴取法でなく，短く「面接調査」といっても通用します．

(2)-2．CAPI（Computer-Assisted Personal Interviewing）

調査員がノートパソコンを手元に用意し，その画面に表示される質問文を調査対象者に尋ね，調査員が調査対象者から得られる回答をパソコンに入力する面接調査です（Biemer & Lyberg 2003：191）．調査票の代わりにノートパソコンを用いる個別訪問面接聴取法と言えます．

(2)-3．電話調査

電話で質問をして，電話で調査相手からの回答を得る調査のことです．本来の電話調査は他記式ですが，TDE（Touch Data Entry）やIVR（Interactive Voice Response）の場面で調査対象者が回答をプッシュボタンで入力する場合は，自記式に該当します．

(3) その他

名称からは，自記式・他記式のいずれかはっきりしないものもあります．

(3)-1．街頭調査（インターセプト調査）

文字通り街頭で人に声をかけて調査を実施する方法です（⇒第15章参照）．やり方によっては有効な場合があります．**出口調査（exit poll）**はこの変型版です．

表 13.1　個別訪問面接聴取法・留置調査法・郵送調査法の比較

<table>
<tr><th></th><th>個別訪問面接聴取法</th><th>留置調査法</th><th>郵送調査法</th></tr>
<tr><td>内容説明</td><td>・調査員が対象者を訪問して面接.
・他記式（調査員が記入）</td><td>・調査員が対象者を訪問し，調査票を留置いて，後日回収する.
・自記式（本人が記入）</td><td>・郵送で送付・郵送で回収.
・自記式（本人が記入）</td></tr>
<tr><td>①身代わり回答の危険性</td><td>本人かどうかの確認ができるので，身代わり回答の危険は低い.</td><td>本人が回答したかどうか，確認したわけではないので，（やや）高い.</td><td>本人が回答したかどうか，確認したわけではないので，高い.</td></tr>
<tr><td>②回答ミスの予防</td><td>調査員が対象者の回答を記入するので，ミスを予防しやすい.</td><td>調査員がそばにいないので，予防しにくい．ただし，回収時に点検できるので，ミスによっては予防可.</td><td>調査員が回答をフォローできるわけではないので，予防しにくい.</td></tr>
<tr><td>③調査費用</td><td>調査員の人件費と交通費等をかなり要するので，調査費用は高い.</td><td>調査員の人件費と交通費が生じるが，面接調査ほどかからない.</td><td>主な費用は郵送代であるので，費用はそれほどかからない.</td></tr>
<tr><td>④配布と回収に要する期間</td><td>やり方次第では短くなることもあるが，対象者になかなかあえず，際限なく時間がかかる場合もある.</td><td>配布から回収まで，一定期間かかるが，（本人が）不在でも同居人がいれば間接的にやり取りが可能なので，比較的短期間ですむ.</td><td>締切までが回収期間であるが，一定の回収率を得るには時間がかかる．かなり遅く返送してくる対象者もいるので，際限がないとも言える.</td></tr>
<tr><td>⑤対象者に与える負担</td><td>一定時間拘束することになるので，負担は大きい.</td><td colspan="2">都合のよい時間に記入すればよいので，それほど負担は大きくない.
回答時に調査員がそばにいるわけではないので，他人の目を気にせずに，落ち着いて回答を記入できる.</td></tr>
<tr><td>⑥実態調査と意識調査</td><td>順序に意味があるような意識調査に適している.
一方，正確さが必要な実態調査（例：家計状況の調査）には，適していない.</td><td colspan="2">・好きな時に調べて回答できるので，正確さが必要な実態調査に適する.
注）特に，家計状況の調査，生活時間の調査などについては，留置調査が活用されることが多い.
・一方，回答が整合化される恐れがあるので，順序が重要な意識調査には適していない.</td></tr>
<tr><td>その他</td><td>・以前は，もっとも協力が得られやすい（一番回収率が高い）と言われていた.
・調査員バイアスのおそれ.
・調査員のメイキング.</td><td colspan="2">・周囲の人間の影響が懸念される（家族に相談など）.</td></tr>
</table>

(3)- 2. 出口調査（exit poll）

選挙結果の（当確の判断）の報道のために選挙の投票所の出口で投票を終えた人々に誰に投票をしたか，どの政党に投票をしたかなどを尋ねる調査です．

13.4 主要な調査モードの比較

個別訪問面接聴取法（第 16 章），留置調査法（第 11 章），郵送調査法（第 11 章）の内容と特徴を，①身代わり回答の危険性，②回答ミスの予防，③調査費用，④回収に要する期間，⑤対象者に与える負担，⑥実態と意識などの観点から比較できるように，整理したのが表 13.1 です．

13.5 調査方式に関する比較実験

調査方式に関しては，杉山（1984）で紹介されている実験調査の例があります．1976 年 7 月に宮城県の 16 歳以上の県民を対象（各 500 人ずつ，合計 2000 人）に実施された 4 種類の調査の比較が行われています．

表 13.2　調査方式に関する比較実験

調整方式	名目 有効率	実質 有効率	違反	不明	男性・60 歳以上 実質有効率	女性・60 歳以上 実質有効率
A 個人面接	75%	57%	4%	14%	57%	63%
B 面前記入	74%	49%	11%	14%	22%	20%
C 配布回収	83%	41%	17%	25%	27%	16%
D 郵送回収	85%	38%	25%	22%	19%	14%

出典：杉山 1984：73，表 28，表 29 を一部改変

この実験調査の名目有効率（回収率）は，A 個人面接と B 面前記入による方法が低く，C 配布回収，D 郵送回収の方法が高くなっていました．しかし，①指定した調査相手の性・年齢の食い違いの有無，②記入した人が調査相手本人か，③調査員が指定した方法で調査したか，④回答にあたって誰かと相談したかの 4 つの基準で点検がなされ，4 つ全て有効な場合に実質有効であるとして実質有効率が計算し直されました．

計算し直された実質有効率では，A，B，C，D の順に高くなっています．さらに，60 歳以上に目をむけると，男性・女性ともにより顕著な傾向が生じることがわかります．高齢者を対象とした調査においては，面接という手段が非常に有効であることがうかがえる結果となっているのです．

この比較実験項目は，調査における測定誤差を考慮した実質的な回収率を高める上で面接調査が最も有力な手段であることを示唆しています．ただし，1976年の宮城県における調査です．図10.2に見られるような現代に至るまでの面接調査の回収率の低下傾向を考えると，現代においてどの程度通用するかは，厳密な検証が必要です．

13.6　混合モード調査

調査モードには，それぞれの長所・短所があります．またどの方法で答えるかによって回答の傾向が異なる場合もあると考えられます．そのため複数のモードを混在させる調査は，従来あまり好ましいものとはされてきませんでした．

しかし，例えば意識を尋ねる調査ではなく実態を尋ねる調査であれば，インターネットで答えるか郵送で答えるかの間に大きな差は生じにくいと予想されます．

国勢調査においては，従来は調査員が調査票を配布して回収する留置調査が用いられることが普通でしたが，2010年以降の国勢調査においては，インターネット調査が部分的に取り入れられるようになってきました．2010年はモデル地域となった東京都だけでしたが，2015年以降は全国で郵送や（留置調査同様に）調査員が回収する方法に加え，インターネットによる回答も認める混合モード調査が採用されてきています．

例13.1　平成22年国勢調査（2010年実施）

平成22年国勢調査は，総務大臣により任命された約70万人の国勢調査員が調査票を世帯ごとに配布し，調査員が取集するか郵送で提出する方法により行った．また，東京都をモデル地域として，インターネットによる回答も導入した．なお，調査票は，調査の事項について世帯が記入（インターネットの場合は，入力）を行った．

出典：「平成22年国勢調査の概要」（http://www.stat.go.jp/data/kokusei/2010/gaiyou.htm）

例13.2　平成27年国勢調査（2015年実施）

国勢調査は，我が国に住んでいるすべての人と世帯を対象とする国の最も重要な統計調査です．平成27年9月10日から国勢調査員が皆さんのお宅へ，調査書類の配布にうかがいます．

調査の期間は，以下のとおりです．

9月10日～9月20日　インターネット回答
9月10日～9月12日　「インターネット回答の利用案内」の配布
9月10日～9月20日　インターネット回答
9月26日～10月7日　調査票での回答
9月26日～9月30日　調査票の配布
10月1日～10月7日　調査票の提出

出典：「平成27年国勢調査」（http://www.stat.go.jp/data/kokusei/2015/）

第 14 章
全数調査と標本調査

14.1　母集団からの抽出範囲

母集団から実際に調査をする対象を抽出する範囲によって**全数調査**と**標本調査**の 2 つに分類されます．

そもそも**母集団**とは，特徴を明らかにしたいと考えている社会や集団の全体のことです．日本の有権者の動向を知りたいという場合は，日本で選挙権を有する人々全体が母集団になります．高槻市民の生活意識を調べたいという場合は，高槻市民が母集団です．これらの場合では何千万人，何十万人という規模の調査対象者が母集団になりますが，そのような大規模な集団だけが母集団になりうるわけではありません．自分が所属している趣味のサークルのメンバー 7 人の意見を調べたいという場合は，母集団を構成する個体はわずか 7 名です．母集団というのはターゲットとする対象をどのように定めるか次第で大きくも小さくもなります．

14.2　全数調査の概要と例

社会調査によっては，その母集団に含まれるすべての**個体**（unit）（あるいは**要素**（element））を調べる調査があります．これは**全数調査**（census）あるいは**悉皆**（しっかい）**調査**と呼ばれます．代表的なものは，いくつかありますが 5 つほど簡潔に列挙しておきましょう．

(1) 国勢調査

総務省が 5 年に一度実施している国勢調査です．以前は『国勢調査報告』として公表されていましたが，今では e-Stat を通じてインターネット上でその結果を閲覧できます．これは，日本に常住する全人口を把握することを目的として，日本国内に住んでいるすべての人と世帯を調査の対象としています．1920（大正 9）年 10 月に第 1 回の国勢調査が実施されました．

国勢調査においては，従来は調査員が配布して回収する留置調査が用いられ

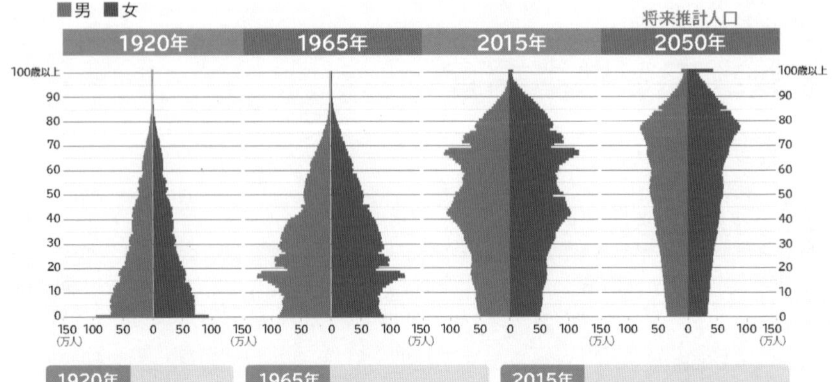

1920年

1920年の人口ピラミッドは、若い年齢ほど人口が多く裾野の広い、正に「ピラミッド」のような形をしており、1950年頃まではこの形が続いていました。

1965年

しかし、1947~1949年の第1次ベビーブーム後に出生数が減少したため、1965年の人口ピラミッドは16~18歳をピークとする大きなふくらみを持ち、その下の年齢階級がすぼまった形となりました。

2015年

2015年の人口ピラミッドは、第2次ベビーブームの1970年代前半における出生数の増加とその後の出生数の減少を反映し、66~68歳及び41~44歳をピークとする2つのふくらみを持ち、その下がすぼまった細長い「つぼ」のような形となっています。

●資料：1920年、1965年、2015年は、国勢調査結果／2050年は、国立社会保障・人口問題研究所「日本の将来推計人口（平成29年推計）」(出生中位(死亡中位)推計)

図 14.1　国勢調査が示す人口ピラミッドの変遷
出典：総務省統計局 2020：6

ることが普通でしたが，2010 年以降の国勢調査においては，インターネット調査が部分的に取り入れられるようになってきました．2010 年はモデル地域となった東京都だけでしたが，2015 年以降は全国で郵送や（留置調査同様の）調査員が回収する方法に加え，インターネットによる回答も許容する混合モード調査が採用されてきています．

(2) 経済センサス（基礎調査・活動調査）

経済センサスは，日本の事業所及び企業の経済活動の状態および産業構造を明らかにするとともに，事業所・企業を対象とする各種統計調査の実施のための母集団情報を整備することを目的として実施されているものです． 経済センサスは，事業所・企業の基本的構造を明らかにする「経済センサス - 基礎調査」と事業所・企業の経済活動の状況を明らかにする「経済センサス - 活動調査」の 2 つから成り立っています．基礎調査は，第 1 回（2009〔平成 21〕年

7 月）第 2 回（2014〔平成 26〕年 7 月），第 3 回（2019〔令和元〕年）と実施されてきました．活動調査は，2012（平成 24）年 2 月に第 1 回調査，2016（平成 28）年に第 2 回調査が実施されてきました．

経済センサスにより作成される経済構造統計は，国勢統計（国勢調査），国民経済計算に準ずる重要な統計として，「統計法」（平成 19 年法律第 53 号）という法律に基づいた基幹統計に位置付けられています．このような説明を読むと，経済センサスは新しい調査のような印象が生じます．

もともと「経済センサス」は，経済に関連した大規模統計の統廃合の結果，創設されたものです．統合された，主要な調査の 1 つとして，事業所・企業統計調査という全数調査があります．「事業所・企業統計調査」は，以前は，「事業所統計調査」と呼ばれた調査で，事業所及び企業の経済活動の状態，日本の包括的な産業構造を明らかにするため，（農林漁業を除く）全ての事業所・企業を対象として 2006 年まで 5 年に一度実施されていたものです．「事業所統計調査」の第 1 回調査は，1947（昭和 22）年 10 月に実施されていますので，これの後継調査と考えればある程度の歴史があるといえます．

(3) 工業統計調査（1909〔明治 42〕年～）

産業政策や中小企業政策などの行政施策のための基礎資料を提供するため，製造業に属する全国の全事業所を対象に（経済センサス・活動調査を実施する年の前年を除き）毎年実施されています．

(4) 商業統計調査（1952〔昭和 27〕年～）

商業統計調査は，商業を営む事業所の詳細を把握することで日本の商業の実態を明らかにするため，全卸・小売事業者を対象に実施されている調査です．1976（昭和 51）年までは 2 年ごと，1997（平成 9）年までは 3 年ごと，2007（平成 19）年までは 5 年ごとに本調査が実施されてきました．2007 年以降は経済センサス・活動調査の実施の 2 年後に実施されるようになっていました．

その後，「公的統計の整備に関する基本的な計画」（平成 30 年 3 月 6 日閣議決定）の要請の結果，「経済構造実態調査」が創設され，それに統合，再編され，廃止されました．

(5) 農林業センサス（「昭和 4 年農業調査」が最初とされている）

農林業センサスは，農林業・農山村の現状と変化を的確に捉えるために，5 年ごとに農林業を営んでいる全ての農家，林家や法人を対象に 5 年に一度実施されています．農林業施策の企画・立案・推進のための基礎資料となる統計である『農林業センサス』として報告されます．

14.3 標本調査の概要と例

母集団（population）から抽出された一部分の**個体**（unit）あるいは**要素**（element）だけを調べる調査のことを**標本調査**（sample survey）と呼びます．母集団サイズが 7 人だけのサークルの会員の調査のように小さいものであれば全数調査でも簡単に実施できますが，一般的にはそうではありません．多くの社会調査が想定している母集団は，何千万人の個体から構成される大規模なものであり，その場合全員に調査を実施するということは容易ではありません．そこで世論調査にせよ学術調査にせよ，母集団に含まれる個体全てを調査するのではなく，母集団から一部分の個体を抽出し，抽出された個体全体を調べる標本調査という方法が採用されます（図 14.2 参照）．

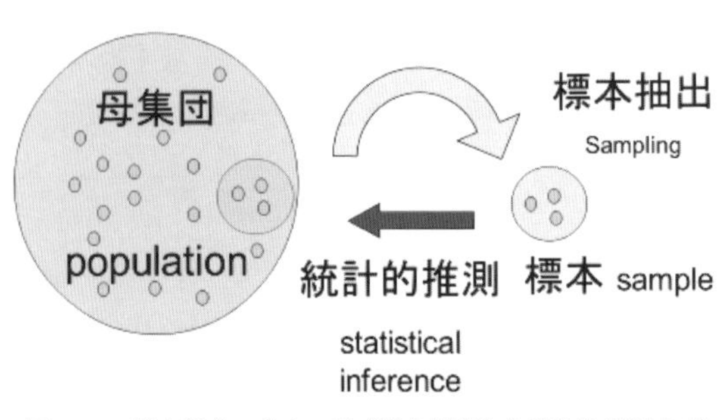

図 14.2　標本調査のイメージ（標本抽出から統計的推測まで）

このように母集団から一部分の個体（または要素）を抽出することを**サンプリング**（sampling, **標本抽出**）と呼び，抽出された個体全体のことを**標本**（sample）と呼んでいます．この標本から得られたデータを用いて母集団全体のことを推測しようとすること，あるいは推測のための統計学的方法論のことを**統計的推測**（statistical inference）と呼びます．

また 10 万人から構成される母集団から 1000 人から構成される標本を抽出する場合，うっかり標本の数を 1000 と呼びそうになりますが，1000 なのは標本に含まれる個体の数です．この場合抽出される標本は 1 つだけです．標本は 1000 人全体のことを指すためです．そのため**標本の大きさ**（sample size）が 1000 であるというように表現します．また同じことが母集団についてもあてはまります．ここで登場している母集団は 1 つだけです．10 万人は 1 つの母集団に含まれる個体の数です．母集団の大きさが 10 万であるというように理解するのが的確です．母集団も標本も 1 つしか出てこないことになりそうですが，国際比較調査においては母集団が複数になります．また母集団が 1 つでも異なる調査モードでそれぞれ標本を抽出するような調査もあります．そのような場合には 2 つ以上の標本がとりだされることになります．

標本調査の実施例は数多くあります．日本全国を対象として実施する標本調査として継続的に行われてきたものとしては，**個別訪問面接聴取法**（⇒第 10 章）の説明と重なりますが，日本人の国民性調査（統計数理研究所国民性調査委員会，1953 年～），SSM（Social Stratification and Social Mobility）調査（社会階層と社会移動全国調査），「日本人の意識」調査（NHK 放送文化研究所，1973 年～），日本版総合的社会調査（Japanese General Social Surveys, JGSS）が，代表例としてあげられます．

国が実施する標本調査もあります．その一例としては，「社会生活基本調査」があげられます．社会生活基本調査は，生活時間の活動内容を調査し，国民の社会生活の実態を明らかにすることを目的として，国が 1976（昭和 51）年 10 月以降 5 年ごとに実施しているものです．国が実施する統計調査のうち統計法により特に重要なものとされる「基幹統計調査」の 1 つに位置づけられています．

「平成 28 年社会生活基本調査」（https://www.stat.go.jp/data/shakai/2016/gaiyou.html）では，全国の約 8 万 8000 世帯のうち，10 歳以上の世帯員約 20 万人を対象とする標本調査によって実施されました．データの収集方法（モード）としては，もともとは留置調査が用いられていましたが，近年ではインターネットによる回答も併用されるようになってきています．

14.4　全数調査と標本調査の比較

全数調査と標本調査は，それぞれどのような特徴があって，どのような点で異なるのでしょうか．両者の比較にあたっては，調査にともなって生じる誤差である**調査誤差**（survey error）を考えることが必要です．そもそも**誤差**（error）とは，いわゆる**間違い**（mistake）ではありません．調査誤差の場合は，調査の過程を通じて明らかにしようとしているものと実際に得られた結果とのずれのことです.

調査誤差には，**標本誤差**と**非標本誤差**の 2 種類があります.

(1) 標本誤差

標本誤差（sampling error）とは，標本抽出を行うため，すなわち母集団に含まれる個体の全部ではなく一部だけを調べるために生じる誤差のことを言います．そのため，標本誤差は，標本調査の場合には生じますが，全数調査の場合には定義上生じることはありません.

話を簡単にするために，例えば，1000 人から構成される母集団から 20 人を標本として抽出するとします．母集団の男女比が分からないのですが，1000 人ともなるとひとりひとり確認するのも大変なので抽出された 20 人だけ性別を調べたところ，男性 9 人，女性 11 人ということが判明します．女性比率 55%となり，偶然選ばれた 20 人のうち女性は 55%であったので，全体でも女性はまあ 55%に近い値ではないかと推定できそうです．しかし，それでは正確ではないと，あとで 1000 人の男女についてきっちり調べなおしたところ，男性 500 人，女性 500 人でぴったり女性比率は 50%であることがわかりました．理論上男女比は半々なので 20 人の内訳が男性 10 人，女性 10 人であれば母集団と同比率となるはずですが，実際にはそうならず，母集団上の女性比率 50%よりも 5%高くなっています．5%のずれが生じているのです．通常の標本調査では，母集団の情報はわからないため，標本の情報から母集団の情報を推測しようとしますが，この場合は，母集団における女性比率—真の値—よりも 5%過大に推測することになります．このずれを標本誤差と考えることができます.

（男性　500 人・女性　500 人）　…　女性 50%　（全体）
↓　20 人抽出
（男性　　9 人・女性　　11 人）　…　女性 55%　（一部）

(2) 非標本誤差

非標本誤差（non-sampling error）は，全数調査と標本調査のどちらの場合であっても生じるものです．具体的には，①カバレッジのずれ（→カバレッジ誤差），②調査不能，③無回答，④回答の記入ミスなどを発生の原因として生じる誤差のことを言います．全数調査と標本調査のどちらの場合であっても生じるものですが，非標本誤差は，調査対象となる個体の数が多いほど発生する可能性が高いと考えられますので，母集団が大きいと，通常は全数調査の場合の方が標本調査の場合よりも大きくなると考えられます．

(2)-1．カバレッジ誤差

カバレッジ誤差（coverage error）とは，**目標母集団**（target population）と**調査母集団**（**枠母集団，frame population**）のずれに起因して生じる誤差です（⇒第 4 章，図 4.3）．これを的確に理解するには，母集団を目標母集団と調査母集団の二種類に分けることができることを認識しておく必要があります．

母集団とは，その特徴を明らかにしたいと考えている対象としての社会や集団全体のことでした．例えば，日本の有権者の今の内閣に対する世論を知りたいという場合は，母集団は日本の有権者全体となります．このように明らかにしたいと考えている対象を目標母集団と呼びますが，厳密にはこの目標母集団そのものを調査したり，標本調査の対象として抽出したりすることができない場合があります．例えば，基準となるある調査時点において調査できるのは日本に居住している有権者に限られます．また電話調査の場合は，その具体的な方法にもよりますが，電話保有者や固定電話保有者といった制限からもっと露骨なずれが生じます．電話帳を用いる方法であれば，電話帳掲載者という制限が生じます．このように明らかにしたい本来の対象から構成される集団（目標母集団）とは厳密には少し異なるものの，調査の都合上母集団とみなす社会や集団を枠母集団や調査母集団と呼んで，目標母集団と区別するわけです．繰り返しになりますが，この枠母集団と目標母集団のずれが，カバレッジ誤差の原因です．

(2)-2．調査不能

調査不能（unit nonresponse）とは，調査対象者の拒否，不在，死亡など色々なケースが存在します．転居などで所在不明を意味する「尋ね当たらず」という事象もあります．調査不能扱いとなった調査対象者は，調査不能者や**無回答者**（nonrespondent）と呼ばれます．標本調査であれば，未回収標本に該当します．

(2)-3. 無回答

調査不能は，いわば調査対象者から全ての質問に対して答えが得られない場合ですが，調査対象者から特定の質問に対して答えが得られない場合もあります．**無回答**（**item nonresponse**）と呼ばれる回答のもれです．答えにくい質問などで生じます．これが多いと，「はい・いいえ」のような２択の質問であっても，回答比率が大きく変わり，結果が逆転される可能性もでてきます．調査員がいる場合は，回答誘導とならない範囲で念押し（**プロービング，probing**）をすることも重要です．

(2)-4. 記入ミス

記入ミスは，本来得られるはずだった調査結果から乖離した結果を生じさせます．**測定誤差**（**measurement error**）が生じる原因の１つです．また無回答と異なり，どこで生じたかが必ずしも明らかにはならないので厄介です．

(2)-5. その他

その他にも質問文の**言い回し**（**ワーディング，wording**）や**社会的望ましさ**（**social desirability**），実際の調査員の属性・態度や尋ね方によって生じた回答の偏り（調査員バイアス），さらにはデータを入力する際に生じる単純ミスも非標本誤差に含まれます．標本調査の結果から統計的推測を行って，母集団の値を正しく推定するためには，調査誤差は小さい方がよいわけですが，そのためには標本誤差だけでなく，非標本誤差も含めた全体の調査誤差を小さくしていくことが，調査を行う上では重要と考えられています[1]．

標本誤差と非標本誤差の観点から，全数調査と標本調査の特徴の違いを考えます．まず標本誤差の観点では，自明なので説明は不要でしょう．非標本誤差については，通常は，全数調査の場合の方が標本調査の場合よりも大きいということでしたが，これはなぜでしょうか．

これについては，調査員の質，調査の管理，労力，必要な調査の期間といった観点からみた場合，全数調査と標本調査で特徴が異なることが関わってきます．

例えば，標本調査の場合は，そもそも調査対象とする標本サイズが抑えられ

1　調査誤差全体を最小化することが調査設計上重要であるという考え方は，総調査誤差（total survey error）パラダイムと呼ばれます（Groves et al. 2004）．

ています．そのため，面接調査や留置調査を実施する場合は，必要となる調査員の人数が少数で済みます．そのために精鋭の調査員をそろえやすいと考えられます．しかし，全数調査の場合は，相当数の調査員を必要とするため（例えば，日本国民全員を調査することを考えてみてください）調査員として動員される人たちの中に，調査に不慣れで未熟な調査員が比較的多く含まれるのもやむを得ない面があります．そのため，全体としての調査員の質について両者を比較すると，標本調査の場合よりも全数調査の場合の方が低くなると考えられます．

その結果，調査の管理についても，標本調査の方が全数調査よりも手慣れた調査員が揃えやすい分，標本調査の方がより簡単になると考えられますが，全数調査の場合は難しいものになります[2]．また，調査に要する労力も，全体としては標本調査の方が小さくて済み，全数調査の方は大きいものとなります．さらに必要な調査の期間についても全数調査の場合でも相当数の調査員が動員できるような場合を除き全数調査ではかなりかかります．同じ条件であれば通常は調査対象が限られている標本調査の方が短い日数で済みます．

これらの特徴の違いは，このこと自体，標本調査の方が全数調査よりも優れている点といえますが，調査員の熟練度，調査管理の難易度，調査に要する労力の多寡，必要な調査の期間は，非標本誤差の大小にも影響を及ぼすと考えられます．例えば，未熟な調査員の割合が高ければ，その分回答の記入もれや記入ミスなどの増加につながりますし，調査対象者から回答を得ることに成功する可能性も低くなってきます．またあちこちでミスを犯すようであれば調査管理も困難になります．調査に必要な労力も多ければ，記入や集計のミスなども発生しやすいことになります．そして，調査の期間は，長引けば長引くほど，得られる回答のブレは大きくなります．例えば，政治意識などは，時間の経過とともに刻々と変化します．調査の期間が長くなることで，回答としての正確さが失われる可能性が高くなるということが考えられます．

非標本誤差については，全数調査の場合の方が標本調査の場合よりも大きいということにはこのような事情があります．

また誤差以外の異なる点についても補足しておきます．

一つは，調査の費用についてです．これは，標本調査の方が調査対象が少ない分，全数調査よりも少なくて済むということは容易に理解できるでしょう．

2　何千万枚もの調査票が返送されてきたときのことを想像してみてください．置き場所だって困ります．

またもう一つは，調査を実施した際に社会に与える影響（＝負担）の違いもあります．これは，標本調査の場合は調査に巻き込まれる人間が少なくなる分，小さいものになりますが，全数調査の場合においては，はるかに多数の人々を巻き込むこととなると考えられますので，与える影響は大きいのです．

以上から，全数調査は標本調査と異なり標本誤差は生じないのですが，何が何でも全数調査の方がよいというわけではないということが理解できたのではないかと思います．標本調査には標本調査なりのメリットがあるのです．

全数調査と標本調査を比較できるように整理すると，表 14.1 のようになります．

表 14.1　全数調査と標本調査の比較

	全数調査（census）	標本調査（sample survey）
定義	母集団（population）に含まれる全ての個体（unit）・要素（element）を調べる調査.	母集団（population）から抽出された一部分の個体（unit）・要素（element）だけを調べる調査.
標本誤差（sampling error）	なし	あり
非標本誤差（non-sampling error）	大きい（大きな母集団では，標本調査の場合よりも，全数調査の場合の方がずっと非標本誤差が大きくなる）	小さい
・調査員の質	未熟練の調査員が混じる可能性が高い	精鋭をそろえやすい
・調査の管理	難しい（調査員の管理，調査票の集計）	易しい
・労力	大きい	小さい
・必要な調査の期間	かかる	かからない
費用	大きい	小さい
社会的影響	大きい	小さい

第 15 章
調査対象の選定とサンプリング

15.1　調査対象の単位と選定

調査対象となる１つ１つのことを，単位や**個体**（unit）あるいは**要素**（element）と呼びます．これは，自然科学では昆虫であったり鳥であったりしますが，社会調査においてはたいてい**個人**になるか**組織・集団**のいずれかになります．

例えば，日本の有権者を対象とする世論調査であれば，調査対象全体は日本の有権者ということになるわけですが，有権者ひとりひとりが調査において測定の対象となる個体として位置付けられていることになります．このように個々の調査対象がひとりひとりの人間であればその単位は個人となります．一方，企業の従業員数を調べる場合や，学校の敷地面積，在校生数といったことを調べる場合は，その調査対象の単位は個人ではなく組織となります．

調査対象の単位が個人の場合，**エスノグラフィー**（ethnography）（⇒第 8 章）等の領域では，調査対象者のことを**インフォーマント**（informant）と呼びます[1]．エスノグラフィーの参与観察を中心としたデータ収集では，文化や生活を記述する目的から，**典型事例**（typical case）や**極端事例**（extreme case）となるインフォーマントを調査者の判断で抽出することがあります．例えば，ジェラルド・カーティスの『代議士の誕生』（Curtis 1971）は，佐藤文生という政治家が自民党衆議院議員として初当選するまでの過程を記述的に描写していますが，佐藤が取り扱われているのは 1960 年代当時の保守政党における党人派としての典型的な政治家であったからです．これは典型事例の抽出例と言えます．

企業や団体の研究でも特定の企業や団体が成功事例を深く掘り下げて取り扱われることがあります．QC サークルやカイゼンシステムを通じて生産性と収益性を高めたトヨタ生産方式の事例（Monden 1983）や，1960 年代の米国のオートバイ市場でスーパーカブのシェアを高めたホンダの成功物語（Pascale 1984），

1　調査対象者そのものというより，事情通としての意味合いでキーインフォーマント（key informant）と呼ぶことがあります（堤 2014）．

霧多布湿原トラストというNPOの成長を描写した研究（松本 2003）などです．また反対に『失敗の本質――日本軍の組織論的研究』（戸部ほか 1985）のように失敗事例から学ぼうという研究もあります．成功例と失敗例では観点が異なりますが，どちらも極端事例の抽出例として考えることができます．

典型事例や極端事例を抽出する方法は，研究上の課題を解決するために自己の判断に基づいて調査対象を選定することから，総じて**有意抽出**（**purposive sampling** や **judgmental sampling**）と呼ぶのが適切です．実際，海外の調査研究法のテキストでは，有意抽出は**非確率抽出**の一種として説明されます（例えば，Saunders et al. 2003; Bernard 2002）．しかし，日本国内では有意抽出は無作為抽出と対比的に理解され，非確率抽出法全体を呼ぶ傾向があります．これは，purposive sampling が有力な抽出法だった歴史的経緯と，その訳語として有意抽出が用いられてきた経緯の2つがあるためとされています（土屋 2009）．

有意抽出法は，典型事例や極端事例といった事例の存在を示す役割の他に，因果関係が成立するプロセスの具体的な記述には有効ですので，事例研究における活用は珍しくありませんが，社会集団の一般的状況を統計的に記述する手段としては限界があります．

社会集団の一般的状況を統計量によって記述するためには，母集団を設定し，一定のサイズの標本を用意する必要があります．母集団の測定という目的にとって科学的な厳密さはやや欠けるものの日常生活で良く用いられているものとしては**便宜的抽出法**（**convenience sampling**）と**応募法**（**self-selection sampling**）があります．便宜的抽出法は，**モールインターセプト調査**（**mall intercept survey**）（あるいはインターセプト調査，街頭調査）のように**場当たり的**（**haphazardly**）に調査対象が選び出される方法です（⇒第13章）．応募法は，雑誌の読者アンケートのように自発的に応募してくる人を対象者とするものです．懸賞付きハガキなどで自発的に応募してきた人たちの間で雑誌各コーナーの人気を測定するような場合に用いられています．応募法は，ある種の人気投票であると割り切ることに当事者の間で合意がとれているのであれば，何らかの意思決定の手段としての用途がありますが，一般には，便宜的抽出法も応募法も統計的な推論ができる理論的根拠がないので母集団の測定方法としては不十分な抽出法です．実際便宜的抽出標本や応募法の限界は，次のような米国での選挙予測の歴史からも理解することができます．

20世紀前半に米国で選挙予測の草分け的な存在となっていたリテラリー・

ダイジェスト（Literary Digest）社は，雑誌の読者を対象とした葉書による調査を選挙ごとに繰り返し実施し，その調査結果をもとに予測を行っていました．この選挙予測はかなり順調で，1932 年の大統領選挙では当選した F. ルーズベルト（Roosevelt）が実際に獲得した 472 人の選挙人を 474 人と予測し，得票率をわずか 0.9％の誤差（2 選挙人）で予測したと誇るほどでした．

1936 年の大統領選挙では，現職の民主党大統領 F. ルーズベルトに対し，カンザス州知事のランドン（Landon）が共和党からの候補者として闘うこととなりました．この選挙で，リテラリー・ダイジェスト社は約 1000 万枚の葉書を発送し，返送された 237 万 6523 人の回答から，F. ルーズベルトの 43.0％に対し，ランドン候補が 57.0％の得票を獲得し，勝利すると予測します．ところが実際にはランドンが 36.54％で，F. ルーズベルトが 60.79％の得票を獲得します．獲得選挙人の数字では，F. ルーズベルトは 46 州 523 人，ランドンは 2 州 8 人にとどまり，ルーズベルトの圧勝となり，予測を大きく外してしまいます．一方，ジョージ・H・ギャラップ（George H. Gallup）は，ランドン候補の 46.4％に対し，F. ルーズベルトが 53.6％獲得し，勝利すると予想していました．わずか 3000 人の標本からルーズベルト再選を予測し，見事に予測を的中させたとされています[2]．一方，予測を外したリテラリー・ダイジェスト社は，翌年倒産してしまいます．

リテラリー・ダイジェスト社の敗因は，同社が葉書を郵送した対象は，経済的に余裕のある人々が多く，結果的に共和党支持者が多かったためと言われています．一方，このとき G. ギャラップが勝敗の結果を予測した方法は，いわゆる**割当抽出（割当法，quota sampling）**であることが知られています．

割当抽出とは，性・年齢等の属性を基準として定め，その構成比が回収標本において母集団と同様に保たれるように回答者を収集する標本抽出です（表 15.1）．目標とする人数に達するまで回答者を集め続ける方法なので無作為抽出ではなく，基準枠として用いると定めた属性（性別，年齢，人種等）以外の項目については何ら考慮されておらず，事前に決めた基準枠の内部では便宜的標本抽出が行われていることに注意する必要があります．また表 15.1 の例では回答者は 1000 人ですが，これは計画標本ではなく回収標本なので，仮に回収率が 50％程度であれば，実際には約 2000 人に調査協力をお願いする必要があります．

2　西平（2009）は，フランスの資料と当時の朝日新聞の記述から，実際には 3000 人ではなく，30 万人近く調査していた可能性を指摘しています．

表 15.1　割当法の仮想例

A 市全体の人口分布

	男性	女性
20 代	8%	8%
30 代	9%	9%
40 代	9%	9%
50 代	9%	9%
60 代	8%	9%
70 代以上	6%	7%
合計	49%	51%

A 市の人口 10 万人

回答者の割当人数

	男性	女性
20 代	80	80
30 代	90	90
40 代	90	90
50 代	90	90
60 代	80	90
70 代以上	60	70
合計	490	510

回答者の合計 1000 人

この他に人の縁故に頼って調査対象者を決める**機縁法（network sampling）**があります．まれな病気を持つ人に対して実施する調査などで標本サイズを確保するために利用されることがあります．このネットワークサンプリングを戦略的・体系的に行う方法の 1 つに**雪だるま式抽出（snowball sampling）**があります．これは，標本対象となる人が報告した人的ネットワークを積み上げていくことで，標本となる対象者を構成する方法（友人の友人を紹介してもらう等）です．このような抽出法は，確率標本になりえませんが，あえて偏った特徴ある標本を抽出したい場合に用いることがあります．

参考15.1

非確率抽出（nonprobability sampling）のまとめ

●**有意抽出（purposive or judgmental sampling）**
　・**典型事例（typical case）**
　・**極端事例（extreme case）**
●**便宜的抽出（convenience sampling）**
●**応募法（self-selection sampling）**…自発的に応募してくる人を対象者とする．
●**機縁法（network sampling）**…例として，雪だるま式抽出．
●**割当抽出（quota sampling）**…母集団における性，年齢等の構成比を保つような標本（回収標本）を抽出する．

15.2　非確率抽出の限界

F. ルーズベルトは，その後 1940 年，1944 年の選挙でも再選を果たし，歴史上唯一の四選したアメリカ大統領となります．その間第二次世界大戦が勃発していますが，第二次世界大戦末期の 1945 年 4 月に F. ルーズベルトは亡くなっため，副大統領のトルーマンが昇格して後任の大統領に就任していました．

そのため，1948 年の大統領選挙は，副大統領から昇格したトルーマン大統領が選挙によって大統領として当選できるかどうかというものでした．このとき，有力な対抗馬だったのはニューヨーク州知事のデューイ候補です．このときは，ギャラップも他の調査会社（クロスレー，ローパー）もデューイ候補の勝利を予想していたのですが，実際にはトルーマンの勝利となったため，各調査機関は大混乱に陥ってしまいました．

そもそも割当法は，母集団における性，年齢等の基準として定めた属性の構成比を保つように回収標本（対象者ではなく，回答者）を抽出する方法です．そのため，割当法で回収された標本は基準として定めた属性（性・年齢・人種・地域など）という点では回答者の人口構成比は母集団における人口構成比に一致しているのですが，基準として定めた属性以外の回答者の性質は調査員の裁量次第となってしまいます．このことは，調査員がつかまえやすい人や話しかけやすい人といった，調査の協力を得やすい人々を優先しての回答を集めようとすることにつながりかねません．1948 年の大統領選挙では調査の協力を得やすい人々からの回答に偏りが生じたため，予測を外したのではないかと考えられています．

結果的に，割当法の限界を突き付けられることとなり，**無作為抽出**（random sampling）を用いることが重要であるという教訓を示す事例となっています．

15.3　確率抽出に基づく標本調査

母集団（population）に含まれる個体全てではなく，母集団全体のことを推測することを念頭に，母集団から一部分の**個体**（unit）を抽出し，抽出された個体全体を調べるという方法は，**標本調査**（sample survey）と呼ばれます．そして，母集団から一部分の個体（または要素）を抽出することを**サンプリング**（sampling, **標本抽出**）とよび，抽出された個体全体のことを**標本**（sample）と呼んでいます．

標本から得られたデータを用いて母集団全体のことを確率論に基づいて推測しようとすること，または推測のための統計学的方法論のことを**統計的推測**（statistical inference）と呼びます．このように統計的推測を行うことを前提に，標本を抽出する調査においては，**確率抽出**（probability sampling）という抽出方法がとられています（図 14.2 参照）．**無作為抽出**（random sampling）という呼び方は，この確率抽出全体のことをさしています．

確率抽出に基づく標本調査の実施例は数多くあります．日本人の国民性調査，SSM 調査，「日本人の意識」調査，日本版総合的社会調査（JGSS, Japanese General Social Surveys），社会生活基本調査は，すでに 14 章であげたように，日本全国を対象地域として実施する標本調査のうち継続的に行われてきた事例です．

15.4　無作為抽出の意味

非確率抽出ではなく無作為抽出（確率抽出）であることにはどのような意味があるのでしょうか．そしてどのようなメリットがあるのでしょうか．原純輔と海野道郎は，スープの味見に例えられると言っています（原・海野 2004：28-33）．スープを作った時に上の方が薄味で下の方が濃い味であったとすれば，上の方だけを味見をしても全体の味をみたことにはなりません．しかし良くかき混ぜてあれば，全体としての濃度が一定となり，その味は全体の味を反映していると考えられます．

これは，つまり次のような状況において母集団における内閣支持率 N'/N と標本における内閣支持率 n'/n は，理論上一致しているはずであると考えることと同様です．

母集団　　　　　　　標本

N 人　無作為抽出　n 人

$\Rightarrow$

（内閣支持 N' 人）　（内閣支持 n' 人）

$N'/N = n'/n$ が成立しておれば，式変形により $n' = N' \times n/N$ が成立していることが導かれます．このことは，抽出率 n/N がどの個体においても同じであるという無作為抽出の前提が成立していることを意味します．

このような前提の成立は，後述する**大数の法則**（law of large numbers）と**中心極限定理**（central limit theorem）という確率抽出ならではの性質が成立するというメリットが得られます．

また無作為抽出では多くの場合，**不偏性**という好ましい性質を有している標本統計量を得られます．そのためには，**標本分布**（sampling distribution）の概念と関連する概念として**全て可能な標本**（all possible sample）という概念も理解しておく必要があります.

15.5　大数の法則と中心極限定理

中心極限定理（central limit theorem）とは，母集団がなんであっても和 $X_1 + X_2 + X_3 \cdot \cdot \cdot X_n$ の確率分布の形（及び標本平均の形）は，n が大きくなるにつれて，正規分布に近づいていく性質のことです．なお，ここで使われている**確率分布**（probability distribution）とは，確率変数がどういう確率でどういう値をとるかを示す分布のことで，例えば，歪みのないサイコロを振った時，それぞれの目はどの程度の確率で生じるかといったことが該当します（表 15.2）.

表 15.2　サイコロの確率分布

サイコロの目 X	1	2	3	4	5	6
確率 P（X）	1/6	1/6	1/6	1/6	1/6	1/6

また，正規分布とは，平均値を中心にして左右対称となっているつりがね型の曲線の形状の確率分布の 1 つです.

そのうえで中心極限定理について補足します．例えば，歪みのないサイコロを n 回振った場合（標本の大きさ n），出たサイコロの目の標本平均 X の確率分布は[3],

$n = 1$ のとき，　P（$X = 1$）= 1/6, P（$X = 2$）= 1/6…

$n = 2$ のとき，　P（$X = 1$）= 1/36, P（$X = 1.5$）= 2/36…

$n = 3$ のとき，　P（$X = 1$）= 1/216, P（$X = 4/3$）= 1/72…

……

のようになります.

サイコロの目の平均（この場合，**期待値**に相当）の確率分布（この場合**標本分布**，sampling distribution に相当．後述）の変化を図に示すと，サイコロを振った回数 n が増えるにつれて，次の図 15.1 のように変化していきます．実は**正規分布**（normal distribution）と呼ばれるつり鐘型の分布に近似していくのです.

3　サイコロの目を X として標本平均を期待値 E(X) と書いた方が自然ですが，簡単に表示するため，あえてこのようにしています.

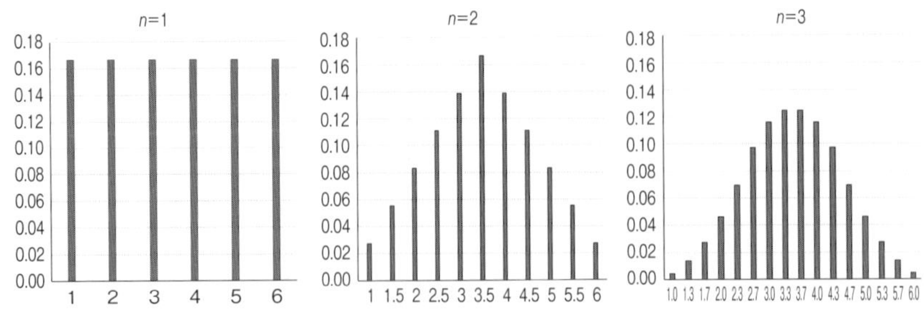

図 15.1　サイコロの目の平均の確率分布（一回，二回，三回それぞれ振った場合）

この際，歪みのないサイコロの目の平均 X の真の値は 3.5 であることを踏まえ，3 以上 4 以下になる確率を考えてみます．

$n = 1$ の場合，$\mathrm{P}(X = 1) = 1/6$, $\mathrm{P}(X = 2) = 1/6$, $\mathrm{P}(X = 3) = 1/6$, $\mathrm{P}(X = 4) = 1/6$, $\mathrm{P}(X = 5) = 1/6$, $\mathrm{P}(X = 6) = 1/6$ ですから $\mathrm{P}(3 \leqq X \leqq 4) \fallingdotseq 0.33$ となります．$n = 2$ の場合を同様に計算すると，$\mathrm{P}(3 \leqq X \leqq 4) \fallingdotseq 0.44$ になり，さらに $n = 3$ の場合は，$\mathrm{P}(3 \leqq X \leqq 4) \fallingdotseq 0.48$ となり n の増加に伴って徐々に増加することが分かります．

このことは，n が大きいほど標本平均は母平均の近くに分布することを意味しています．厳密な計算式は省略しますが，**大数の法則**（law of large numbers）と呼ばれるものの 1 つの形が表れています．大標本では，観察された標本平均を母集団の真の平均（母平均）とみなしてよいという常識はこのような裏付けから成り立っています．多くの統計的な社会調査は，この原理を利用して，全体母集団の統計量を標本統計量からある程度正確に見積もっているわけです．この見積もりが成立する前提が無作為抽出であるといえます．一方，標本抽出の方法に偏りがあると標本統計量が偏ります．いくら標本サイズを大きくしても大数の法則が機能しません．

15.6　不偏性

世論調査など，賛成と反対に分かれるような意見の分布を推測するためには標本調査が用いられます．ここでは，原・海野（2004 : 30-31）の例を参考に，皮袋の中にある，赤玉（賛成）3 個と白玉（反対）3 個を母集団の世論とみなし，このうち 4 個を無作為に抽出して赤玉（賛成）の比率を調べて皮袋中の

コラム

順列と組み合わせ

（順列）n 個の整数の順列を考えます．実際，2 個の場合，3 個の場合…と書き出していくと，n 個の場合，$n!$ 通り（! は階乗）の順列があることが分かります．

2 個の場合	3 個の場合	4 個の場合	……	n 個の場合
A − B	A − B − C	A − B − C − D		
B − A	A − C − B	A − B − D − C		
	B − A − C	A − C − B − D		
	B − C − A	A − C − D − B		
	C − A − B	A − D − A − C		
	C − B − A	A − D − C − A		
		B − A − C − D		
		B − A − D − C		
		・・(略)・・		
2 通り	6 通り	24 通り		$n!$ 通り
(2×1)	$(3 \times 2 \times 1)$	$(4 \times 3 \times 2 \times 1)$		$n \times (n-1) \times \cdots \times 4 \times 3 \times 2 \times 1$

さらに，n 個から取り出された m 個の順列は，$n\mathrm{P}m = n! / (n-m)!$ になります．

	$n = 2$,	$n = 3$,	$n = 4$,	$n = 5$,	$n = 6$,	…
$m = 1$ の場合	2	3	4	5	6	
$m = 2$ の場合	2	6	12	20	30	
$m = 3$ の場合		6	24	36	120	

（組み合わせ）このことを参考に組み合わせの数を考えます．順列と違って，さらに取り出された個数の分の順番を考えなくてよいことから，n 個から取り出された m 個の組み合わせは，$n\mathrm{C}m = n! / \{(n-m)! \cdot m!\}$ となります．

赤玉の比率を推測する標本調査の意味を考えてみます（図 15.2）．

まず，赤玉（賛成）の割合について考えます．赤 1，白 0 として考えたとき母平均（厳密には，母比率）は，(1 + 1 + 1 + 0 + 0 + 0) /6 = 1/2 になります．母集団サイズ N，母平均を μ，個々の観測値を x_1，…，x_N と一般化して記載すると，

$$\mu = \frac{1}{N}\sum_{i=1}^{N} x_i = \frac{1}{N}(x_1 + x_2 + \cdots + x_N)$$

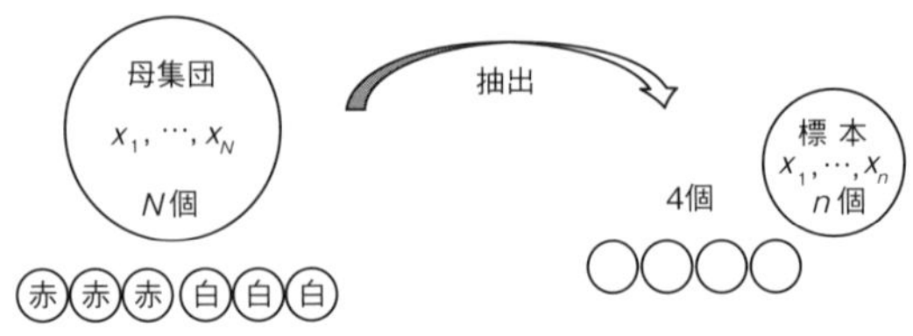

図 15.2　赤白 6 個の玉の抽出イメージ

のようになります．

一方，標本平均（厳密には標本比率）については，

$$\overline{x} = \frac{1}{n}\sum_{i=1}^{n} x_i = \frac{1}{n}(x_1 + \cdots + x_n)$$

で計算されます．無作為に 4 個を取り出す場合については，それぞれの標本比率とそれが生じる確率を考えると（p.123，コラム参照），

$$\overline{x} = \begin{cases} \frac{1}{4}(1+1+1+0) = 0.75 & \frac{3}{15} = 0.2 \\ \frac{1}{4}(1+1+0+0) = 0.50 & \frac{9}{15} = 0.6 \\ \frac{1}{4}(1+0+0+0) = 0.25 & \frac{3}{15} = 0.2 \end{cases} \Bigg\} \text{確率}$$

となります．このとき，標本平均の期待値を計算すると，

$0.75 \times 0.2 + 0.50 \times 0.6 + 0.25 \times 0.2 = 0.5$

となり，母平均に一致します．

これは標本サイズが 4 の場合ですが，一般的に

$$E(\overline{x}) = \mu$$

すなわち，標本平均の期待値が母平均に一致するのであれば，標本平均は母平均の不偏推定量となっているといいます．このことから，（現実には，未知である）母平均の代わりに標本平均を使うという方針を繰り返すことで，母平均の性質が偏りなく報告されると考えることができます．

参考15.2

標本分布と不偏性

赤玉 3 つを A，B，C，白玉 3 つを D，E，F という名前をつけて，4 個の玉についての可能な組み合わせは ${}_6C_4$ ですから，全部で 15 通りあります．また，それぞれの組み合わせにおける標本比率（赤玉比率）も含めてすべてを列挙して示すと次のようになります（表 15.3）．

これを踏まえて，標本比率別に，組み合わせの数と出現確率を記載すると，（表 15.4）となります．これは標本比率（赤玉比率）の標本分布に相当します．**標本分布（sampling distribution）**とは，標本データの度数分布ではなく，標本統計量（この場合は比率）の確率分布のことを意味します．

このとき，$0.75 \times 0.2 + 0.50 \times 0.6 + 0.25 \times 0.2 = 0.5$ から標本平均の期待値 = 母平均が成立しますが，これは標本サイズが 4 の場合です．実際には，標本サイズを変えてもこの関係（標本平均の期待値 = 母平均）は成立します（**不偏性，unbiasedness**）．

なお，母集団サイズ N から抽出される標本の組み合わせは，2^N あると考えられます．これを**全て可能な標本（all possible sample）**と呼びます．

そこで，次に一般的に標本平均が母平均の不偏推定量であることを考えます．

表 15.3　玉の組み合わせと標本比率

組み合わせ	標本比率
A B C D	0.75
A B C E	0.75
A B C F	0.75
A B D E	0.50
A B E F	0.50
A B C F	0.50
A C D E	0.50
A C D F	0.50
A C E F	0.50
A D E F	0.25
B C D E	0.50
B C D F	0.50
B C E F	0.50
B D E F	0.25
C D E F	0.25

出典：原・海野 2004：31, 表 1.4(b)

表 15.4　標本比率の出現確率

標本比率	組み合わせ数	出現確率
0.75	3	0.2
0.50	9	0.6
0.25	3	0.2
合計	15	1.0

出典：原・海野 2004：31, 表 1.4(a)

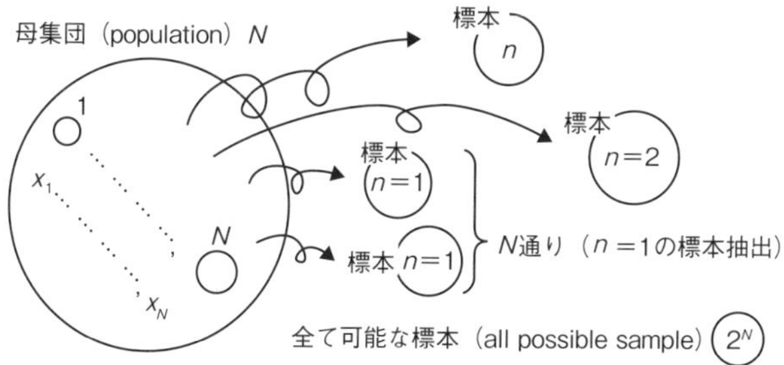

(1) 大きさNの母集団から無作為に大きさ1の標本を抽出する場合を考えます．N個実現値が等確率1/Nで選ばれるから，その積和を計算すると確率変数の期待値が求まります．

すなわち，この場合は，

$$\mathrm{E}[\bar{X}_1] = \frac{1}{N}x_1 + \cdots + \frac{1}{N}x_i + \cdots + \frac{1}{N}x_N = \mu$$

のように母平均（母集団の平均値と一致することになります．

(2) 次に，大きさnの標本を抽出して求めた標本平均$\mathrm{\bar{X}}_n$の期待値を考えます．これは，

$$\mathrm{E}[\bar{X}_n] = \mathrm{E}\left[\frac{1}{n}\sum_{i=1}^{n} X_i\right]$$

$$= \frac{1}{n}E[X_1] + \cdots + \frac{1}{n}E[X_i] + \cdots + \frac{1}{n}E[X_n]$$

（添え字によらず，$E[X_i] = \mu$だから）

$$= \frac{1}{n}\mu + \cdots + \frac{1}{n}\mu + \cdots + \frac{1}{n}\mu = \mu$$

となるので，やはり母平均μと一致します（不偏性の成立）．

第 16 章
単純無作為抽出・系統抽出

16.1　単純無作為抽出

単純無作為抽出（simple random sampling）とは，母集団の全ての個体が抽出される確率が等しくなるように[1]，ランダムに一定数 n の個体（＝大きさ n の標本）を選び出す方法のことです．原理的にはいわゆるくじ引きと同様で，サイコロや乱数等を用いて標本を抽出することで実際に行うことができます．母集団を構成する全ての個体をリストなどによって把握する必要があるという特徴があります．

16.2　無作為抽出の実際―乱数の生成―

6 人のうちから 1 人を選ぶような簡単な例であれば，サイコロでも無作為に抽出できます．7 人以上の時は，2 回以上さいころをふることで桁数を増やした 6 進数の数字を用意し，10 進数に換算すれば不可能ではありません．しかし，6 進数の数字を毎度換算するのは煩雑です．この点，乱数サイ（図 16.1）は便利です．0 ～ 9 の数字がそれぞれ 2 面ずつ各面に書かれている二十面体でできているためです．

例えば，450 人から抽出する場合を考えてみます．3 つの色違いの乱数サイを用いれば，000 ～ 999 の数字を表現できます．赤は百の位，青は十の位，黄は一の位という風にあらかじめ決めておきます．001 ～ 450 以外の数字が出た場合はやり直します．この際工夫すれば，451 ～ 900 の数字の場合も 450 を引いて用いることにして 1 ～ 900 以外の数字が出た場合のみ，やり直しとすればやり直す可能性

図 16.1　乱数サイ　（筆者撮影）

1　等確率抽出法（EPSEM：Equal Probability Selection Method）に該当します．

24 53 39 42 38	80 86 45 87 21	63 99 52 12 63	47 23 32 68 18
59 33 46 46 44	05 10 23 92 33	39 14 34 44 96	26 40 32 10 02
23 84 56 74 83	57 29 35 56 22	04 82 16 42 23	62 07 57 97 46
09 16 42 02 11	41 09 31 90 68	25 88 10 60 91	79 76 58 40 99
44 96 89 72 30	34 43 74 12 44	16 87 40 50 40	20 90 74 37 64
04 86 71 87 82	68 27 94 59 98	79 66 33 47 68	38 76 43 60 25
47 57 74 16 62	30 57 52 07 09	29 86 52 88 47	15 95 34 09 06
11 61 84 93 47	26 81 72 97 41	63 43 10 61 70	77 40 75 05 49
03 94 13 09 89	51 71 26 16 85	71 74 32 82 20	21 98 65 87 95

図 16.2　乱数表の実例
出典：西平 1985：207，付録第 1 表より作成

が減るので効率的です．

ただ何千万人から何千人を抽出するような場合には，何度も乱数サイを振るのは現実的ではありません．特に，標本調査においては，n 個の個体を取り出す際に 1 つ取り出すごとに，個体を戻さない非復元抽出（sampling without replacement）を用いるのが普通なのですが，この場合，重複して抽出しないように気をつける必要があるので，相当複雑な作業になります．単純無作為抽出以外の抽出法を用いることになりますが，それでも調査によってはかなりの量の乱数の生成が必要になります．また乱数が必要になるからといってサイを持ち歩き，抽出作業の現場で，何度もサイを振るのは現実的ではありません．そこで利用すると便利なものとして活用されてきたのが乱数表です（図 16.2 参照）．

図 16.2 にある乱数表は，1947 年頃当時の 1 銭玉 100 枚に番号をつけて何度もかき混ぜては取りだしという作業を繰り返しては作成されたものです（西

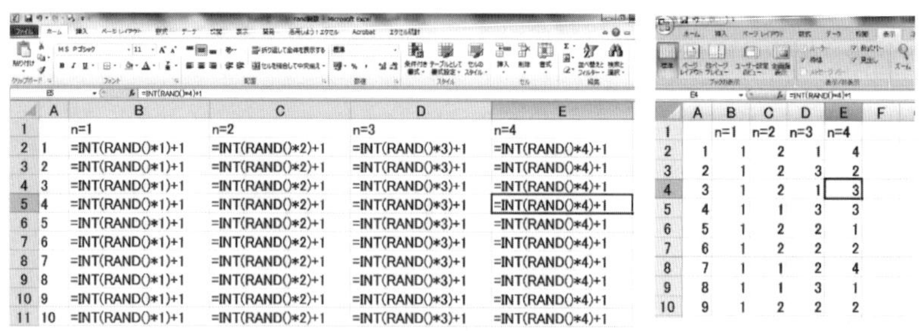

図 16.3　Microsoft Excel の Rand 関数の使用例

平 1985)．乱数表を用いれば，左上から，24，59，23，…のようにある程度まとまった数の乱数を一度にとりだすことができます．

乱数表から乱数を取りだす際には，同じ乱数ばかりを取り出さないようにスタートの場所や読む順序をランダムに変えることになります．しかし，それでも長い間何度も乱数表を使用していると同じ乱数のまとまりを取りだして利用する可能性も生じます．一方，現在ではコンピュータを手軽に利用できるようになっているため，一般の家庭でもコンピュータのソフトウェアを利用して大量の乱数を簡単に新しく発生させることが可能です（図 16.3 参照)．このようにコンピュータを用いて発生させる算術乱数は擬似乱数と呼ばれ，宇宙線や放射性元素を用いて発生させる物理乱数とは異なり，原理的には完全な乱数が得られるわけではありません．ある周期でおなじ数列が繰り返されるのですが，その周期は非常に長いので，社会調査でも乱数として利用することができます．

16.3　系統抽出・等間隔抽出

乱数を用いて無作為抽出を行うことができるとしても，実務上簡便なサンプリングを行うことが必要な場合があります．450 人から 1 人を選び出す時は単純無作為抽出でも気になりませんが，450 人から 20 人を抽出する際は非常に複雑です．非復元抽出になりますので，1 人目が 33 番であれば，2 人目以降は 33 番を抽出しないようにしなければなりません．これを 20 回繰り返すことになりますので，うっかり間違えて同じ人を抽出してしまうかもしれません．

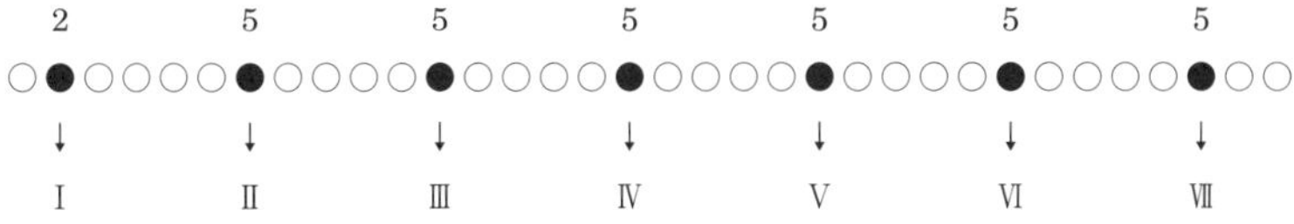

図 16.4　系統抽出のイメージ

系統抽出は，そのような煩雑さによる抽出ミスを減らすため，図 16.4 のように等間隔に標本を抽出する方法です．宝くじなどで一の位が 5 のもの全てを当選にするような場合がありますが，この方法の身近な例といえます．無作為に当選番号が書かれていたら，当選したかどうかを確認する際に大変です．間違えそうですよね．社会調査においても間違えずに簡便に標本を抽出するために実務上も系統抽出はよく用いられています．

年賀状のくじで下2桁の番号35と67のものをあたりとするということがあるかと思います．このような場合は，数字の間隔は32と68の2種類が繰り返すことになります．等間隔ではないように見えますが，2種類の等間隔の抽出が重なっているだけです．このようなケースでも系統抽出に該当します．

(1) 等間隔抽出の計算例

N 人で構成される母集団から n 人で構成される標本を抽出する場合，その間隔kは N/n になります．最初に抽出される個体は，スタート番号 S（k以下の整数からランダムに選ぶ）で決まります．ここだけが単純無作為抽出で，2番目に抽出される個体の番号は S + kになります．例16.1は S = 3，k = 20の場合を示しています．

例16.1　$N = 1000, n = 50, S = 3$, 間隔 k = 20

1	
2	
3	該当（1人目）
⋮	
23	該当（2人目）
⋮	
43	該当（3人目）
⋮	
63	該当（4人目）
⋮	
983	該当（50人目）
⋮	
1000	

例16.2　$N = 987, n = 50, S = 3$, 間隔 k = 19.74

1		
2		
3	該当（1人目）	3.00
⋮		
23	該当（2人目）	22.74
⋮		
43	該当（3人目）	42.48
⋮		
63	該当（4人目）	62.22
⋮		
971	該当（50人目）	970.26
⋮		
987		

※切り上げ（22.74人目→23人目）

(2) 端数の間隔（fractional interval）が生じた場合の処理

(2)-1．最も近い整数に丸める．　→　標本サイズに影響

例16.2のように，N = 987，n = 50の場合は，端数の間隔が生じます．この際，1つの方法が987 ÷ 50 = 19.74 ≒ 20として20人ごとに抽出する方法です．この方法を用いた場合，もしスタート番号が8以上の場合，①8→②28→③48→④68→…→㊾968→988のように50番目でリストが不足してしまいますので，標本の大きさがもともと予定していた50ではなく49になっ

てしまいます．

(2)－2．リストを循環的に利用する．

(2)－1で採用した間隔20を用いるとします．S = 8の場合ですが①8→②28→③48→…→㊾968→㊿1というようにリストの最後に到達した後，リストの最初に戻り，50番目の個体を抽出するという方法です．

(2)－3．端数の間隔をそのまま利用する．

この方法は，例16.2に示すように，S = 3，k = 19.74の値をそのまま用います．この場合は，小数点以下を切り上げるなどの処理を行うことから，抽出間隔は平均的には一定ですが，①3→②23→③43→④63→⑤82……のようになるため実際の間隔が20と19に変動します．なお小数点以下については切り上げという方法もあります（Groves et al. 2004 参照）．また，スタート番号は，0.01 ～ 19.74の範囲で選びます．

(3) 調査対象外の処理

例えば，16歳以上の男女を対象とする調査を実施する場合は，住民基本台帳の写しを用いる必要があります．住民基本台帳には，未成年を含む全年齢の住民が記載されていますので，16歳以上だけを抽出し，15歳以下を抽出しないようにします．

・調査対象者…16歳以上　→　抽出する
・調査対象外…15歳以下　→　抽出しない

もし16歳以上の日本人を対象とする場合は，外国人も住民基本台帳の記載対象となっていますので，日本人だけを抽出するようにする必要があります．

いずれにしても調査対象外の人を抽出しないように工夫するのですが，やり方としては大きく分けて次の2通りが代表的です．

(3)－1．15歳以下を除外してから系統抽出する方法（16歳以上だけを数える方法）

1つは調査対象者として該当する人だけを数えあげていく方法です．対象外の人をあらかじめ除外しておくので理論的にはこの方法が適切です．図16.5のようにスタート番号の3番目の人を抽出した後は，16歳以上の条件に適合

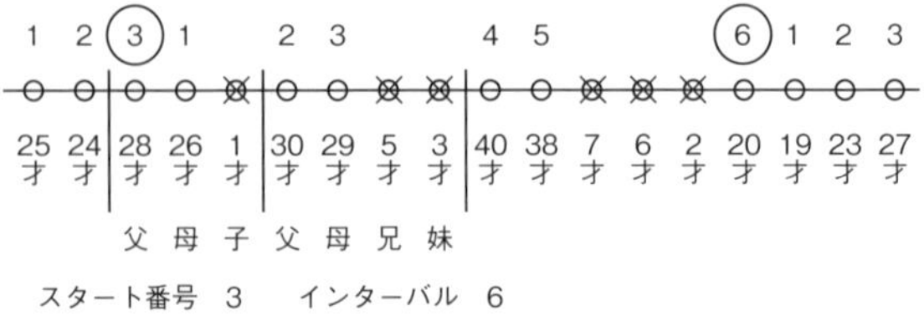

図 16.5 15 歳以下を除外して行う系統抽出

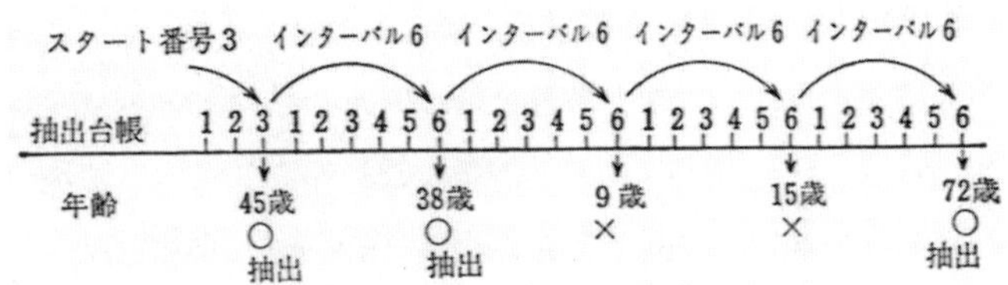

図 16.6 非該当者を抽出後に除外する系統抽出
出典：杉山 1984：51，図 9

する 26 歳，30 歳，29 歳，40 歳，38 歳，20 歳だけを数え上げ，6 人目の 20 歳の人を調査対象として抽出します．

この方法は，理論的には正しいのですが作業として複雑なのでミスが起こりやすいのが欠点です．系統抽出のメリットが生かしきれていません．数え間違えて，20 歳の手前の 2 歳を気づかないまま抽出してしまうと，計画標本段階で調査不能票を 1 件計上してしまうことになります．

(3)-2. 該当年齢にあたった場合だけを抽出する方法

図 16.6 のように台帳の掲載者を全て数え上げていき，等間隔で抽出候補を選び出した後，調査対象者に該当しない場合には候補を除外し，該当する場合だけ最終的に抽出していく方法です．この場合，標本の大きさが足りなくなるので，(2)-2 の方法で抽出します．この方法であれば，系統抽出の簡便さというメリットが残ったままですので，抽出ミスも減らしやすくなります．

(4) 抽出間隔（インターバル）の注意点

1男　2女　3男　4女　5男　6女　7男　8女　9男　10女……のように，

例えば抽出元のリスト等において男女が交互に並んでいるときに，偶数間隔で抽出すると，男性あるいは女性だけが抽出される危険性があります．遊園地で並ぶ順番待ちのカップルの行列や，夫婦二人だけの世帯が連続する住宅の世帯名簿（表 16.1）などは要注意です．

系統抽出では，抽出範囲があまり大きくない場合，抽出する台帳における個体の特徴の周期と抽出間隔の周期が同調しないように注意する必要があります．そのため，実務上は 11 や 21 といった中途半端な数字をインターバルに用いることが多くなっています．

表 16.1　夫婦だけで構成される世帯が連続する名簿のイメージ

	氏名	性	生年月日	住所
1	佐藤　翔太	男	昭和 49 年 12 月 1 日	総情市神田 1 － 1 － 1
2	佐藤　洋子	女	昭和 51 年 5 月 23 日	総情市神田 1 － 1 － 1
3	鈴木　陽太	男	平成元年 7 月 19 日	総情市神田 1 － 1 － 2
4	鈴木　愛	女	平成元年 2 月 22 日	総情市神田 1 － 1 － 2
5	田中　健一	男	平成元年 4 月 11 日	総情市神田 1 － 1 － 3
6	田中　恵	女	平成 2 年 6 月 23 日	総情市神田 1 － 1 － 3
7	高橋　誠	男	昭和 50 年 10 月 4 日	総情市神田 1 － 2 － 1
8	高橋　舞	女	昭和 55 年 9 月 7 日	総情市神田 1 － 2 － 1
9	伊藤　浩	男	昭和 60 年 3 月 5 日	総情市神田 1 － 2 － 2

第 17 章
二段抽出・集落抽出

17.1 二段抽出

日本全国に居住する人々や有権者を対象とした大規模な社会調査の実施を考える際，単純無作為抽出や簡便化された方法である系統抽出の採用は現実的ではありません．単純無作為抽出や系統抽出を行うには，調査対象となる全国の居住者や有権者を１つのリストの形でまとめた統一名簿を用意する必要が生じます．しかし，たいていの全国調査では，住民基本台帳の写しや選挙人名簿の抄本を用いることになりますが，どちらも管理しているのは各地の市区町村であり，全国共通統一名簿の形で閲覧して利用するということはできません．もしマイナンバー（12 桁の個人番号）を用いた全国統一名簿が存在し，閲覧することができたとしても，無作為抽出や系統抽出で抽出される個人の所在地は全国各地に分散することになります．そうなると訪問面接調査や留置調査の場面に調査員が各調査対象者を訪問するのは非効率なものとなり，移動に要する費用や時間が莫大にかかってしまいます．

そこで登場するのが**二段抽出**（two stage sampling）です（図 17.1）．二段抽出においては，市区町村や投票区などの個人についての一定のまとまりを含む**調査区域（地点，local point）**を**第一次抽出単位**（Primary Sampling Unit, PSU）として一度抽出しておき，さらに第一次抽出単位に含まれる個体（ここでは個人）を，**第二次抽出単位**（Secondary Sampling Unit, SSU）として抽出します．

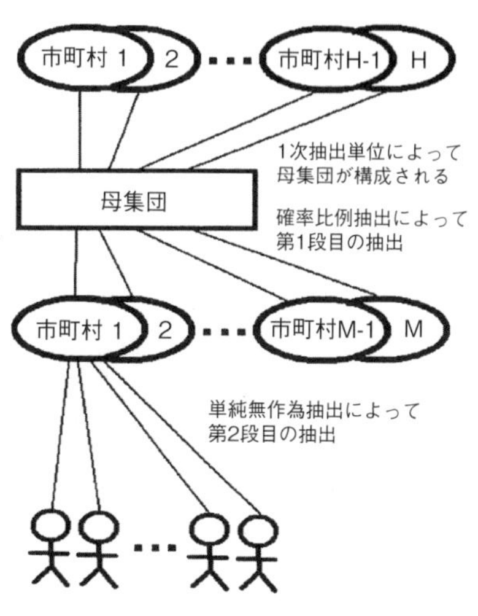

図 17.1　二段抽出のイメージ
出典：豊田 1998：143

学校についての調査であれば，学校を PSU，学級を SSU とし，さらに学生や生徒を抽出するのであれば，**第三次抽出単位**（Tertiary Sampling Unit, TSU）ということになります．これを**三段抽出**（third stage sampling）といいます．理論上は，二段，三段，四段といくつでも段を増やすことができますので，一般化した表現としては，**多段抽出**（multistage sampling）という呼び方が用いられます．

固定電話を用いた調査において，無作為に発生させた番号に電話をかける RDD 抽出の場合や，電話帳だけに基づいて電話帳掲載世帯の番号を無作為に抽出する場合に，抽出された各世帯から 1 人ずつを選び出す電話帳法（⇒第 12 章）も二段抽出に該当します．ただこの場合，PSU となる世帯の抽出確率は等確率ですが，SSU となる世帯内の個人については世帯内で適格な対象者の人数によって世帯内の抽出確率が異なります．二人世帯であれば 1/2 ですが，四人世帯であれば 1/4 となり抽出確率がその半分になるので注意が必要です．

同様の問題は，PSU として，市区町村などの地域を抽出する場合や学校を抽出する場合にも生じます．例えば，表 17.1 のような 5 地域で構成される母集団があったとします．2 地点から 300 人の抽出を考えます．

表 17.1　40 万人の二段抽出

地点（PSU）	A 市	B 市	C 町	D 町	E 市	全体
人口（万人）	10	8	4	4	14	40

このまま 5 地域から 2 地域を抽出し，各地域から 150 人ずつ抽出すると抽出確率が異なってしまいます．この場合，2 つの方法が考えられます．

1. **等確率抽出法**…第一次抽出で抽出された地点の含む個体数の大きさに比例して各地点から抽出する個体数を変える方法です．
2. **確率比例抽出法 / 規模比例確率抽出法**（Probability Proportional-to-Size sampling, PPS sampling）…各地点から抽出する個体数を変えずに，地点の含む個体数の大きさに比例して各地点の抽出確率を変える方法です．

1 の等確率抽出においては，PSU である各地点は 2/5 の等確率で抽出されます．SSU については，A75 人，B60 人，C30 人，D30 人，E105 人のようにあらかじめ割り当てておきます．どの 2 地点が PSU として抽出される場合でも，SSU の抽出確率はどちらも 0.00075 となりますので，PSU，SSU の抽出確率の積は $0.4 \times 0.00075 = 0.0003$ となります．ただし，この場合どの 2 地点が抽出されるかによって抽出される SSU の合計数が異なってしまいます．抽出がすべて終わるまで標本サイズは不確定となります．

ここで SSU の数を 300 に固定するために，B 市と C 町の 2 地点が抽出された後に，各地点からの抽出を 200 人と 100 人に比例的に割り当てるとします．8 万人から 200 人（B 市），4 万人から 100 人（C 町）を抽出するとすれば，どちらの SSU も PSU から 0.0025 の確率で抽出されます．そして PSU，SSU の抽出確率の積は，$0.4 \times 0.0025 = 0.001$ です．この場合は SSU の合計数は一定数に固定させることができますが，抽出確率は安定しません．

現実的には望ましい方法としてこの確率比例抽出法が用いられることになります．これは PSU の抽出確率を A 市 1/4，B 市 1/5，C 町 1/10，D 町 1/10，E 市 7/20 のように PSU のサイズに比例させる方法です．地点あたりの SSU の抽出人数は $300/2 = 150$ で一定です．各地点で SSU である個人が抽出される確率は，A 市 0.0015，B 市 0.001875，C 町 0.00375，D 町 0.00375，E 市 3/2800 となりますので，どの SSU も抽出確率は地点によらず 0.000375 となります．

上記のように確率比例抽出において SSU の抽出確率が一定であることを数式で一般化して表現するとどうなるのでしょうか．PSU の総数を M，SSU の総数を N，第 i 地点での PSU の大きさ（SSU の個数）を N_i，m 個の PSU，全体で n 個の SSU を抽出することとします．第 i 地点での PSU が抽出される確率は N_i/N，SSU は全ての地点で $c = n/m$ 個抽出すると表現すれば，その地点で SSU が抽出される確率は c/N_i となります．したがって，二段抽出における i 地点での SSU の抽出確率は $(N_i/N) \cdot (c/N_i) = c/N$ となります．地点

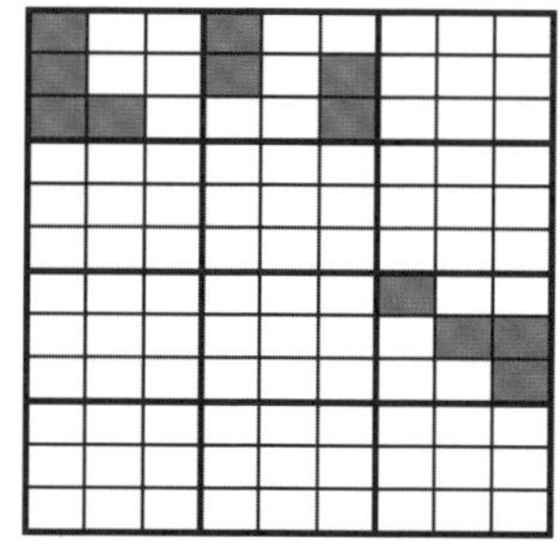

図 17.2　二段抽出（3PSU）

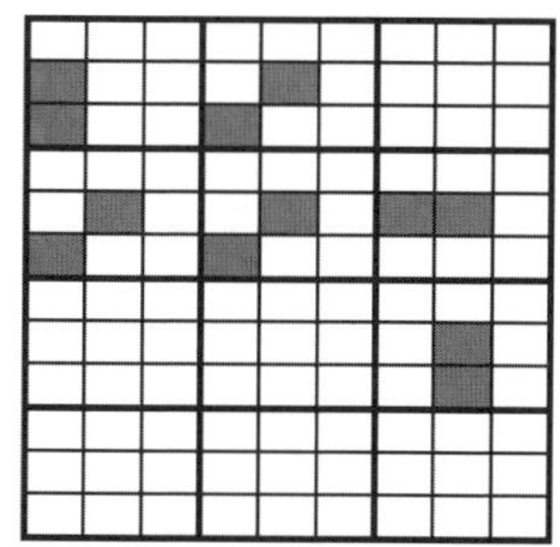

図 17.3　二段抽出（6PSU）

によらずSSUの抽出される確率が等しいことが確認できます．

二段抽出においては，PSUとPSUあたりのSSUの数の配分によって調査全体の設計が変わってきます．図17.2と図17.3では母集団サイズが108でともに最終的には12のSSUが抽出されます．しかし，前者ではPSUが3で1PSUあたり4SSU，後者はPSUが6で1PSUあたり2SSUと，抽出されるPSU数とPSUあたりのSSU数が異なる設計となっています．

視覚的には，図17.2はやや抽出される地域が偏在しており，図17.3では全体的に広がって抽出されている印象があります．実際，PSUあたりのSSUを多くし全体のPSU数を少なくすれば，偶然地域的に偏って抽出される可能性が高まります．逆にPSUあたりのSSUを少なくして全体のPSU数を多くすれば特定の地域に偏った抽出になる可能性は抑えられると考えられます．

だからといってPSUに割当てるSSUを少なくし，PSUの数を多くすれば，単純無作為抽出に近似していきます．この例でいえば，PSUを12にし，SSUを1とすれば単純無作為抽出と同一です．二段抽出の意味がありません．逆にPSUの数を減らし，PSUあたりのSSUの数を増やしてくと究極的には，次に説明する**集落抽出（クラスターサンプリング）**に該当します．

17.2　集落抽出（クラスターサンプリング）

二段抽出では，二段目でも無作為抽出を行いますが，一段抽出として地点を抽出した際，その区域に含まれる個体を全て抽出するという方法もあります．これを集落抽出あるいは**クラスターサンプリング（cluster sampling）**と呼びます．二段抽出において抽出された**第一次抽出単位（PSU）**について内部に含まれる全ての第二次抽出単位が抽出される形になります（図17.4）．

集落抽出は，PSUのリストは入手できるがPSU内部のSSUのリストが入手できないような場合に有効です．例えば，学校におけるクラスやゼミのリストは外部から入手可能ですが，内部の個人リストを個人情報保護の観点から入手できないような場合です．クラスやゼミの担任者にPSUに含まれる対象者全員の調査を依頼するだけでよいからです．

集落抽出のメリットとして，このようにPSUのリストはあるが，SSUのリスト（または全個体のリスト）が利用できない場合であっても，調査を実施できる点があります．この点は，多段抽出において，PSUのリストがあり，SSUのリストは利用できるが分散しているような場合において調査を実施で

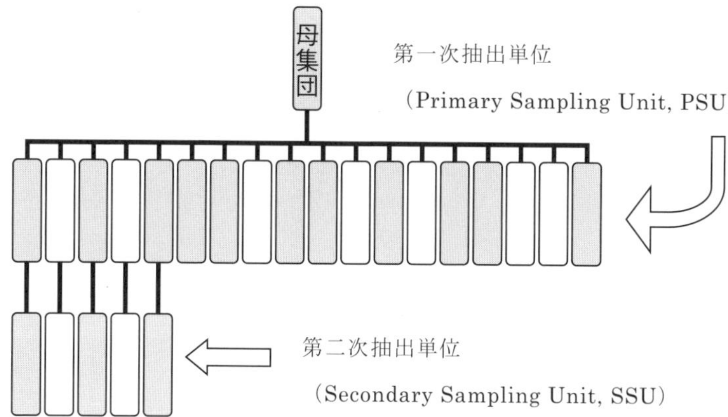

図 17.4　集落抽出のイメージ

きることにメリットがあったのと少し違います．

この他にも（面接調査や留置調査などの場合に）集落抽出であれば，調査員の地理的な移動を小さく済ませられるというメリットもあります（図 17.5 参照）．

一方，集落抽出のデメリットは，（何らかの項目についての）推定量の分散が大きく，偏った結果を生じやすくなることです（図 17.6）．例えば，大学のゼミを抽出するクラスターサンプリングを考えます．PSU として，たまたまプログラミングを重視するゼミばかり抽出された場合，所属学生の就職先の希望職種という質問をしたとした際に，プログラマー希望が多いといった偏りが起こるかもしれません．

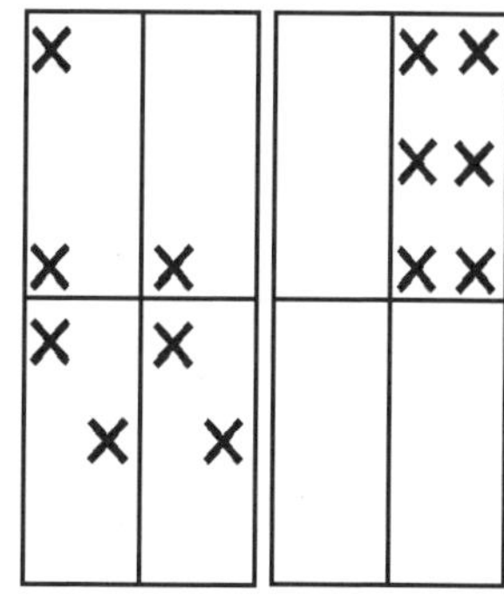

図 17.5　地理的移動範囲の違い

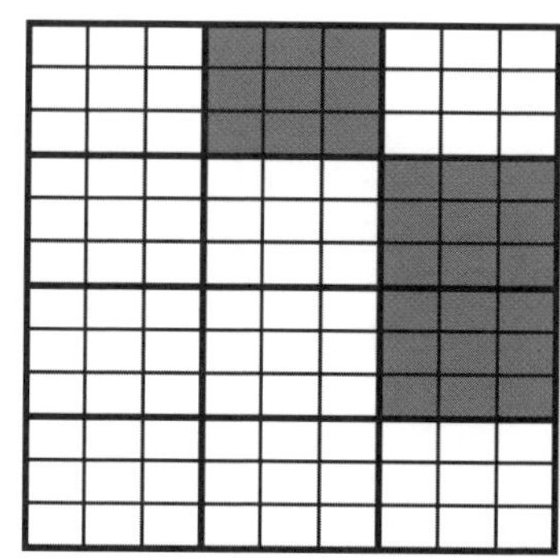

図 17.6　集落抽出のイメージ

コラム

推定量の分散

ここでは，所得の調査を例に推定量の分散の意味について考えます．例えば，母集団において次のような所得分布をもつ母集団があるとします（分布（a））．たまたま所得が高い地域（b），中程度の地域（c），低い地域（d）に偏った標本が得られることがあります．その場合，標本の状況に応じて，平均所得は高・中・低と変化します．

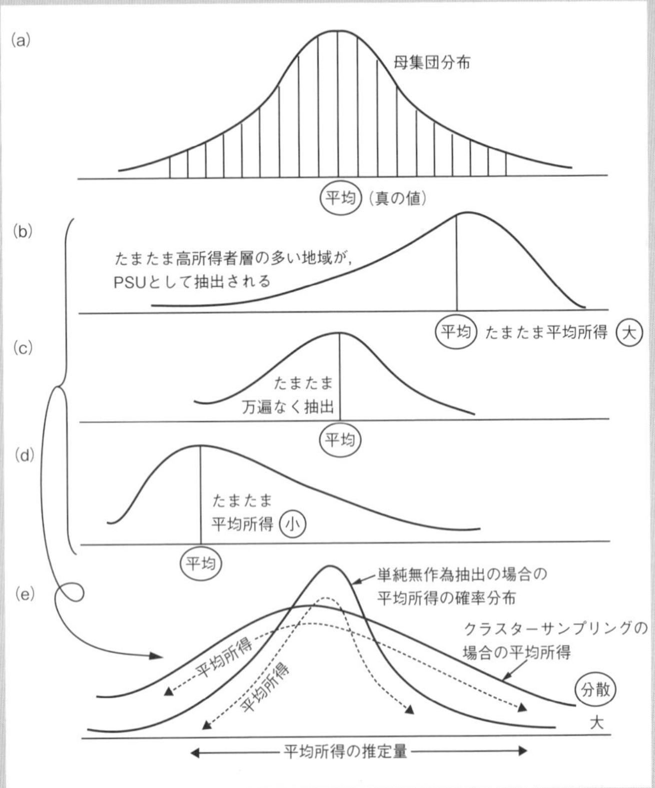

（b）（c）（d）を統合し，平均所得という統計量の分布を表現したのが（e）です．クラスターサンプリングの場合は，運悪く（b）や（d）という可能性も大いにあります．そのような状況を指して平均所得の推定量が大きくばらついていると表現することができます．

第 18 章
層化抽出・層化二段無作為抽出

18.1　層化抽出

系統抽出や多段抽出・集落抽出といった方法は，無作為抽出の簡素化や合理化と考えることができます．その一方で，無作為抽出の場合よりもより安定した結果を得られるようにするための方法が**層化抽出**（stratified sampling）や**層別抽出**と呼ばれる方法です．この方法では，抽出されるはずの個体をいくつかの内部的に**等質な層**（stratum, strata）に分けた上で，その各層から，抽出すべきとして割り当てた個体の数を無作為に抽出するという方法がとられます．

このような方法がとられるのは，（標本平均などの）推定量の分散は，母集団の分散の大きさに比例し，標本サイズに反比例するという性質があるためです．全体の精度を向上させるため，この性質を利用して（事前に入手できる）補助情報を活用して，母集団の**層化**（stratification）をします．例えば，都市部と郡部で回答傾向に違いがあることが事前に分かっている場合には，標本に含まれる人が都市部の人ばかりだった，逆に郡部の人ばかりだったという事態を避けるため，それぞれから抽出されるようにします．

例えば，都市部・市部・農村部・漁村部の特色のある 4 地域があると仮定し，この 4 つの地域で貿易政策について意見が異なっていたとします．単純無作為抽出では，たまたま都市部に偏って多く抽出されるということが起こり得ます．その際，自由貿易を推進したいという意見が多数派を占めたとしたら，それは，都市部の意向が強く反映されたからだという疑念が生じてしまうでしょう．

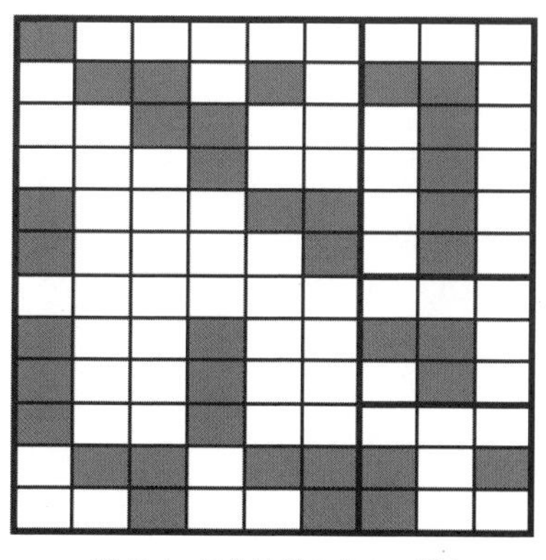

図 18.1　層化抽出のイメージ図

図 18.1 の左側が都市部 72 人，右上が市部 18 人，右下が農村部 9 人・漁村部

9人を表現していると考えてみます．母集団全体のサイズは108ですが，抽出確率1/3で36人を抽出するとします．このとき都市部72人から24人，市部18人から6人，農村部9人から3人，漁村部9人から3人というようにあらかじめ地域（層）の母集団人口に標本サイズを比例させて抽出する方法は層化抽出（比例割当法）と呼ばれます[1]．この層化抽出によって，たまたま都市部が24人をかなり超えて抽出されたり，24人未満で抽出されたりするということがなくなります．関心のある調査項目が各層の間で均質であれば（興味のある変数の平均値が層間で近似していれば），あまり意味がありませんが，各層の間で特性が異なり，各層の内部で均質であれば，層別の効果は生じます．

なお，層化は常にできるわけではありません．層別するための条件としては，

① 地域などの補助情報により，母集団の各個体がどの層に入るか標本抽出を実施する前にはっきりしている．

② 各層の大きさがはっきりしている．

の2点が必要になります．

層化にあたっては，層の規模に標本の大きさを比例させる**比例割当法**（size proportionate allocation）が採用されるのが一般的です．ただし，厳密には，単純な整数比にならないことに注意する必要があります．

18.2　層化抽出の計算例

2019（令和元）年度に実施した「高槻市と関西大学による高槻市民郵送調査」では，2019年7月31日現在で18歳以上85歳未満（1934年8月1日～2001年7月31日出生）の高槻市民を調査対象者としています．住民基本台帳から抽出するにあたって，層化抽出法が用いられています．

層化抽出の具体的な手順は，まず2019年6月末現在の人口に基づき，性別と年齢によって各12層の人口を算出します（表18.1左）．その次に，その人口の比率に従って，計画標本2000を各層に割り当てます（表18.1右）．

例えば，18・19歳の男性が全体に占める割合は，3583÷283423で，1.26%となることがわかります．計画標本の全体サイズ2000を乗ずれば25.28…人ですので，端数を四捨五入して25人となります．これと同様の計算を12層全てについて行って，各層の計画標本サイズを確定させます．その上で，18・

1　層化抽出には，比例割当法以外に層の分散を考慮した**最適割当法**（optimum allocation）もあります．

表 18.1　層化抽出の事例

	令和元年 6 月末現在の人口			計画標本の割り当て		
	男	女	男女計	男	女	男女計
18・19 歳	3,583	3,328	6,911	25	24	49
20 代	16,177	16,547	32,724	114	117	231
30 代	18,986	19,292	38,278	134	136	270
40 代	27,392	27,951	55,343	193	198	391
50 代	21,769	22,455	44,224	154	158	312
60 代	18,878	21,951	40,829	133	155	288
70 代以上	28,936	36,178	65,114	204	255	459
合計	135,721	147,702	283,423	957	1,043	2,000

出典：築山・松本 2020：2，表 2

19 歳の男性であれば，18・19 歳の男性だけのリストを用意し，そこから 25 人を無作為に抽出するようにします（ここでは実際は系統抽出）．

18.3　層化二段無作為抽出

実際の多くの全国調査でよく採用されているのが**層化二段無作為抽出**（**stratified two-stage sampling**）です．簡単に言えば，層化抽出と二段抽出を組み合わせた方法です（図 18.2）．

実際に全国調査を行う場合の問題点を，次の 3 つの観点から考えてみます．

(1)　全国民を単純にサンプリングするのは大変かつ非効率です．

単純無作為抽出では，地理的に分散してしまうので労力や費用がかさみ，調査の管理も困難になります．特に個別訪問面接聴取法や留置調査で問題になります．

また，全国の人々を一つにまとめたリストを使うのは事実上不可能です．というのも国民全員の統一名簿があって，それを閲覧できるわけではないからです．各自治体で名簿を

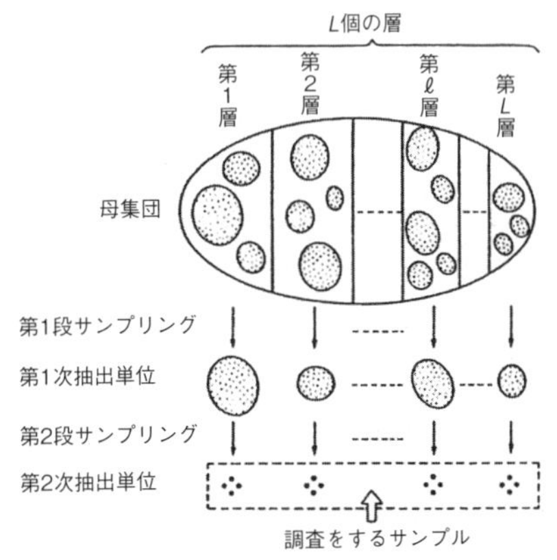

図 18.2　層化二段抽出のイメージ
出典：林編 2002：34，図 3.2

表 18.2 「第 12 次　日本人の国民性調査」のサンプリング

層コード		層名称	層人口 [a]	市区町村数 [b]	町丁字等の数 [c]	割当地点数	計画サンプルサイズ
		《全国計》	96,669,010	2,314	205,448	400	6,400
1.	K-00	区部	23,698,534	164	30,416	98	1,569
	S	〈市部計〉	59,447,457	723	128,220	246	3,936
2.	S-01	人口 20 万人以上	25,769,831	95	44,335	107	1,707
3.	S-02	人口 10 万人以上	14,440,110	138	27,968	60	956
4.	S-03	人口 10 万人未満	19,237,516	490	55,917	79	1,273
5.	G-00	郡部	12,636,469	1,399	45,796	52	836
6.	O-00	沖縄県	886,550	28	1,016	4	59

a 母集団人口・層人口は 2005 年国勢調査による．島嶼部等人口を除く．
b 市区町村の区分も 2005 年国勢調査時点．その後の市区町村合併は反映させていない．
c 地点抽出の単位となった地理的まとまりは，いわゆる「町丁字等」である．

出典：中村ほか 2009，表 1 を一部改変

閲覧することになるので，全国調査において単純無作為抽出はできません．ですので，多段抽出が必要になります．

(2) 都市部と郡部で回答傾向に違いがあることが多い．

例えば，男女別や年齢別の人口構成は地域によって異なります．職業別の人口構成も異なることがあります．また支持政党の調査などを行うに際して，地域によって異なる傾向が予想される場合があります．そのような場合には，(事前に) 補助情報があるのならば，それを利用して層化することで推定量の分散を小さくする（偶然偏った結果が出る可能性を減らす）ことが好ましいといえるため，層別（層化）抽出を行います．

(3) 実務上，簡便なサンプリングを行うことが必要です．

層化二段無作為抽出といっても，最後には実際の市区町村で何らかの台帳から対象者を抽出しますが，この場合単純無作為抽出だと混乱して作業するのが大変困難ですので，系統抽出を用いるのが現実的です．

3 つの観点を総合すると，層化多段無作為抽出を行い，かつ実際の調査対象者を抽出する最終的なサンプリングでは系統抽出を用いるのが現実的です．実際の全国調査では，層化二段無作為抽出が数多く採用されています．

大規模な全国調査では，「日本人の国民性調査」のサンプリング（表 18.2）のように 6 つの層にわけることがあります．

18.4　層化二段無作為抽出の実際

比較的簡素な層化二段無作為抽出の実際の例として，『市民の政治参加と社会貢献の国際比較—日本調査報告書』（松本・前田 2008）の記述を参考に「市民社会調査」のサンプリングを紹介します．この調査では，枠母集団を「昭和 3（1928）年 1 月 1 日～昭和 62（1987）年 12 月 31 日に生まれた男女」とし，80 地点から 1200 人を抽出します．枠母集団からの抽出手順は，次の通りです．

1. 日本全国の 5 万 2789 の投票区（欠番投票区 1 を含む）のうち，離島やへき地（3831）及び自衛隊基地が大半を占める地域（106）の合計（3937）を除外する．
2. 残った投票区（使用投票区）4 万 8852 を地点抽出のためのサンプリングフレームとする．
3. 使用投票区を三つ（①指定都市等[2]，②市部[3]，③郡部）に層化し，人口比例で地点数を割り当てる．

このとき，各層の有権者人口の分布は表 18.3 の通りでした．

割り当てる予定の地点数は 80 ですから，①指定都市等，②市部，③郡部のそれぞれに人口比例（① 26.1%，② 63.2%，③ 10.7%）で割り当てますので，地点数の割当は表 18.4 のようになります．

その後，各層から割り当てた地点数の投票区を無作為に抽出します（系統抽出）．各地点からは，選挙人名簿抄本により，その地点に割り当てた人数の対象者を等間隔抽出法で選びだします．なお，端数処理のため，指定都市と市部では，次のように 15 人の地点と 14 人の地点の両方があることに注意が必要です．

①指定都市等　　合計　21 地点（19 地点…各 15 人，2 地点…各 14 人）
②市部　　　　　合計　51 地点（45 地点…各 15 人，6 地点…各 14 人）
③郡部　　　　　合計　 8 地点（全 8 地点…各 16 人）

この調査のサンプリングイメージは，図 18.3 のようになります．

2　2007 年 11 月現在の政令指定都市（札幌市，仙台市，さいたま市，千葉市，川崎市，横浜市，新潟市，静岡市，浜松市，名古屋市，京都市，大阪市，堺市，神戸市，広島市，北九州市，福岡市）及び東京 23 区．

3　市に該当する地方自治体のうち，①の指定都市等を除いた市．

表 18.3　各層の有権者人口の分布

	男性	女性	合計	男性	女性	合計
①指定都市等	12,994,763	13,670,695	26,665,458	48.7%	51.3%	100.0%
②市部	31,225,765	33,420,161	64,645,926	48.3%	51.7%	100.0%
③郡部	5,258,607	5,678,613	10,937,220	48.1%	51.9%	100.0%
全国	49,479,135	52,769,469	102,248,604	48.4%	51.6%	100.0%
①指定都市等	26.3%	25.9%	26.1%			
②市部	63.1%	63.3%	63.2%			
③郡部	10.6%	10.8%	10.7%			
全国	100.0%	100.0%	100.0%			

出典：松本・前田 2008：2，表 1

表 18.4　地点数の割当

	端数処理前		端数処理後		
	地点数	計画標本	地点数	計画標本	標本 / 地点
①指定都市等	20.86	312.93	21	313	14.90
②市部	50.58	758.69	51	759	14.88
③郡部	8.56	128.36	8	128	16.00
全国	80	1200	80	1200	15.00

出典：松本・前田 2008：3，表 2

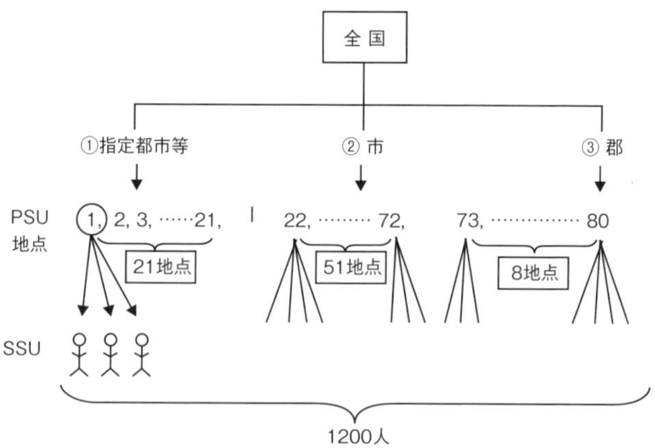

図 18.3 「市民社会調査」における層化二段無作為抽出のイメージ

コラム

平成の大合併の影響

いわゆる「平成の大合併」により，市区町村の合併が推進され，市区町村の数が急激に減少した時期がありました．層化抽出の観点で考えると，1）郡部→市部への移行（町村合併），2）市部→区部への移行（従来指定都市扱いでなかった市部の指定都市への昇格により区部への変更），3）小さな市→大きな市（合併により各市の人口規模が大きくなった）の 3 つの観点から，社会調査における層化手続きにも大きな影響があると考えられます．

指定都市等（指定都市及び東京 23 区），市部（指定都市等を除く），郡部の三層に分類する場合の層化を検証してみると，2000 年から 2005 年にかけての郡部の町村数および市部の減少と指定都市の増加により，各層に割り当てられる人口が大きく変化していることがわかります（郡部・市部の割当人口減少，指定都市等の割当人口増加，表 18.5 参照）．

表 18.5　層別人口の変遷

調査年別の各層の人口	2005	2000 調整後	2000 調整前	2000 合併影響分
指定都市等	30,497,044（15 大都市）	29,593,994（15 大都市）	11,210,694（13 大都市）	18,383,300（さいたま・静岡）
市部（指定都市等除く）	79,767,280（2005 年市部）	79,531,522（2005 年に対応）	88,654,595（当時の市部）	− 9,123,073（市部の減少分）
郡部	17,503,670（2005 年郡部）	17,800,327（2005 年に対応）	27,060,554（当時の郡部）	− 9,260,227（郡部の減少分）
全国合計	127,767,994	126,925,843	126,925,843	0

出典：国勢調査の第 1 次基本集計結果（2000 年，2005 年）をもとに作成

表 18.6　昼夜間人口比率の相関比

	H12	H17
層間分散	439.963	62.000
層内分散	3140.080	2439.817
全体の分散	3580.042	2501.817
相関比	0.123	0.025

出典：松本ほか 2010：44

昼夜間人口比率に関する相関比という統計量を計算すると，2000（平成 12）年から 2005（平成 17）年にかけての 5 年間でこれが低下していました（表 18.6）．このことから，市区町村の合併の影響により，層化の効果が低下し，精度を高めるという層化抽出の手続きのメリットが減少していることがわかります．

第19章
サンプリングのまとめと実践

19.1　サンプリングのまとめ

サンプリング（標本抽出）の方法は，**確率抽出（probability sampling）**と**非確率抽出（nonprobability sampling）**の２つに大別することができます．

(1) 確率抽出（無作為抽出法）のまとめ

第16章から第18章までの内容をもとに確率抽出をまとめると次のようになります．

●**単純無作為抽出（simple random sampling）**…母集団に含まれる全ての個体について，標本として抽出される確率が等しくなるように，サイコロや乱数を用いるなどの方法により，ランダムに一定数の個体を選び出す方法です．この抽出方法では，母集団を構成する全ての個体のリストが必要になります．

●**系統抽出（systematic sampling）**…標本となる各個体を等間隔に抽出する方法です．等間隔抽出とも呼ばれます．

●**多段抽出（二段抽出，三段抽出，……）**…市区町村などの調査区域（地点）を第一次抽出単位（PSU）として抽出し，その中から個体（第二次抽出単位，SSU）を抽出する二段抽出のように，複数段階の確率抽出を経て最終的な抽出単位（ultimate sampling unit）を抽出する方法です．

●**集落抽出・クラスターサンプリング**…調査区域（地点）を抽出し，その区域に含まれる個体を全て抽出する方法です．二段抽出において抽出されたPSUにおける全てのSSUを抽出すれば，集落抽出と同一になります．

●**層化抽出（stratified sampling）**…抽出個体をいくつかの内部的に等質な層（stratum, strata）に分けた上で，各層に対して割り当てた数の個体を各層から無作為に抽出する方法です．

●**層化二段無作為抽出**…層化抽出と二段抽出の組み合わせです．実際の多くの全国調査で採用されている方法です．

確率抽出の関係を整理すると図19.1になります．

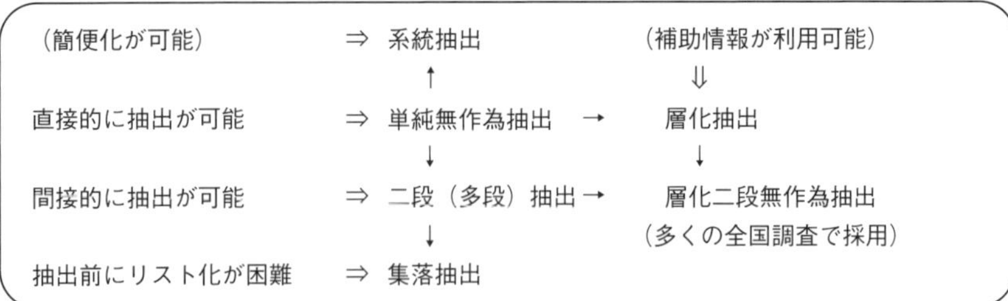

図 19.1　確率抽出のまとめ

(2) 非確率抽出（nonprobability sampling）のまとめ

第 15 章の内容をもとに非確率抽出をまとめると次のようになります．

- **便宜的抽出**（convenience sampling）…場当たり的に抽出する．
- **有意抽出**（purposive or judgmental sampling）
  …**典型事例**（typical case）や**極端事例**（extreme case）を自己の判断に基づいて抽出する．
- **応募法**（self-selection sampling）…自発的に応募する人を対象者とする．
- **機縁法**（network sampling）…人脈の利用．例）雪だるま式抽出．
- **割当抽出**（quota sampling）…回収標本が母集団における性，年齢等の構成比を保つように任意に抽出する（割当法）．

確率抽出とは，統計的推測を行うことを前提に，母集団の各個体を原則的に等確率で抽出する方法です．それに対して，非確率抽出においては母集団の各個体の抽出確率は不明瞭であり，統計的推測を行うことを前提として各個体に抽出確率を与えることが予定されていません．

参考19.1

層化抽出と割当抽出の違い

割当抽出も層化抽出も母集団の人口構成比に標本の人口構成比を合わせる点では似ていますが，層化抽出では母集団の人口構成を用いて計画標本内の割当数を決めるのに対し，割当抽出では回収標本の人口構成比を母集団のそれに合わせようとする点で異なります．

つまり割当抽出で母集団人口構成比に合わせるのは調査対象者ではなく，調査の回答者の人数なのです（図19.2）．実際には，もっと多くの人々に調査を試みています．一方で，層化抽出では計画標本の割当数は母集団の人口構成に即していますが，回収率が100％でない限り，図19.2のように回収標本段階では母集団の人口構成からずれることになります．この点で割当抽出の場合と異なります．

また，性・年齢に基づく層，地域による層のいずれにせよ，層化抽出では層の内部では無作為抽出がなされます．しかし，割当抽出では各層に割り当てられた目標人数に達するまで任意に選ぶわけですから，層の内部の抽出方法は決まっていないことが通常です．つまり，恣意的な便宜的抽出となりがちです．

例19.1　割当抽出の架空例

A市全体			回答者の割当人数		
	男性	女性		男性	女性
20代	8%	8%	20代	80	80
30代	9%	9%	30代	90	90
40代	9%	9%	40代	90	90
50代	9%	9%	50代	90	90
60代	8%	9%	60代	80	90
70代以上	6%	7%	70代以上	60	70
合計	49%	51%	合計	490	510
A市の人口10万人			回答者の合計1000人		

例19.2　層化抽出の架空例

A市全体			対象者の割当人数		
	男性	女性	男性	女性	女性
20代	8%	8%	20代	80	80
30代	9%	9%	30代	90	90
40代	9%	9%	40代	90	90
50代	9%	9%	50代	90	90
60代	8%	9%	60代	80	90
70代以上	6%	7%	70代以上	60	70
合計	49%	51%	合計	490	510
A市の人口10万人			対象者の合計1000人		

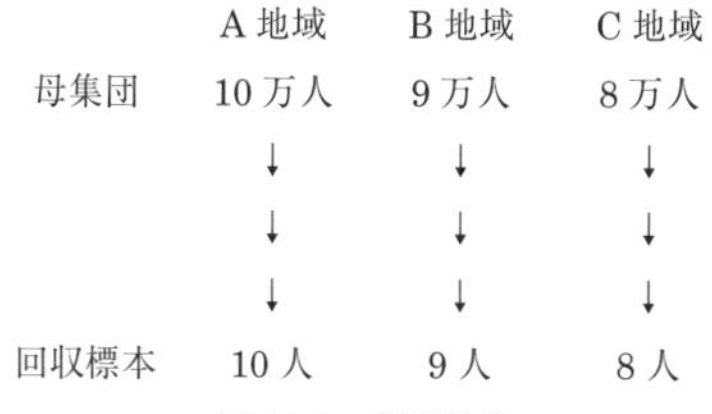

	A地域	B地域	C地域
母集団	10万人	9万人	8万人
	↓	↓	↓
	↓	↓	↓
	↓	↓	↓
回収標本	10人	9人	8人

図19.2　割当抽出

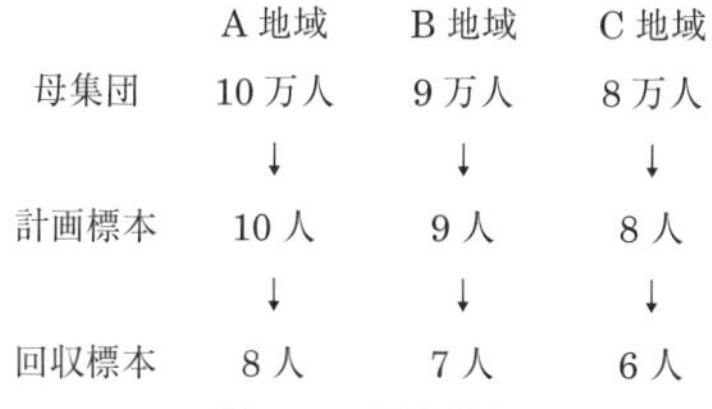

	A地域	B地域	C地域
母集団	10万人	9万人	8万人
	↓	↓	↓
計画標本	10人	9人	8人
	↓	↓	↓
回収標本	8人	7人	6人

図19.3　層化抽出

19.2 サンプリングのための抽出台帳の閲覧

実際の全国調査においては，層化二段無作為抽出が行われることが一般的です(⇒第 18 章)．その際，最終的な計画標本は，二段抽出の場面において，何らかの抽出台帳から系統抽出されることになります．この場合の抽出台帳は，たいていの場合選挙人名簿抄本か住民基本台帳の写しのいずれかが用いられています．

住民基本台帳とは，その市区町村の（登録済みの）住民が全員掲載されているものです．これに対して選挙人名簿には，住民のうち有権者だけが記載されています．概して 18 歳以上の男女ですが[1]，公民権停止状態の人や外国籍の住民は含まれません．いずれにしても抽出台帳の閲覧と抽出には，いくつか注意点があります．それをまとめたものが表 19.1 になります．

名簿（選挙人名簿の抄本・住民基本台帳の一部の写し）を閲覧することが可能となっている調査の種類は，統計調査，世論調査，学術研究その他調査研究のみです．現在の制度では，市場調査の場合はどちらの名簿の閲覧も認められません．またどのような調査でもよいわけではなく，「公益性が高いと認められるもの」に限られます．公益性は，申出者や利用目的，調査研究の成果の取扱いなどから総合的に判断されるようです．図 19.4 は，選挙人名簿抄本閲覧申請の例ですが，閲覧事項の利用目的や調査研究の成果の取り扱いの記述内容で公益性をアピールする必要があります．成果物の欄には，○○年 ×× 月に報告書を発行する，ホームページで公開するといった内容が少なくとも望まれます[2]．

また公益性があっても選挙人名簿の抄本の場合は，調査の内容が「政治又は選挙に関するもの」である必要があります．住民基本台帳の写しについては，調査の内容の面では特に限定条件はありません．

このように書くと，18 歳未満も調査できるとか，政治や選挙以外の内容でも調査できるので，住民基本台帳の方が選挙人名簿の抄本よりも良いことずくめのように見えますが必ずしもそうではありません．選挙人名簿は，有権者しか記載されていないので，もし調査の対象が有権者だけであれば選挙人名簿の方が抽出しやすいのです．住民基本台帳の写しの利用は，誤って対象外の人を抽出する危険がありますが，選挙人名簿はその心配がありません．また住民基

1　以前は満 20 歳以上でしたが，2016 年 6 月から 18 歳以上になりました．

2　閲覧事項の管理方法の欄には，金庫で管理することやシュレッダーで最終的に処分することなどを明記して厳重に情報管理を行う姿勢を示す必要があります．

表 19.1　代表的な二種類の抽出台帳

閲覧手続き	選挙人名簿の抄本	住民基本台帳の一部の写し
申請先	市町村の選挙管理委員会	市町村長（実際には，各自治体の市民課等）
調査の種類	統計調査，世論調査，学術研究その他の調査研究	統計調査，世論調査，学術研究その他の調査研究
調査の公益性	公益性が高いと認められるもの	公益性が高いと認められるもの
調査の内容	政治又は選挙に関するもの	特に限定なし
閲覧の期間	公職選挙法二十八条の二第一項に規定する期間を除く（選挙の期日の公示又は告示の日から選挙の期日後五日に当たる日までの間）	明文で規定はない
閲覧の対象と権利	必要な限度において，選挙人名簿の抄本を閲覧させなければならない．	必要な限度において，住民基本台帳の一部の写しを閲覧させることができる．
申請書類の記載事項 1	1．申出者の氏名及び住所 国等の機関である場合：その名称，申出者 法人である場合：その名称，代表者又は管理人の氏名及び主たる事務所の所在地	1．申出者の氏名及び住所 法人の場合：その名称，代表者又は管理人の氏名及び主たる事務所の所在地
申請書類の記載事項 2	2．閲覧事項の利用目的	2．閲覧事項の利用目的
申請書類の記載事項 3	3．閲覧者の氏名及び住所 （国等の機関の場合：その職名及び氏名）	3．閲覧者の氏名及び住所
申請書類の記載事項 4	4．閲覧事項の管理の方法	4．閲覧事項の管理の方法
申請書類の記載事項 5（法人の場合のみ）	5．閲覧事項を取り扱う者の範囲	5．閲覧事項を取り扱う者の範囲
申請書類の記載事項 6	6．調査研究の成果の取扱い	6．調査研究の成果の取扱い
根拠法令	公職選挙法第二十八条の三	住民基本台帳法第十一条の二
料金	無料	有料
名簿の内容	有権者（概して 18 歳以上の男女）	（登録済みの）住民（18 歳未満，外国人も含む）

本台帳の写しの閲覧料は有料ですが，選挙人名簿の抄本の閲覧料は無料です．

参考19.2

公職選挙法第二十八条の三

（政治又は選挙に関する調査研究を目的とした選挙人名簿の抄本の閲覧）

市町村の選挙管理委員会は，前条第一項に定めるもののほか，統計調査，世論調査，学術研究その他の調査研究で公益性が高いと認められるもののうち政治又は選挙に関するものを実施するために選挙人名簿の抄本を閲覧することが必要である旨の申出があつた場合には，同項に規定する期間を除き，次の各号に掲げる場合に応じ，当該各号に定める者に，当該調査研究を実施するために必要な限度において，選挙人名簿の抄本を閲覧させなければならない．

選挙人名簿抄本閲覧申出書（調査研究）

年　　月　　日

品川区選挙管理委員会委員長　殿

団体名
申出者　氏名　　　　　　　　　　　　（印）
住所
（電話番号）

〔申出者が国等の機関である場合にあってはその名称を、申出者が法人である場合にあってはその名称、代表者の氏名及び主たる事務所の所在地を記載してください。〕

下記のとおり、政治又は選挙に関する調査研究をするため、選挙人名簿抄本を閲覧する必要がありますので、閲覧の申出をします。

1　活動の内容	政治・選挙に関する（　統計調査　・　世論調査　・　学術研究　）
2　閲覧事項の利用の目的	（できる限り具体的に記載すること。）
3　閲覧者の氏名、住所及び連絡先	（申出者が国又は地方公共団体の機関である場合にあっては、閲覧者の職名及び氏名を記載すること。）
4　閲覧事項の管理の方法	（1）保管責任者： （2）保管場所等： （3）廃棄時期： （4）廃棄方法：
5　閲覧対象者の範囲	（1）閲覧対象者の範囲 （2）調査対象数　　　　（うち品川区での予定対象数　　　　）
6　調査研究の責任者の氏名、住所及び連絡先	（申出者が国又は地方公共団体の機関である場合には調査研究の責任者の職名及び氏名を、申出者が法人の場合には調査研究の責任者の役職名及び氏名を記載すること。）
7　調査研究の成果の取扱い	（公表の時期、方法等について具体的に記載すること。）
8　閲覧者に関する事項	（閲覧者が申出者が指定する者である場合、その旨を記載すること。申出者が国又は地方公共団体の機関である場合には併せて閲覧者が当該国又は地方公共団体の機関の職員である旨を、申出者が法人である場合には併せて閲覧者が当該法人の役職員・構成員である旨を、それぞれ記載すること。）
9　法人閲覧事項取扱者の範囲	（申出者が法人である場合に記載すること。）
10　個人閲覧事項取扱者の指定	（申出者が個人である場合に記載すること。） 別添申出書のとおり、法第28条の3第5項の規定による申出を □　する　　　　□　しない
11　申出者が受託者である場合には、委託者の氏名、住所、連絡先	（委託者が国又は地方公共団体の場合はその名称を、委託者が法人の場合はその名称及び代表者の氏名並びに主たる事務所の所在地を記載すること。）
備　考	（添付書類について記載すること。） （閲覧希望日時等） ※閲覧時は、毎回公職選挙法施行規則第3条の2第4項に規定されている書類の提示が必要となります。 ※公職選挙法第28条の4第7項の規定により、閲覧申出者、利用目的の概要等を公表します。

図 19.4　選挙人名簿抄本閲覧申請の例
（品川区の閲覧申請書類を縮小して表示したもの）

19.3　抽出台帳に関わる主要な出来事

住民基本台帳は，1967 年に住民基本台帳法が制定された当初は公開が原則でした[3]. 住民票の記載事項に個人の秘密に属することが含まれていないと考えられていたことに加え，居住関係の証明の利便性を図っていたためとされています（東京都市町村戸籍住民基本台帳事務協議会・住民基本台帳事務手引書作成委員会編著 2013）．その後 1985 年の法改正で閲覧制限が設けられましたが，大量閲覧による住民の個人情報の流出に歯止めがかかるものではありませんでした．

2003 年に個人情報保護関連五法が成立し，個人情報保護意識の高まりが見られる中，2005 年 1 月には名古屋市において住民基本台帳を悪用して母子家庭を狙った事件が発生したことから，この公開制度に対する批判が高まりました[4].

2005 年 4 月には個人情報保護関連五法が実際に施行され，2006 年 11 月には改正住民基本台帳法が施行され，市場調査目的での閲覧ができなくなりました．選挙人名簿が抜け道になってはいけないので同 2006 年に公職選挙法も改正されて選挙人名簿抄本についても同様の措置がとられています．住民基本台帳の一部の写しと選挙人名簿抄本という 2 つの主要抽出台帳について現在定められている閲覧の主体・目的・手続きの大枠はこの時に制定されたものといえるでしょう．

図 19.5　総務省パンフレット表紙

その後，住民基本台帳については，2009 年に住民基本台帳法が再び改正さ

3　前身の住民登録法（1951 年制定）では住民票は公開の原則がとられていました．日本人の国民性調査の第 1 次調査（1953 年）においては，住民票を用いてサンプリングを行っていました（統計数理研究所国民性調査委員会編 1961）

4　住民登録情報を誰でも閲覧できるケースは，海外でも限られます．当時でも，日本以外に「何人（なんぴと）でも可」と定めていたのはスウェーデン，フィンランド，ドイツ（ベルリン州）等の国・地域です（宇賀 2006）.

れ，2012 年 7 月から外国人住民の住民基本台帳制度が始まりました．従来の外国人登録法に基づく外国人登録が廃止され，住民基本台帳に日本人に加えて日本在住の外国人も掲載されることになりました．

このことは，住民を対象とする調査においては，住民の名簿としての網羅性が向上するのでメリットになりますが，日本人を対象とする調査においては，誤って外国人を抽出しないように気をつける必要が生じることとなりました[5]．

選挙人名簿については，2015 年 5 月に改正された公職選挙法が，同年 6 月に施行された際，選挙権年齢が 20 歳から 18 歳へ引き下げられたため，選挙人名簿抄本の掲載者に変化が生じることになりました．有権者の年齢に関する条件が 20 歳以上から 18 歳以上へ変更になったことで，有権者が掲載されているということには変わりませんが，調査によっては年齢の下限を引き下げるか，そのままにするか判断を迫られることになりました．

参考19.3

年表

1951 年　住民登録法制定

1967 年　住民基本台帳法成立・施行

2005 年 4 月　個人情報保護関連五法の施行（2003 年成立）

- 個人情報の保護に関する法律（個人情報保護法）
- 行政機関の保有する個人情報の保護に関する法律
- 独立行政法人等の保有する個人情報の保護に関する法律
- 情報公開・個人情報保護審査会設置法
- 行政機関の保有する個人情報の保護に関する法律等の施行に伴う関係法律の整備等に関する法律（整備法）

2006 年 11 月　改正住民基本台帳法の施行

2012 年 7 月　外国人住民に係る住民基本台帳制度の開始（外国人登録法廃止）

2016 年 6 月　選挙権年齢の引き下げ（20 歳⇒ 18 歳）
（選挙人名簿抄本の掲載者に変化）

5　市区町村により扱いが異なりますが，カタカナなど表記の違いで識別します．

19.4　抽出台帳を利用できない場合のサンプリング

(1) サンプリングフレームとしての抽出台帳の限界

日本では，選挙人名簿抄本や住民基本台帳の一部の写しを閲覧して，調査対象者を標本抽出することができますが，海外の多くの国では，整備された抽出台帳をサンプリングフレーム（抽出枠）として利用できません．また日本国内の調査でも，市場調査のように住民基本台帳や選挙人名簿抄本の閲覧が許可されない場合もあります．そのような場合には，抽出台帳に頼らないサンプリングを行う必要があります．

その解決策としては，**割当抽出**（quota sampling）や**ランダムルートサンプリング**（random route sampling）があげられます．なお，割当抽出の方法の概要と問題点は，第 15 章およびこの章の冒頭で述べた通りです．

(2) ランダムルートサンプリングと世帯抽出

ランダムルートサンプリングは，ランダムウォークとも呼ばれます．ヨーロッパにおいては，道路のほとんどに名称があるという特徴を生かし，よく利用される方法として知られていますが，利用されるのはヨーロッパに限りません．

ランダムルートサンプリングでは，図 19.6 のように，道路にそって歩き，何軒おきに 1 軒という風に，世帯を抽出します．

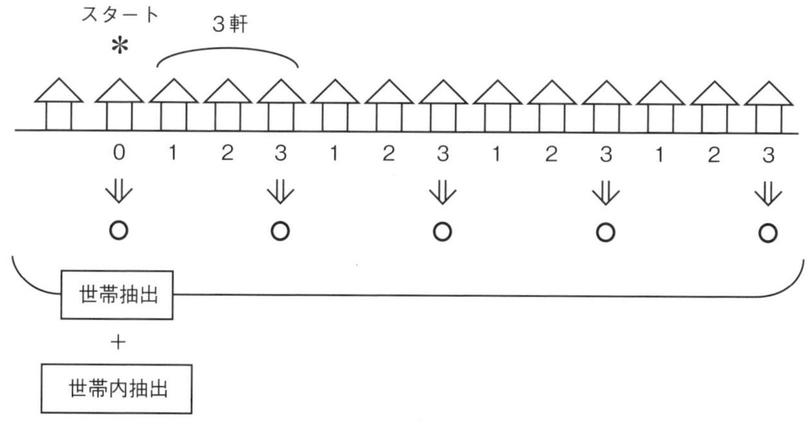

図 19.6　ランダムルートサンプリングにおける世帯抽出

(3) 世帯内の個人の抽出

個人を対象とする調査において世帯抽出を行った場合，抽出された世帯に含まれる個人を抽出する必要があります．1人暮らしであれば，世帯を抽出した時点で，調査対象者が確定しますが，2人以上いる場合は，さらにそのうちの1人を抽出する必要があります．ここでは，代表的な世帯内の個人の抽出方法である年齢順位法と誕生日法をとりあげます．

(3)-1. 年齢順位法

年齢順位法は，抽出した世帯に所属する構成員の中から無作為に調査対象者を選び出す方法です．例えば，3人家族の場合には，1～3の乱数を用意しておき，年齢の高い順にX番目（Xは，乱数で決める）の人を調査対象者にします．実際には，最初に応対する世帯構成員に世帯人数を質問し，その上で調査対象者を決めるという手続きになります．

フィールドワークの現場で世帯抽出して世帯人数がきまってから乱数を用意し直している余裕はありません．あらかじめどの世帯人数を抽出してもすぐに上から何番目か決められるように表19.2のような形で用意しておくのが現実的です．

表19.2　世帯内抽出のための表

抽出順	1人 世帯	2人 世帯	3人 世帯	4人 世帯	5人 世帯	6人 世帯	7人 世帯	8人 世帯	9人 世帯
1	1	2	3	2	4	2	3	7	4
2	1	1	1	3	3	6	5	2	9
3	1	1	3	2	1	4	5	6	8
⋮	⋮	⋮	⋮	⋮	⋮	⋮	⋮	⋮	⋮

日本では，RDD方式の電話調査でこの方法がよく用いられています．同居家族の年齢構成について，子供も含めて家族全員が把握している社会であれば有効な方法と考えられます．

(3)-2. 誕生日法

誕生日法（birthday selection method）は，その簡便さから，海外の調査で好んで用いられる世帯内抽出の方法です．例えば，「ご家族の中で，最後に誕生日を迎えたのはどなたですか？」のような質問し，その該当者を調査対象者とします．厳密に言えば，誕生日法には，**直前誕生日法**（last-birthday method）と**直後誕生日法**（next-birthday method）があります．誕生日法の場合，調査時点に誕生日が近い人が集まりがちです．いずれの方法も関心のある対象者の特徴と誕生日の間に相関関係が発生していないということを前提としていることになります．

Lavrakas et al.（1993）は，ほとんどの誕生日法において適格対象者が正確に抽出されていることから，誕生日法は利用し続けるに値する正確さがある標本抽出であると述べています．誕生日法は，無回答や調査員への負荷といったことも考慮した上で，比較的効率的な手続きであると理解されています．

(4) 世帯抽出＋世帯内抽出の場合に，個人が抽出される確率

世帯を抽出した上で，世帯内から個人を抽出する方法を用いた場合，調査対象者個人が抽出される確率（**抽出確率**）は，一定になりません[6]．例えば，各世帯が抽出される確率が等しくどれも 10 分の 1 であるとします．しかし，世帯内抽出の確率が異なるので最終的な抽出確率は異なります．

抽出確率が異なると全体を集計する時，理論的には，**抽出の重み**（selection weight）として抽出確率の逆数を乗ずることが要請されることになります．ここで，調査対象者が 2 人世帯と 3 人世帯の 2 種類のみの状況で，ある質問に対する賛成の比率が 2 人世帯（100 人）で 60%，3 人世帯（60 人）で 40% であるとき，次のようになります．

例）各世帯が抽出される確率が等しくどれも 10 分の 1

2 人世帯：世帯から個人が抽出される確率 2 分の 1

⇒　1/10　×　1/2　=　1/20（全体の確率）

3 人世帯：世帯から個人が抽出される確率 3 分の 1

⇒　1/10　×　1/3　=　1/30（全体の確率）

ある質問に対する賛成の比率は，世帯人数を考慮せずそのまま集計すると

重みなし：60% × 100/160 + 40% × 60/160 = 52.5%

6　乱数を用いて電話番号を抽出する RDD 抽出による電話調査の場合，電話帳非記載者に対しても調査が可能になりますが，世帯を抽出した後に，世帯から個人を抽出するため，抽出確率は一定になりません（⇒第 12 章）．

になりますが，世帯人数を考慮して，2 人世帯，3 人世帯の人数の重みは，2 × 100 = 200, 3 × 60 = 180 となります．その結果，ある質問に対する賛成の比率は，

重みあり：60％× 200/380 + 40％× 180/380 ≒ 50.5％

と異なってきます．

ただ，このような考え方にも批判はあります．回収率 100％であることは現実にはまれなので，その場合回収率の悪い単身男性の割合が下がり，主婦の割合が上がるというものです（襲岩ほか 2007）．多人数世帯のウェイトを高めることは，主婦が在宅率と協力率が高いという現状から，かえって主婦層の割合を高めるというわけです（北田 2011）[7]．

7　この問題をさけるために，1990 年代前半に林知己夫によって考案されたのが**現地積上法**という個人で等確率抽出となる方法です（北田 2011）．世帯をたどって抽出する点は同じですが，各世帯内の適格者人数を聞きだし，年齢順に積み上げて個人レベルで一定間隔に抽出できるようにする方法です．

第 20 章
調査票作成の基礎

20.1　調査票と質問文の作成についての基本姿勢

調査票を作成するにあたっては，改めて社会調査が社会的な行為であることを認識しておく必要があります．調査対象となる相手は，人間であって実験動物ではありませんし，実験器材でもありません．その結果として，2 つの点に留意する必要があります．

第一に，調査対象者に対して敬意を払って作成する必要があるということです．**人格**を尊重するということですから，肉体的・精神的な苦痛をもたらしたりするような調査票は避けるべきです．ケガや病気だけでなく，生体を傷つけるような行為（**侵襲**（しんしゅう））については，何らかの配慮が必要になると考えられます．通常の面接調査においては，このような心配は必要にならないと考えられますが，ウェブ調査において，きわめて刺激の強い画像や映像を示すような調査などにおいては，それが原因で視覚に不具合が生じたり，トラウマが発生したりといった問題が生じないとも限りません．そのような場合にはこういった配慮は必要です．ただし，調査項目に関していえば，そこまで規制されることはまずありません．例えば，犯罪被害の調査もあれば，違法薬物の利用の調査もありますが，そのような調査をやってはいけないということではないのです．また実験的な調査をしてはいけないと言っているわけでもありません．またどのような聞き方をした方が望ましいかという実験的な調査においては，事前に調査対象者に詳細を説明しては，実験自体が意味をなさなくなることもあります．

第二に，回答する人は全知全能ではありませんから，いろいろな**錯覚**を起こします．そのため，何もかもが論理通りにいくとは限りません．このことについては，次の節で確認していきます．

20.2　論理と直感の違いに注意

図 20.1 と図 20.2 は，黒い部分と白い部分に注目するかで見え方が変わる例です．図 20.1 は，白い部分を見れば盃のように見えますが，黒い部分を見れば人が向かい会っているように見えます．図 20.2 は，黒い部分に注目すれば林を描写したように見えますが，白い部分に注目するとナポレオンのような人影がライオンと戦っているように見えます．このように何に注目するかで同じ絵柄でも見え方が変わってしまうのです．社会調査においても，調査者が尋ねたい意図通りに，調査対象者が質問文を理解するとは限らないことに留意する必要があります．

図 20.3 のようなウェブ調査の画面をもとに回答をしようとすると様々な混乱が生じます．二種類の自動車の比較をしていますが，どちらがフォード・エスコートでどちらがホンダ・アコードなのかわかるようになっていません．また 2 つの自動車の視点や向きがそもそも異なっています．背景についても，（ゆっくり動いている，速く動いている）（昼間か夜間か）（郊外か・都会か）（4 ドアか・2 ドアか）といった演出上の違いがあります．ボタンを選ぶ場所もわかりやすいとは言えません．中断を意味する stop ボタン（赤色で表示されている）は，非常に目立っています．

図 20.1　錯視の例
出典：白石 1978：32，5・1

図 20.2　錯視の例
出典：白石 1978：37，5・11

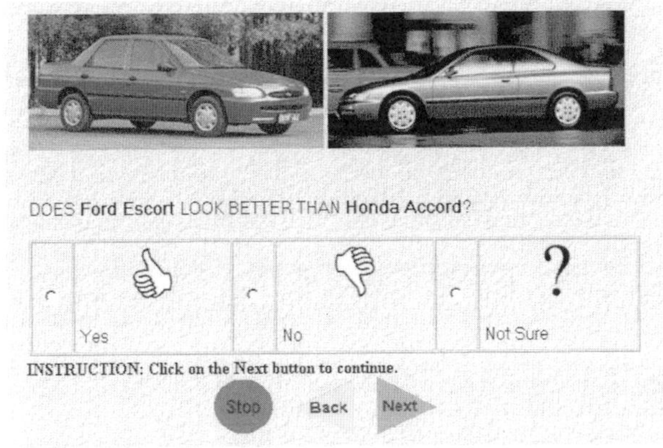

図 20.3　混乱を引き起こすウェブ調査の画面
出典：Couper 2008：101，Fig 3.13

20.3　調査票の作成の手順

調査票の作成は，（1）問題意識の明確化，（2）先行研究の整理・検討，（3）調査項目の決定，（4）調査項目の操作化と質問文の作成，（5）調査票の構成の検討，（6）付属資料の作成，といった 6 つの手順から構成されます．以下，この手順の順に説明します．

（1）問題意識の明確化

第 4 章や第 5 章で取り扱ったことがらです．この段階では，調査票全体を準備するわけですが，具体的な質問項目をイメージしながら調査全体の問題意識を膨らませていくとよいでしょう．

この際，調査したい分野や領域はある程度決まっているけれども，具体的な問題が明確にならない場合や思いつかない場合もあります．こういったときの手段としては，1 つは**非公式面接**（informal interviewing）や**非構造化面接**（unstructured interviewing）（⇒第 7 章）を通じて，あらかじめ現場から問題点を拾い上げるということも有用です．

（2）先行研究の整理・検討

第一に，明確になった問題意識におけるキーワードは何かいくつか考えてみ

図 20.4　e-Stat 政府統計の総合窓口（https://www.e-stat.go.jp/）

ましょう．その上で，インターネット上にある Cinii Books や Cinii Articles といった書籍や論文の文献データベースを活用することが考えられます．Google Scholar（グーグルスカラー）もあります．さらに，重要な文献を 1 つとりあげ，その文献にある参考文献リストをみて，さかのぼって関連する文献を探すという芋づる式の方法も文献探しには有効です．いずれにせよ，このような検索や探索を通じて得られた書籍や論文を読んでみて，その中ですでにある程度考察されているけれども，十分に調査されていないことがらがあると思います．こういった事柄を整理していく中で，自分自身が調べてみたいと考えている問題が**先行研究**の中でどのように扱われてきたのか，そしてどのようなことがらが十分に調べられてこなかったのかが明確になります．

第二に，**既存統計**を確認していくことも重要です．1 つは，いわゆる**公的統計**がどのような調査を行って，問題意識に関連する事柄についてどのような結果を得てきたのかということを確認するということがあげられるでしょう．現在，日本国内の政府統計については，e-Stat 政府統計の総合窓口のページ（図 20.4）でまとめられています．問題意識の中心にある質問項目とはべつに，国勢調査をはじめとする基幹統計等の基本的な統計を確認しておくことはどちらにしても重要なことです．

意識項目を尋ねる調査としては内閣府が世論調査を頻繁に行っています．内閣府の世論調査のページ（https://survey.gov-online.go.jp/）を通じて，具体的な質問がこれまでどのような結果が得られているのか確認するのも有益です．

このような公的統計を確認すること以外に，もう 1 つ二次分析用として個票レベルで公開されている既存の標本調査のデータを分析するという方法もあります．日本国内では SSJDA や SRDQ，SORD といったデータアーカイブがありますし，海外では，ミシガン大学にある ICPSR，イギリスのエセックス大学にある UKDA，ドイツの GESIS（かつての ZUMA と ZA）にある DAS などが知られています（⇒第 9 章）．

(3) 調査項目の決定

調査項目は，ある程度の数が必要になります．簡単な記述が目的のごく簡単な調査であっても，性別や年齢など基本的な属性との関係を見るわけですから，1 つの調査項目だけの調査というのはありません．内閣の支持率を測定するだけの世論調査であったとしても，内閣支持の有無の他に，（実際は，もっと多くの項目を尋ねるのですが）少なくとも性別，年齢，支持政党を尋ねます．

また，学術的な調査においては，複数の項目間の関連性を分析することが多いと考えられます．したがって，ちょっとした意識項目や実態を尋ねる項目だけでも最低限 2 ～ 3 項目は必要になります．

(4) 調査項目の操作化と質問文の作成

具体的に調査項目を測定するために，どのような質問文の形式で尋ねていくかを考えます．ただし，いきなりゼロから調査項目をたてて新しい質問文を作成するよりは，できるだけ「(2) 先行研究の整理・検討」のプロセスをしっかり行い，既存の調査の中で，似たような質問文を見つけ出す方が安全です．そしてその類似の質問文を参考に具体的な質問文作成のプロセスに進んでいくことがおすすめです．実は，既存の調査を参考にしたとしても，たいていの場合今の時代に合わなかったり，前後の質問と一緒に並べてみると表現等がふぞろいだったりと，細部を調整する必要が生じます．また過去の優れた大規模調査は面接調査であることが多いのですが，現在新規に企画する調査は，郵送調査やウェブ調査など異なるモードで実施することも多いはずです．そのため，過去の調査を参考にしたとしても，なかなか完全に同一の質問文を採用することにならないのが現実です．また仮に同じ質問文を採用した場合は，先行して実施された調査の結果と比較することができます．その比較から有益な知見が得られることもありますので，すでに使われている質問文をあえてそのまま採用するのも 1 つの方法です．

例 20.1　質問項目の設定

1）1つの質問文で測定される質問項目
　例）幸福感　あなたは幸せですか？
2）複数の質問文で測定される質問項目
　例）信頼感（Q1，Q2，Q3の合成）
Q1　たいていの人は，他人の役にたとうとしていると思いますか，それとも自分のことだけ考えていると思いますか．
Q2　他人は，機会があれば，あなたを利用しようとしていると思いますか，それともそんなことはないと思いますか．
Q3　たいていの人は信頼できると思いますか，それとも，常に用心した方がよいと思いますか．

ところで，質問項目は1つの質問文の形で測定されるとは限りません．複数の質問文を通じて1つの質問項目が測定されることもあります（例 20.1）．複数の質問文から1つの質問項目を測定する場合は，複数の質問文の回答に得点を与え，それらを合計するなどして**尺度**（**scale**）を構成します[1]．ここでいう「尺度」とは，測定の水準ではなく，何らかの「ものさし」として人為的に作成した指標を意味します．試験において1つの問題だけで成績がつけられるのではなく，各問題に配点が与えられた複数の問題の合計点で成績がつけられるのと同様の理屈です．

このような尺度化にあたっては，**信頼性**（**reliability**）と**妥当性**（**validity**）が重要になります．信頼性とは，何度繰り返しても同じように測定できるかどうかといった測定の安定性を意味し，妥当性とは，目的としていた何らかの測定対象（概念）がどの程度適切に測定されているかを意味します．

具体的な質問文は，多くの注意事項に配慮しながら，調査モードや調査対象に応じて調整することになります．詳細については，次の第21章で扱います．

(5) 調査票の構成の検討

質問文の**配列**，調査票の**レイアウト**（文字の大きさ，行間の取り方，全体の見映えなど）に配慮しながら，調査票全体の構成を検討します．詳細については，第22章で扱います．

1　詳細は触れませんが，等現間隔法（the method of equal-appearing intervals），サーストン尺度（Thurston scale），リッカートスケール（Likert scale），ガットマンスケール（Guttman scale）など様々な方法があります．代わりに因子分析（factor analysis）によって潜在変数（latent variable）を想定することもあります．

(6) 付属資料の作成

面接調査であれば，**提示リスト**，**調査員の手引き**などがこの段階で準備されます．郵送調査であれば，調査票以外の同封物（**筆記具**など）も考えられますが，もっと早い段階で準備することも可能です．

20.4　調査票（用紙・媒体）の事前準備についての注意事項

(1) 郵送調査・留置調査といった PAPI の場合

自記式であることから，特に慎重に準備をする必要があります．特に調査票に用いる用紙（大きさ，種類）の選び方には注意する必要があります．どのような用紙を選ぶかによって，現地調査および調査後の調査票の整理や保存が円滑に進むか変わります．

まず**カラー**の用紙を調査票にします．白い紙ではなく，カラーの紙を用いることによって，調査対象者を刺激しない程度に調査票を目立たせます．自記式・他記式の両方の場合で必要です．他の紙に紛れても調査対象者や調査員が見つけやすくなります．

また，調査票の用紙には適度な**厚み**を持たせます．その結果，調査票の裏側の文字が透けにくくなります．両面印刷のためには必要です．またある程度の厚みがあることで破れにくくなります．どちらも特に自記式で重要になります．ただし，郵送の場合は，その分郵送料金が高くなるため，厚みを持たせすぎて重くなりすぎないように注意する必要があります．

(2) WEB 調査や CASI の場合

WEB 調査や CASI の場合は，自記式ですが，調査の回答プロセスが郵送調査と留置調査の場合よりも管理されています．例えば，紙の場合と違って，余白に自由に書きこんだりできるわけではありません（だからといって選択肢にその他や DK・NA を加えるかどうかは慎重な判断が必要です）．また，回答に要した時間等の回答プロセスを把握することができます．

その一方で，調査相手がどのような媒体で利用するか（パソコンで回答するか，スマートフォンで回答するか）を選ぶことができる場合があります．

(3) 面接調査の場合

面接調査の場合，調査対象者が調査票に記入することは原則としてありません．しかし，調査票の整理や保存は必要になってきますので，そのための配慮は必要です．他記式であることから調査員が利用しやすいかどうかという観点で考えていく必要があります．

第 21 章
質問文作成の基礎

21.1　選択肢法と自由回答法

(1) 選択肢法

質問文の形態は，選択肢（選択回答）法と自由回答法に区別されます．選択肢法とは，一言で言えばあらかじめ調査票に選択肢を用意しておき，それらの選択肢から回答を選ばせる質問文（**選択肢型質問，closed question**）の形態です．選択肢型質問を用意するためには，予想される回答内容を分類しておき，その分類についての記号を定める作業（**プレコーディング，pre-coding**）が必要になります（⇒第 23 章）．

選択肢法であれば，他記式調査で回答を記録する調査員は特別に高い能力を要するわけではありません．自記式調査でも調査対象者が記録したものを処理するのは簡単です．こういった長所の一方で，選択肢法には微妙なニュアンスを反映できないという短所があります．例えば，回答として適した選択肢がなくても無理やり選んでしまって，情報をつかみそこねる恐れもあります．

選択肢法にもいくつかのパターンがあります．

1 つは，与えられた選択肢から回答を「1 つだけ」選ぶ**単一回答（単項回答，Single Answer, SA）**です．事後的な集計処理もしやすいのでよく使われます．程度表現を用いるような尺度形式の質問文では，必ず単一回答の形式になります．

もう 1 つは，**複数回答（多項回答，Multiple Answer, MA）**です．文字通り選択肢から複数の回答を選ぶことができるのですが，「3 つまで」「3 つ」「いくつでも」など数の指定の仕方は色々です．「1 位，2 位，3 位」をそれぞれ選ぶというものもあるでしょう．ただし，それぞれ問題があります．第 23 章のプレコーディングを参照してください．

(2) 自由回答法（open-ended question, open question）

自由回答法は，選択肢などを事前に用意せず，文字通り自由に回答を述べてもらう方法です．質問文は定型化されていますので，調査対象者は，尋ねられた質問に対しては自由に回答できますが，無関係の事柄まで自由に意見を述べることまで期待されているわけではありません．自由回答においては，調査の終了後に回答内容を記号化します（**アフターコーディング，after-coding**）．

自由回答法は記録が的確であれば，微妙なニュアンスも含めて知ることができるので，選択肢の想定範囲があまりにも広く，全てをカバーすることができないような場合に用いることができます．特に，回答の表現の仕方にブレがないと思われる場合には，自由回答でも利用しやすいといえます．一方で，①分析するためには結局カテゴリーに集約される，②数字で回答する場合でも勘違いなどにより適切な形の回答が得られないことがある，③回答者それぞれの語彙力や文章能力が影響する，④期待した考え方の次元で回答が得られるとは限らないといった問題点があります（⇒第 23 章）．

21.2　ワーディングの重要性

(1) 予期せぬ回答

例えば，調査票調査における質問に対して，次のような予期しない回答例があります．

例 21.1　予期しない回答

質問例　次のうち該当するものに○をつけてください．
回　答　1　未婚　2　既婚

出典：高橋 1994：13

と用意していたところ，「3　離婚」という選択肢が回答者自身によって書き加えられ，それに○をつけるという回答があったとのことです．翌年，第 3 の選択肢として「離婚」をつけると，今度は「死別」や「再婚」といった回答まで勝手に出現し始めたそうです．

質問文や選択肢の作成において，しっかり**言い回し（wording）**を考えることが重要であることが思い知らされる例の 1 つです．

(2) 前後を入れ替えると変化する回答

「人情課長」についての 2 種類の質問文を用いた都内の面接調査の結果から，選択肢の文章の前半と後半を入れ替えるだけでも大きく回答結果が変わることが知られています（林 1970）．

2 種類の調査では，次のような共通の質問文が用いられています．

例 21.2　人情課長か合理的な課長か

“ある会社につぎのような 2 人の課長がいます．もしあなたが使われるとしたら，どちらの課長につかわれる方がよいと思いますか，どちらか一つあげて下さい？”

ただし，選択肢については，次のように異なっていました．

〈第 4 次国民性調査（1968 年実施）〉（n = 180，東京地域のみを抽出）

1　規則をまげてまで，無理な仕事をさせることはありませんが，仕事以外のことでは人のめんどうを見ません　12%

2　時には規則をまげて，無理な仕事をさせることもありますが，仕事のこと以外でも人のめんどうをよく見ます　81%

〈東京都 23 区の有権者を対象とした調査（1967 年に実施）〉（n = 440）

1　甲課長　仕事以外のことでは人のめんどうを見ませんが，規則をまげてまで，無理な仕事をさせることはありません　48%

2　乙課長　仕事のこと以外でも人のめんどうをよく見ますが，時には規則をまげて，無理な仕事をさせることもあります　47%

出典：林 1970

2 種類の調査において，選択肢 1 と選択肢 2 は実質的には同じ内容を述べていますが，第 4 次国民性調査では選択肢 2（81%）が，東京都 23 区の有権者の調査では選択肢 1（48%）が，もう一方の選択肢より多く選ばれています．

このことから，質問文や選択肢において，文章の後半の印象が大きく違うだけで，同じ内容の文章であっても全体の印象が大きく変わってしまうことを示唆しています．文面の前後入れ替えによって選択対象である 2 種類の課長イメージが，別人物と言えるほどに変更が起きていたことが原因と考えられます（林 1970）．これは，「……だが……」の形式の日本語では，文の後半の方が強い意味をもつためでもあります（林・山岡 2002）．

(3) 実質的には同じ内容であっても異なる言い回しを用いると異なる結果が得られる場合

2 つのプログラム案からいずれかを選ばせる 2 種類の集合調査（Tversky & Kahneman 1981）の例が知られています．

この事例は，異なるワーディングを伴う 2 種類の調査を行うものですが，簡潔に説明すると，どちらの調査でもある病気で 600 人が死亡するという予想を前提とした同じ一組のプログラム案の説明を行っていますが，その際に，一方では200人が助かるという表現を使うのに対し，一方では400人が確実に死ぬという表現を使い，表現を変えて二度の質問がなされています（例21.3）．

例21.3　異なるワーディングを伴う二度の質問

［質問I］アメリカがこれからある聞いたことのないアジアの病気の発生に備えることを想像してください．その病気で死亡するのは600人と予想されています．この病気に対する対策プログラムとして2つの案が提案されています．そこで，それぞれのプログラムの効果の科学的評価は正確に次のようであったとしましょう．

□プログラムAが採用されれば，200人が助かります．

□プログラムBが採用されれば，誰も助からない確率が2/3，600人が助かる確率が1/3です．

あなたならどちらのプログラムを選びますか．

2分後に次の質問を同じ人々にたずねてみる．

［質問II］アメリカがこれからある聞いたことのないアジアの病気の発生に備えることを想像してください．その病気で死亡するのは600人と予想されています．この病気に対する対策プログラムとして2つの案が提案されています．そこで，それぞれのプログラムの効果の科学的評価は正確に次のようであったとしましょう．

□プログラムCが採用されれば，400人は確実に死亡します．

□プログラムDが採用されれば，600人が死亡する確率が2/3，誰も死亡しない確率が1/3です．

あなたならどちらのプログラムを選びますか．

結果は，質問IではA案対B案で72%がA案を選択し，質問HではC案対D案で78%がD案を選択した．だが，よく読むとA案とC案，B案とD案は，あたかも写真のネガ・ポジの関係のように，互いに反対の言い表わし方（フレーミング）だがまったく同一の命題を表している．ところが何と58%以上の人々が質問IではA案なのに質問IIではD案という互いにつじつまの合わない（！）評価をしている．（トゥベルスキー，カーネマンの例）

出典：盛山 1994：242

これは，**フレーミング（framing）**の変化の効果と呼ばれます（Tversky & Kahneman 1981）．同一の内容を意味する文章であっても，言い表し方によって全く異なるものとして認知される性質を帯びています．

21.3　質問文作成の原則と例外

(1) わかりやすく，明確に

質問文の作成においては，その調査の対象者にとってわかりやすい言葉で，かつ明確な表現を用いることが必要です．

(1)-1.（調査対象者にとって）難しい言葉

例えば，一般市民に対して実施する調査において「市はプロ野球チームを誘致するため，野球場を建設しようと考えていますが，その経営を市が直接行うべきでしょうか，あるいは第三セクターに出資する形で行うべきでしょうか？」という質問文があったとします．しかし，第三セクターという言葉は，一般市民が理解できるような日常的な単語であるとは必ずしも言えません．

難しい言葉やあいまい表現を使用してはいけないというのは当たり前のことですが，調査対象者にとってという前提があることに注意が必要です．つまり，どのような内容が難しいかは，どのような調査かによって変わることに注意する必要があります．

この点は，国際比較調査を計画する場合には，困難さが増します．言語が異なると翻訳の仕方によってどの表現がわかりやすいか変わってきますし，文化・制度が異なると単に翻訳すれば通用するという単純な話ではないからです．

(1)－2．論理的な整合性のある明確な表現

質問文は，論理的に整合性を持たせ，表現を明確にする必要があります．

質問文「あなたは，自分の大学の窓口対応に満足していますか，あるいは気に入らない点がありますか」

回答の選択肢（はい，いいえ）

このような場合は，質問文と回答の選択肢が対応していません．（はい，いいえ）という選択肢が，「満足していますか」に対するものなのか，「気に入らない点がありますか」に対するものなのかはっきりせず，論理的ではありません．

(1)－3．概念のあいまいさのない明確な表現

例えば，「娯楽番組が好きですか」「関西に住んでいたことがありますか」「○○市の景観について関心がありますか」という質問文を考えてみます．

「娯楽番組」「関西」というのは人によって解釈が異なります．娯楽番組をバラエティー番組のことだと思う人もいますが，アニメやドラマも含める人もいるかもしれません．関西もどの地域まで含めるかは解釈によって異なります．

「景観」という単語もやや難しく，風景のことなのか，単なる「風景」以上の深い意味があるのか，答える人は少し考えてしまうかもしれません．

また，回答の選択肢についても，

1　大いにある	2　少しはある	3　あまりない	4　まったくない

のような選択肢があったとします．2 と 3 はどちらが多いのか，即座に判断し

にくい表現です．このような場合は，

1　非常にある	2　ややある	3　あまりない	4　まったくない

のように．量の大小関係がはっきりするような表現に修正します．

次のように連続する 2 つの質問文（架空例）の場合はどうでしょうか？

例 21.4　あいまいな表現（質問文と選択肢）

Q1．あなたは現在，パソコンで 1 日あたりどれくらいメールをしますか．

1	2	3	4	5
1 件以下	1 ～ 3 件	4 ～ 6 件	7 ～ 9 件	10 件以上

Q2．あなたは現在，パソコンで 1 日あたりどれくらいインターネットをしますか．

1	2	3	4	5
1 時間以内	1 ～ 2 時間	2 ～ 3 時間	3 ～ 4 時間	4 時間以上

Q1 の「どれくらい」というのは，メールの何の頻度を尋ねているのかあいまいです．メールの送信件数でしょうか．受信件数でしょうか．それとも送受信の回数でしょうか．電子メールの仕組み上，あいまいな頻度を尋ねています．

また Q1 の「メールをする」の「メール」は，正確には電子メールのことですが，電子メールはインターネットを介して行われます．インターネットは，厳密には世界規模の回線自体を指し，広義では電子メールや SNS などを含んだ概念であることに注意すると，Q2 の「インターネットをしますか」が何を指しているのか不明です．ブラウザを用いた検索を意味するのであれば，そのような表記にすべきです．

また Q1，Q2 ともに選択肢が排反ではありません．Q1 であれば，選択肢 1 と選択肢 2 で「1 件」が重なっています．Q2 は，すべての選択肢で 1 時間，2 時間……が重なっています．重複する選択肢がある場合，回答者はどちらを選べばよいのかわからなくなってしまいます．必要な事柄が網羅されていて，**互いに排反であること**が望ましいのです．

(2) 仮定の質問

質問文は，一般には現実味が強い方がよく，未経験の仮定を含んだ質問は避ける方がよいとされています．1 つには，「もし，あなたが○○（職業）だったら……」と尋ねられても具体的な経験がないと答えようがないという場合があるからです．また，「もし庭付きの家に住んでいたら，家族の中で庭の管理は誰がしますか」といった質問の場合は，そもそも庭の管理をしたくないのでマンションにしか住まないようにしているという人がいる可能性にも留意すべきです.

しかし，仮定の質問の利用については，慎重であるべきですが，全く利用してはいけないとわけではありません．分析によっては意義のある結果も得られます．例えば，有名なものに例 21.5 のような「生まれかわりの質問」というものがあります.

例 21.5　男女の生まれかわりの結果（1958 年→ 2008 年）

質問「もういちど生まれかわるとしたら，あなたは男と女の，どちらに，生れてきたいと思いますか？」

	1958 年		→	2008 年	
全体	男に（76%）	女に（17%）	→	男に（53%）	女に（40%）
男性	男に（90%）	女に（5%）	→	男に（87%）	女に（6%）
女性	男に（64%）	女に（27%）	→	男に（23%）	女に（71%）

出典：統計数理研究所「日本人の国民性調査」の結果より

一見，突拍子もない仮定の質問のように見えますが，この質問の結果の 50 年間の変化から 50 年間の女性の社会的地位の向上がうかがえるとされています.

(3) 中立的な用語の使用

ある社会事象に関して一般に流布している単純化されたイメージを**ステレオタイプ（stereotype）**といいます.「高級官僚の天下り」「抵抗勢力の反対意見」のような表現はステレオタイプを含んでいます．公務員の民間企業への転職について尋ねたいのであれば，「天下り」という言葉を使わずに，問題意識に即した中立的な表現を用意するのが原則です.

もっとも言葉のイメージを調べるような言語学的な調査の場合は例外で，あえてステレオタイプを含む表現を使うということが考えられます.

また完全に中立的な用語というものはまれです．受け取る人や文化的要因によって用語のもつイメージは異なります．その調査の対象となった人が考える**社会的な望ましさ（social desirability）**に左右されます.

(4) 表現上の区別が重要な質問

(4)-1．価値の認識と事実の認識

価値の認識と事実の認識の混同をしないような質問文を考える必要がありま

す．例えば，「あなたは，あなたのお住まいの地域で○○が重要になっていると思いますか？」のような形式の質問の場合，「あなたが地域で○○を重要と思っているのか」という意味なのか，「（あなたの意見はともかく）地域で○○を重要視する動きが生じているという認識をもっているのか」という意味なのかがはっきりしません．どちらの意味なのか質問文を読んだ際にはっきりわかる質問にする必要があります．

(4)‐2．個人的質問（personal question）と一般的質問（impersonal question）

「あなたは一つの仕事で長く働き続けたいと思いますか」のような個人的質問は，現在働いている人や仕事を得る予定の人には尋ねることができます．しかし，すでに退職している人や専業主婦・主夫の人には尋ねることができません．その場合は，「一つの仕事で長く働き続けることは好ましいことだと思いますか」のような一般的質問であれば全員に尋ねることができます．

しかし，「あなたは一つの仕事で長く働き続けることがのぞましいと思いますか」では，あなたが一つの仕事を続ける可能性を尋ねる個人的質問なのか，一般論として人は長く働き続けるのがよいという見解を尋ねる一般的質問なのかの区別がつきません．

(4)‐3．平常の習慣化した行動（usual status）と特定の時点における行動（actual status）

普段朝ハミガキをしているか，今朝ハミガキをしてきたかの違いです．前者を尋ねる質問は，平常の習慣化した行動について尋ねています．後者であれば，特定の時点における行動を尋ねるものになります．

関連する概念として，**事実上の居住規則（de facto residence rule）**と**法律上の居住規則（de jure residence rule）**があります．法律上の居住規則は，**通常の居住地（usual residence）・常住居住地**の規則とも呼ばれます．

例えば，実家から離れて暮らしている大学生においては，下宿先を一時的な住まいと考え，下宿している地域に住民票を移さず，実家の住所の地域に残している人もいます．事実上の居住規則の場合は，下宿している地域が住所として適用されます．法律上の居住地規則の場合は実家が住所です．国勢調査では事実上の居住規則が適用され通常の居住地が基準になりますが，住民基本台帳から抽出する場合は，実家の住所となるため，両者ではくい違いが生じます．

(5) ダブル・バーレル質問

ダブル・バーレル質問（double-barreled question）とは，銃身が 2 つある双身銃に由来するダブル・バーレルから連想されるように，複数の論点をもつ多義的な質問のことです．このような質問には回答しにくいため，2 つ以上のことを同時に尋ねないようにする必要があります．例えば，「あなたは，いまお住まいの地域のごみ処理や下水道に満足していますか？」という質問は，ごみ処理と下水道という 2 つの論点が混じっています．「わが国は，開発途上国への経済援助や技術援助を，積極的に推し進めるべきだと思いますか」という質問は，経済援助と技術援助のどちらかだけ推進すべきという人は答えにくいという問題が生じます．

しかし，この問題の解決はそう簡単でないかもしれません．例えば，「あなたは，買物や外食を主にどこでしますか？」は，確かに買い物と外食が別の場所の場合は答えにくいのでダブル・バーレル質問なのですが，普段の生鮮食品の買い物の場合と服を買う場合とで場所が違うような場合は，その人にとっては「あなたは，買物を主にどこでしますか？」と修正したとしてもダブル・バーレル質問です．「外食」も「買い物」も厳密にやろうと思えば，どこまでも細分化することができます．どこまで厳密に分割してもきりがないかもしれません．

(6) 質問文の前提

「あなたは『学歴よりも実力が大切だ』と思いますか」という質問文は，学歴と実力を別ものであることを前提としています（盛山 1994：243）．学歴も実力のうちと考えている人は反発し，答えてくれない可能性もあります．

(7) 黙従傾向

「はい」「いいえ」を選ぶ質問が続くと，「はい」ばかりを答えがちな人がいます．これが**黙従傾向（Yes-tendency, acquiescence）**です．「はい」ばかりを答えやすい人の対策としては，「～について，賛成ですか，それとも反対ですか」選択肢（1 賛成　2 反対）のような形式を用いることです．

(8) 誘導質問と威光暗示効果

何らかの政策の賛否の分布を知りたい場合に，その政策の趣旨も補足説明したいという場合があります．しかし，次のような質問は考えものです．

質問「○○駅前に市営駐輪場を建設すれば，駅前の放置自転車がなくなり，市の収入の増加にもつながりますが，あなたはその建設に賛成ですか，それとも反対ですか？」

回答の選択肢（賛成，反対）

この質問は，明らかに賛成する方に誘導する質問になっています．市営駐輪場の建設の是非については様々な考え方がありえますから，この場合は，単純に賛成か反対だけを尋ね，放置自転車対策が必要かどうかは別の質問で尋ねるのが良いといえます．次のような質問も同様です．

「ゆっくりよくかんで食べることで，食べ過ぎを防ぎ，肥満防止につながるといわれていますが，あなた自身は，よくかんで食事をしていると思いますか」

誘導質問の一種です．社会的権威のある人の発言や世間一般の考えであるという前置きを説明すると，調査者の期待する選択肢が明らかになってしまいます．回答者の中には，その期待に応えようとする人もいます．このような形で回答に影響が出ることを**威光暗示効果**といいます．

なお，前置きがなくてもある選択肢を選ぶことに**社会的な望ましさ**（social desirability）があるような場合は，回答者は自分をよくみせるため，その選択肢を選ぶ可能性があります（**社会的な望ましさの偏り**，social desirability bias）．

(9) 回答分布を考慮した選択肢

何回か紹介してきた「市民の政治参加と社会貢献に関する世論調査―市民社会の国際比較」の日本調査では，例 21.6 のような世帯収入の質問があります．

例 21.6　世帯収入の質問

質問文　F5　［カード　37］【世帯収入】では，お宅の収入は，ご家族全部合わせて，過去 1 年間でおよそどれくらいになりましたか．この中ではどうでしょうか．ボーナスも含め，税込みでお答えください．

収入については，選択肢として表示する階級の幅を完全な等間隔にはしません．通常収入などのデータは金額が大きくなるにつれて度数の分布がまばらになってくることが知られているからです．例えば，200 万円間隔で区切った場合，ある程度の金額からは該当する人がほとんどいないという現象が生じてし

まいます．そのため，この調査の場合も例 21.7 のような選択肢を用いていました．実際の回答割合％も合わせて表示してあります．

例 21.7　世帯収入の選択肢と相対度数

1.	200 万円未満	10%
2.	200 万円～ 400 万円未満	19%
3.	400 万円～ 600 万円未満	19%
4.	600 万円～ 800 万円未満	11%
5.	800 万円～ 1,000 万円未満	9%
6.	1,000 万円～ 1,500 万円未満	5%
7.	1,500 万円～ 2,000 万円未満	1%
8.	2,000 万円以上	2%
9.	わからない	11%
10.	答えたくない	12%

選択肢 6 以降の幅は 500 万円にしていたのでゼロが生じていませんが，もし 200 万円間隔であれば，どこかの選択肢でゼロになっていた可能性があります．

単峰形の度数分布になれば，クロス表を作成して関連性を見出すこともしやすくなります．選択肢の策定には，このように回答の分布をあらかじめ想定し，その後の分析での活用を見越して選択肢を考えることも重要です．

(10) 選択肢への配慮

例 21.6　カテゴリーを選ばせる質問

Q23. 高槻市には，神社仏閣や町家などが多く残る昔ながらの風景もあります．これをより良くするために最も必要なものは何だと思いますか．

1. 建物を歴史的な雰囲気と調和させること
2. 広告物を歴史的な雰囲気と調和させること
3. 歴史的な建物を保全・活用すること
4. その他（　　　　　　　　　　　　　　　）

出典：「高槻市と関西大学による高槻市民郵送調査」（2011 年度）

この質問では，選択肢を「1 つだけ」選んでほしいという意図があります．しかしながら自記式の郵送調査でこの質問をすると，実際には 2 つ以上マルをつける人が多数発生してしまいます．

このようなカテゴリーを選ばせる質問においては，「最も～」という表現を用いても１つだけを選んでくれないことがあります．面接調査やウェブ調査では１つだけの回答を強制させることが可能ですが，それができない郵送調査などの場合は，いくつでも選んでよいようにするか，選択肢にあるカテゴリーについて，それぞれ程度を尋ねる質問に切り替えるなどの工夫が必要です．

第 22 章
質問文の配列と調査票の完成

22.1　調査票全体の構成

1つ1つの質問文の表現について一通りの検討を終えたとしても調査票は完成ではありません．質問文をどのような順番で調査票に配列するかを考えていく必要があります．この配列の手順は，次の二段階にわけて説明できます．

第一段階：調査票の全体の構成を考える．

第二段階：個々の質問文の前後のつながりを検討する．

(1) 全体としてわかりやすい配列にする

調査票を全体としてわかりやすい配列にするためには，関連した質問をある程度まとめ，**体系的**に配列する必要があります．極めて短い時間で完結するような調査でない限り，多くの場合1つの調査票の中に複数の話題が含まれることになると思います．しかし，問1で家族の話題，問2で環境問題，問3で再び家族の話題を尋ねるというように，コロコロと話題が行き来するのは混乱のもとです．ある程度一つの流れをもつように構成するためには，教育関連の質問群，環境問題関連の質問群，政治関連の質問群といった形で，似たような話題の質問についてはある程度まとめた配置にしておくことが肝要です．また現在就いている仕事の話題のように，仕事をしている人限定の質問をバラバラにして聞くのは極めて非効率です．仕事をしているかどうか尋ねてから分岐を作り，一度仕事をしている人かどうか判明したらその仕事に関連する質問は連続して質問し，仕事をしている人限定の質問はまとめてすませ，同種の分岐は何度も生じない方が好ましいでしょう．インターネット利用者限定の質問や自動車のドライバー限定の質問が複数あるような場合も同様です．

ところで，日常生活の質問が続いた後に，環境問題に切り替わるような場合など，日常生活の質問の最後がゴミの捨て方などであれば，話題が環境問題に切り替わっても違和感がありませんが，明らかに話題が異なるような場合もあります．このような場合は，前の話題から後の話題へと意識の切り替えを明確に行う必要があります．面接調査などでは，「ここからは……についてお尋ねします」といった**前置き**を入れることがあります．タイトルとして環境問題の調査を掲げているのに，冒頭で日常生活の話を尋ねる場合は「まずは身近な生活についてお尋ねします」のような前置きを置く場合も多いでしょう．

ただし，郵送調査などの自記式の調査の場合は，あまり話題のまとまりがはっきりすると，その話題について興味がない場合は，その同じ話題の一連の質問群だけとばして回答しかねません．例えば，途中の1ページ全体をインターネットに関する質問だけで集めておくと，インターネットをまったく利用しないような人は，インターネット利用の有無という一連の質問群の最初の質問すら回答せずに当該ページ全体の回答を省略してしまう場合があるのです．そのため，自記式調査の場合には，ムダに回答漏れが増えないように，話題の変更についてはむしろ気づかれないようにする方がよいといえます．

そのためには，例えば，いつのまにか別の話題に進んでいたような形にすることも考えられます．調査目的から不要であっても前後の質問文を自然につなぐために無用の質問（waste question）とよばれる質問文をあえて挿入するのも1つの方法です．

(2) 簡単な質問から難しい質問へ

最初は，簡単な質問から始め，徐々に答えにくいような質問を尋ねるようにします．とにかく一問でも質問への回答を始めてもらうためです．難しい質問が冒頭からでてくると，調査そのものへの協力をしようという気持ちをなくしてしまうからです．途中であれば難しい質問がでてきても，せっかくここまで回答をしたので最後まで回答しようと思ってもらえることを期待しています．

このことを踏まえて調査票の全体構成の例を示しておくと，例22.1のようになります．

例 22.1　調査票の全体構成

調査票の序盤…日常生活等の答えやすい簡単な質問，ウォーミングアップ．
↓
調査票の中盤…趣味や文化の質問等．序盤や終盤に配置する必要性がない項目．
但し調査票の全体の主題に関わる質問はできるだけ前方にします．
↓
調査票の終盤…政治に関する質問や健康に関する質問等
↓
調査票の最後…フェースシート項目．属性に関わる質問．

(2)-1．調査票の序盤

冒頭は，日常生活に関することがらなど，簡単な質問から始めます．次のような日常生活に関する質問は，比較的気軽に答えてもらえる可能性が高いので，序盤に配置するのが望ましいといえます．

例 22.2　日常生活に関する質問

Q．あなたは近所の人たちとどの程度世間話をしますか．

1	2	3	4	5	6
ほぼ 毎日	週に 3～4日	週に 1～2日	月に 1～2日	年に 1～2日	ほとんど ない

調査のタイトルに特定のテーマ（例，安全保障に関する意識調査）を掲げているので，第1問目を日常生活から始めるのに違和感がある場合は，「まずは身近な生活についてお尋ねします」のような前置きが必要です．

(2)-2．調査票の中盤

冒頭，終盤，末尾のいずれにもあえて配置する必要がない事柄に関する質問を，このあたりに配置します．但し調査全体の主題に関わる質問はできるだけ前方に配置します．

(2)-3．調査票の終盤

政党支持などの政治的な意識の質問は，答えにくいことが多いので終盤に入るあたりに配置します．健康に関する質問等もやや立ち入った内容と考えられますので，終盤に配置することがおすすめですが，個人の属性的な性格もあるので，結果的にフェースシートの直前あたりに配置されることも多いかと思います．

次のような精神面の問題も，広い意味で本人の健康に関わる質問といえます．回答者にとってはかなりの負担感を感じるため，答えやすい質問とは言えません．かなり後半に配置されることが多いと考えられます．

例 22.3　回答にあたって負担感を生じる質問

Q. 現在の暮らしの上で，なにか精神的な悩みが生じたとき，1 番頼りになるのはだれですか．1 つだけ選んでください．
1. 配偶者やパートナー
2. 配偶者以外の家族
3. 家族以外の身近な人（職場・学校・近所の人など）
4. 医者やカウンセラーなどの専門家
5. 保健センターなどの公的機関の相談窓口
6. その他（）

(2)-4．調査票の最後

フェースシート（項目）と呼ばれる性別，年齢，職業，学歴，収入といった基本属性項目についての質問は，調査票の最後にまとめます．

もっともこれは一般的な意識調査の場合です．例えば，仕事が主題の調査などで，仕事や職業について細かく尋ねる調査の場合は，仕事の有無を尋ね，仕事をしている人だけに就業形態や業務内容，所属組織における人間関係などを尋ねることになります．その場合は，調査票のかなり前方に配置せざるを得ないということもあります．国勢調査のように質問項目の大部分が属性項目の場合は，（当然のことですが）冒頭から属性項目を尋ねることになります．

また RDD 方式の電話調査では，世帯構成員の人数を尋ねて乱数を発生させる場合があります．その他の調査モードでも割当抽出を用いた場合などは，サンプリング手続き上必要なので，性別と年齢は末尾ではなく冒頭で尋ねます．

ところで，年齢のような質問が最後になることに意外に思うかもしれません．大学生ぐらいであれば，年齢を回答することはそれほど抵抗感がないかもしれませんが，ある程度年を重ねると初対面の人には聞きづらいものです．初

表 22.1　回答年齢と名簿年齢の差

年齢差	−3	−2	−1	0	1	2	5	6	全体
男性	0	1	5	222	32	0	1	1	262
女性	1	2	4	251	23	2	0	0	283
全体	1	3	9	473	55	2	1	1	545

出典：松本 2008

対面の挨拶でいきなり尋ねるのは失礼なのと同様，それだけ抵抗感がある質問と考えられているのです．実際，「市民社会調査」では，調査員が尋ねて得られた回答としての年齢と，選挙人名簿抄本の生年月日から計算した名簿上の年齢とではずれが生じていました（表 22.1）．

なお，信仰する宗教についての質問は，日本では，一般の質問として扱われますが，欧米では，属性項目として扱われる傾向があります．

22.2　質問群の内部構成

調査票全体の構成とは別に，ある程度まとまった一連の質問における内部構成について考えます．質問群の構成の仕方は，ロート型と逆ロート型の 2 つに分類されます（原・海野 2004：143–144）．

ロート型（funnel sequence）とは，広範囲の漠然とした質問から，順次，狭く具体的な質問に絞る方法です．詳細な情報を得る前に，知りたい事項の概要を把握させることができるとされています．

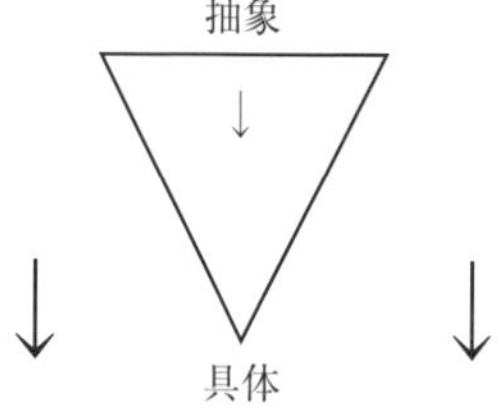

図 22.1　ロート型のイメージ

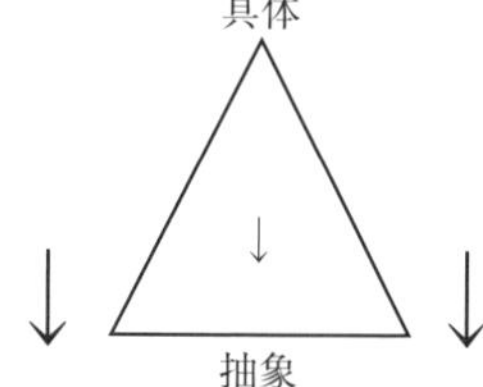

図 22.2　逆ロート型のイメージ

これに対し，**逆ロート型**（inverted funnel sequence）とは，狭く具体的な質問から順次幅広い抽象的な質問に広げていく方法です．最終的な目的を知らせずに，そこに至る心的プロセスを観察できるとされています．

逆ロート型は，日常的な思考様式からほど遠い，抽象的な問題を取り扱えるとされています．「新しい生活様式」「お住まいの地域」といった抽象的な概念のイメージをもってもらうためにこの方法を用いることも考えられます．

ただし，逆ロート型の場合は，抽象度の高い質問より前に具体的な質問があることから誘導質問にならないか注意する必要があります．質問文の順序によって，回答が影響を受けることがあるからです．これは，次節で説明するキャリーオーバー効果に該当します．例えば，安全保障・税金といった個々の政策の是非を尋ねる質問の回答が，今の政治に満足かどうかという質問の前にあれば，その回答に影響を与えるかもしれません．そのため，抽象的な概念に関する質問をする場合は，複数の質問を逆ロート型の配列にするよりも，前置きの形で抽象的な概念の定義を説明（例えば，「新しい生活様式とは，飛沫感染や接触感染，さらには近距離の会話などへの対策をこれまで以上に日常生活に取り入れた生活様式のことです」のような説明）しておき，その後，単刀直入に質問することも検討した方がよさそうです．

22.3　質問文の並べ方

(1) キャリーオーバー効果

キャリーオーバー効果（carry-over effect）とは，前の質問の回答が後の質問の回答に影響することを言います．例えば，「現在の〇〇内閣を支持します

例 22.4　A 群 2 問

Q. あなたは平均して，1 日あたり何時間くらいテレビを見ていますか.

1	2	3	4
1 時間 以内	2 ～ 3 時間	4 ～ 5 時間	6 時間 以上

Q. あなたは現在，携帯電話（PHS 含む）で 1 日あたりどれくらい通話しますか.

1	2	3	4
1 時間 以内	2 ～ 3 時間	4 ～ 5 時間	6 時間 以上

例 22.5　B 群 2 問

Q. 情報技術の利用が進む今後の社会において，以下の文章は，あなたのお気持ちにどの程度あてはまりますか.

A. 情報をうまく利用できる人とそうでない人の差が広がる.

1	2	3	4
そう 思う	ややそう 思う	あまりそう 思わない	そう 思わない

B. 次々と現れる新しい情報機器を使えないと，取り残されそうで不安だ.

1	2	3	4
そう 思う	ややそう 思う	あまりそう 思わない	そう 思わない

か，それとも支持しませんか」といった内閣支持率を測定する質問を考えてみましょう．このとき，「あなたは，現在の○○内閣が掲げている△△政策について賛成ですか，反対ですか」という個別政策の是非を問う質問も尋ねるとします．

ここでもし，〈個別政策の是非の質問　→　内閣支持の質問〉の順序で質問文を連続して並べた場合，先に尋ねた個別政策についてのその人の考えに，内閣支持の質問に対する回答が影響をうける可能性があります．これがキャリーオーバー効果です．しかし，たいていの場合内閣は様々な政策に取り組んでおり，その時尋ねる個別政策だけが内閣の支持・不支持を決定づけるわけではありません．キャリーオーバー効果対策としては，「2 つの質問を離す」「順番を入れ替える」といったことが考えられますが，このような 2 問を連続して尋ねたい場合は，〈内閣支持の質問→個別政策の是非の質問〉の順序で尋ねて，キャリーオーバー効果を生じにくくするのが適切です．

例えば，A 群と B 群を連続させる時，どちらを先にするのが良いでしょうか．A 群は実態に関する質問，B 群は気持ちについて尋ねる意識に関する質問です．実態に関する質問は，事実について答えるものですので，直前の質問に対する回答の影響を比較的受けにくいと予想できます．その一方で意識に関する質問は関連する内容を直前に回答していると変動する可能性があります．

参考22.1

初頭効果と新近性効果

選択肢についても順序の効果が機能する場合があります．それが，**初頭効果**（primacy effect）と**新近性効果**（recency effect）です．初頭効果とは，選択肢のうち最初の方に提示されているものが選ばれやすくなる効果です．郵送調査やウェブ調査といった視覚が重要なデータ収集方式において生じやすいものです．これとは逆に終わりの方に提示されている選択肢が選ばれやすくなる効果が新近性効果です．電話調査においては，読み上げられた選択肢のうち，終わりの方を考慮しようとすることからこの効果が生じると考えられています．

22.4　調査票の完成に向けて

(1)　全体の分量への配慮

調査票全体の分量に配慮し，質問数が多くなりすぎないようにします．郵送調査であれば，8 ページ程度を目安としておいた方がよいでしょう．電話調査

［令和元年度市民意識調査］

高槻市と関西大学による高槻市民郵送調査

（調査実施）高槻市・関西大学総合情報学部

高槻市と関西大学は共同で、市政と市民生活に関する調査を行っています。市は、今後の施策を検討するうえでの基礎資料とすることを目的に、大学は、高槻市民の生活とものの見方に関する研究と教育を行うことを目的に実施するもので、調査の対象は、住民基本台帳から無作為に選ばれた１８歳以上の市民の方です。**封筒宛名のご本人様ご自身の回答を**、この調査票にご記入いただきますようお願いいたします。調査の回答は、調査の目的以外には、一切利用いたしませんので安心してお答えください。

調査結果につきましては、本年１２月頃に速報版を、翌年３月中に最終報告書を発行し、高槻市と関西大学で閲覧できるようにいたします。できるだけ多くの方のご意見を反映した調査を目指しておりますので、ご協力賜りますようお願い申し上げます。

＊ボールペンを同封しております。回答の際にご利用ください（返却の必要はありません）。

＊ご回答は、とくに断りがなければ、選択肢番号を１つだけ選んでマルをつけてください。マルをつける個数が決められていたり、回答していただく方が限られていたりするものは、指示に従ってお答えください。

＊お忙しいところ誠に恐縮ですが、**9月13日（金）**までに、同封の封筒（切手貼付済み）でご返送いただきますようお願いいたします。

＊この調査票と封筒には、ご住所やお名前を記入されないようお願いいたします。
（どなたがどのような回答をされたかわからないようにするためです。）

＜調査に関するお問い合わせ＞　**高槻市　市民生活環境部　市民生活相談課**　tel：072-674-7130
関西大学　総合情報学部　tel：072-690-2151

Q1．現在の生活全体にどのくらい満足していますか。

1	2	3	4	5
満足	やや満足	どちらともいえない	やや不満	不満

Q2．現在の生活のうち、経済的な面ではどのくらい満足していますか。

1	2	3	4	5
満足	やや満足	どちらともいえない	やや不満	不満

Q3．現在の生活のうち、余暇の面ではどのくらい満足していますか。

1	2	3	4	5
満足	やや満足	どちらともいえない	やや不満	不満

Q4．あなたのお住まいの地域は、全体的に暮らしやすいと思いますか。

1	2	3	4	5
そう思う	ややそう思う	どちらともいえない	あまりそう思わない	そう思わない

Q5．あなたは、現在お住まいの地域にどのくらい「住み続けたい」と思いますか。

1	2	3	4	5
ずっと住み続けたい	住み続けたい	まあ住み続けたい	どちらともいえない	機会があれば引っ越したい

Q6．あなたは、地域社会の一員として何か地域のために役に立ちたいと思いますか。

1	2	3	4	5
そう思う	ややそう思う	どちらともいえない	あまりそう思わない	そう思わない

Q7．あなたは高槻市に愛着を感じますか。それとも感じませんか。

1	2	3	4	5
感じる	やや感じる	どちらともいえない	あまり感じない	感じない

1／8

図 22.3 「高槻市と関西大学による高槻市民郵送調査」調査票の１ページ目

であれば，通話時間の長さで負担感を考慮する必要があります．

(2) あいさつ文の準備・検討

調査票は質問文だけで構成されているわけではありません．調査対象者がどのように選ばれたのか，調査の回答がどのように発表されるのか，あるいは活用されるのかなど調査票のどこかに示しておく必要があります．冒頭のあいさつ文では，調査の趣旨だけでなく，そのような情報提供も必要です．ただし，あまり冗長なあいさつはかえってくどい印象を与えます．必要十分な情報提供を心掛ける必要があります．

郵送調査の場合は，1 ページ目をすべてあいさつ文にするのではなく，図 22.3 のように質問文を 1 ページ目の途中から掲載しておくと，あいさつ文などを読みたくない人はすぐに回答を始められます．さらに 1 ページ目の質問文は行間をあけ，余白を多めにしておくと回答しやすい印象も与えられます．

(3) 同封物の準備

郵送調査の場合は，ボールペンを同封しておくと，すぐに回答できるので親切です．また鉛筆と違って消しにくいので，後半の回答の後に前半の回答を修正しようという気持ちになりにくいので素直な回答を残せます．

(4) 予告はがきの利用

可能な場合は予告はがきを使って事前の告知も実施した方が好ましいです．

(5) 事前の検討―プリテスト（pretest）の実施―

調査実施者は論理的に作成したつもりでも，回答者の状態によっては，該当する選択肢がなかったり，複数の選択肢に該当するケースがあったりして 1 つだけを選ばせることが難しいケースが発生します．そのため，あらゆる回答のパターンを事前に予測することが重要です．しかし，調査実施者だけの予測には限界がありますので，検証用の調査に協力してもらう人を用意し，プリテストを実施することは必要になります．

調査に高額の予算が投入されている大規模なプロジェクトにおいて実施される全国型の面接調査に，新しい質問を採用する場合があります．そのような場合には，定例的に実施されているオムニバス調査（相乗り式の調査）において

参考22.2

あいさつ文と回収率

「宗教法人が行う事業に関する調査」(文化庁宗務課)では，回収率が39.6%(昭和63年度)から66.5%(平成20年度)に急上昇しています．平成20年度の調査では，一枚目のあいさつ文で「事業を行っていない法人」も回答する必要性が伝わるように文言を追加したためと考えられます．

一度当該質問文を用いた調査を実施して反応を確認してから新規質問を採用するということも１つの方法です．オムニバス調査の利用にはそれ相応の費用がかかりますが，大規模なプロジェクトにおける本調査に比べれば安価です．本調査に近い全国調査の結果をオムニバス調査によって事前に入手しておくことで，小規模なプリテストでは検出できなかった問題点を発見できる可能性があることを考えると，オムニバス調査の利用は費用対効果のある事前検証の方法の１つと考えられます．

調査の企画や実施に不慣れな調査者の場合は，この他に**エキスパートレビュー**(**expert review**)という形で調査票設計の専門家への検討を依頼することも考えられます．また調査のテーマが特定の領域にしぼったものであったり，調査の対象者が特定されたメンバーであったりする場合は，その領域の専門家にエキスパートレビューを依頼したり，目標母集団に所属する6～10人程度少人数の集団(**フォーカスグループ**，**focus group**)に討論してもらうこともあります．

第 23 章 調査データの整理

23.1 コーディング

教師，先生，教員といった表現は，職業としては概ねどれも同じ意味です．職業についての質問に対してこのように異なる表現で回答が得られたとしてもこれらは教員という 1 つのカテゴリーにまとめることができます．社会調査においては，このように調査対象者の回答についてのさまざまな文字表現をいくつかのカテゴリーにまとめた上で，各カテゴリーにどのような**記号**（**code**）を与えるかを決め，実際に得られる個々の回答に当該記号を与える作業を**コーディング**（あるいは**コード化**，**coding**）とよんでいます．

参考23.1

コーディングの三段階

1. 調査対象者が文字によって表現する回答をいくつかのカテゴリーに分類する．
2. 分類したカテゴリーに対して一定の記号（code）を与える．
3. 個々の回答を所定の記号で表現する（コード化）．

各カテゴリーに与えられる記号は，多くの質問紙調査においては，事後の統計分析に配慮して数字が利用されます．ゆえに，質問紙調査におけるコーディングは非数値的情報を数値化する作業であるといってもそれほどおかしくはありません．また，ほとんどの質問紙調査の場合は，得られる文字表現全体を，所定の 1 つの記号に置きかえる（記号化する）ことになります．例えば，「将来希望する職業について自由に述べてください」という質問に対して「勤め人ではなく，好きな小説を自由に書いて生きていければいいなと思っています」という一文が得られたとしても，自由業や作家などと同じカテゴリーに含めた上で，5 や 6 といった数値がその回答に対して与えられるわけです．

一方，エスノグラフィーを通じて記録されたフィールドノーツの文字表現を意味のある単位に断片化して，カテゴリーにまとめて整理する場面でもコーディングという表現が用いられることもあります．この際，まとめられたカテゴリーに対して名称が付与されます．

質問紙調査においては，コーディングの多くは調査対象者の回答に対してなされます．一方，エスノグラフィーにおいては，調査者の観察記録，インフォーマントの日記といったフィールドノーツもコーディングの対象です．なお，質問紙調査においても調査員がメタデータとして調査の実施の状況（調査実施日時や訪問場所の特徴等）を記録することがあります．考えようによっては，これも一種のフィールドノーツです．質問紙調査においてもフィールドノーツのコーディングは，おこりうることと言えます．

23.2　アフターコーディングとプレコーディング

質問紙調査における**自由回答法**（open-ended question, open question）における**アフターコーディング**（after-coding）は，調査の終了後に回答内容をコード化していきます．一方，**選択肢型質問**（closed question）では，予想される回答内容を分類しておき，その分類についての記号を定める作業（**プレコーディング**，pre-coding）は，調査の前にあらかじめ済ませておくことになります．もっとも選択肢型の質問でも用意された選択肢を選ばずに記述的な回答がなされることがあります．そのような場合は，選択肢型質問でもアフターコーディングが実施されます．

(1) 自由回答法におけるアフターコーディングの特徴

質問紙調査における**自由回答法**では，質問文は定型化されていますが，選択肢などを事前に用意せず，文字通り自由に回答を述べてもらいます．そのため，自由回答法は，記録が的確であれば，微妙なニュアンスも含めて知ることができるので，選択肢の想定範囲があまりにも広く，全てをカバーすることができないような場合に用いることができます．例えば，「日本人の国民性調査」では，「一番大切なもの」は自由回答法で尋ねています（⇒第 10 章図 10.3）．

例 23.1　「日本人の国民性調査」#2.7 一番大切なもの

あなたにとって一番大切と思うものはなんですか．一つだけあげてください？ （なんでもかまいません）

出典：統計数理研究所「日本人の国民性調査」

この質問では，自由，家族，お金，生命のように答える人によって回答の方向性が多岐にわたるわけですが，アフターコーディングを前提とした自由回答であれば選択肢にしばられることなく幅広くカバーできます．

また，「世帯人数」の質問のように簡単に数字で答えることができて，かつ回答にブレがないと思われる場合には，自由回答法を使うとよいでしょう．一方で，次のような短所があります．

第 1 に，分析するためには，「教師」「教員」「先生」のようにほぼ同一の概念に対して多様な表現が用いられる場合，1 つのカテゴリーに集約する作業が必要です．つまり，「家族」「family」「家庭」といったものを同じカテゴリーにするかどうかを判断する労力が必要になります．またその際，「家族とイエ」や「いのちと生命」のような語句がもつ微妙なニュアンスを捨ててしまうかもしれません．

第 2 に，数字で回答するような場合でもうまくいかないことがあります．特に，こちらの意図通りに回答するようにサポートすることができない自記式調査で生じます．例えば，「あなたは，平均すると週に何日働いていますか」（[平成 24 年度市民意識調査]「高槻市と関西大学による高槻市民郵送調査」の Q64）という質問では，0 ～ 7 の数値での回答がなされることを期待していたわけですが実際には，1 か月の勤務日数と勘違いした回答が見られました．このような場合は，アフターコーディングの一環として 4 で割って 1 週間あたりに換算した数値を推定せざるを得ません．

また「あなたは，現在のお住まいに何年住んでいますか」「あなたの片道の通勤時間は何分ですか」のような質問であれば問題がないように思えますが，これも問題があります．居住期間であれば，1 年や 2 年のような期間までは細かい回答が得られるものの，10 年以上の長期になると，11 年や 12 年といった数字ではなく，10 年や 20 年といったキリの良い数字が多めに出る傾向が見られます．ある程度大きな数字になると丸めて回答する人が多くなるためと考えられます．通勤時間の質問についても同様で 30 分，1 時間といった丸めた回答が生じやすいのですが，さらに「長時間」「曜日による」のような数値的でない記述がどうしても生じてしまいます．

第 3 に，語彙力や文章をまとめる能力の影響があります．調査対象者においては，回答の差異があったとしても，語彙力や文章の能力の差によって生じているだけで，意見や意識の差によって生じているわけではない場合があります．面接調査の調査員の場合は，回答を的確に記録するため，高い能力が必要になります．処理も煩雑ですので，回答を聞いた場面で適切な語彙と漢字を導き出せる理解力および国語力が必要になります．

第４に，期待した次元で回答が得られるとは限りません．例えば「あなたがなれるとうれしい職業は何ですか？」といった質問をしたとします．野球選手や歌手といった回答ではなく，勇者や賢者，神様のような回答が出てくるかもしれません．

上記のような自由回答法の４つの短所は，アフターコーディングの作業を困難にするため，そのままアフターコーディングの短所となります．

(2) プレコーディング（＝選択肢法の採用）の特徴

プレコーディングとは，質問紙調査の選択肢法を採用することと実質的に同義です．そのため，選択肢法を採用することの特徴＝プレコーディングの特徴と言えます．

選択肢法の場合，他記式調査でも調査員が回答を記録する上で特別に高い能力は必要になりません．自記式調査でも，調査対象者が記録したものを処理するのも簡単です．こういった長所がある一方で，微妙なニュアンスを反映できないという短所があります．回答として適した選択肢がなくても無理やり選んでしまうため，情報が埋もれてしまう恐れもあります．

選択肢法にもいくつかのパターンがあります．

１つは，選択肢から回答を「１つだけ」選ぶ**単一回答（単項回答，Single Answer, SA）**です．事後的な集計処理もしやすいのでよく使われます．程度表現を用いるような尺度形式の質問文では，必ず単一回答の形式になります．

もう１つは，**複数回答（多項回答，Multiple Answer, MA）**です．文字通り選択肢から複数の回答を選ぶことができるのですが，「３つまで」「３つ」「いくつでも」など数の指定の仕方は色々です．「１位，２位，３位」をそれぞれ選ぶというものもあるでしょう．

● 「３つまで」「３つ」のように数が限定されている場合

自記式では指定した数を守ってくれないことがあります．

● 「いくつでも」のように無制限に選択できる場合

処理しやすく解釈もしやすいのですが，人による差があらわれにくいことがあります．

● 「１位，２位，３位」のような順位をつける場合

回答する方もよく考えねばならず，複雑な分析をするときに解釈が大変です．

(3) 現実的なコーディング

可能な限りプレコーディングを行い，選択肢法の質問を採用します．プレコーディングが難しい場合は，選択肢以外の回答について「その他」として記録できるようにします．かつ「その他」の隣に具体的な記述を記録できるような欄を用意しておきます．ただし，明示的に「その他」の選択肢を用意すると，安易に選ばれてしまう恐れがありますので，他記式調査の場合はカードに用意するかどうか，自記式調査の場合は選択肢に「その他」を用意するかどうかを慎重に検討する必要があります．ただし，複数回答が可能な質問では必ず「その他」か「特になし」が必要です．

(3)- 1. 例：職業を尋ねる質問

職業を尋ねる質問の場合は，比較の対象としたい既存の調査の選択肢や，標準的な選択肢を利用すると便利です．しかし，どのような選択肢を用いても全ての職業をカバーすることは困難ですので，選択肢として「その他」カテゴリーを採用することが多くなります．

ただし，職業が調査全体の中心的主題である場合や優れたコーダー（コーディングを行う人）がいる場合は，自由回答法を用いるのも 1 つの方法です．アフターコーディングでは日本標準職業分類（平成 21 年 12 月統計基準設定）のような基準確認が重要です．

(3)-2. 例：宗教や支持政党を尋ねる質問

事前の知識に基づいてある程度の選択肢を用意することができます．しかし，国・地域によって事情はありますが，プレコーディングで想定されるすべての宗教や政党を網羅することは通常できません．選択肢としても適切な数に抑える必要があるので，「その他」が不可欠です．

(4) 選択肢法におけるアフターコーディング

選択肢法の質問でもアフターコーディングが必要な場合があります．

(4)-1. 自記式の調査において，意図せざる回答をしている場合

その他欄に特定の回答の記入が多いような場合は，事前に用意した選択肢が十分でなかったわけですから，新しいカテゴリーとしてまとめて集計すること

も考えられます．支持政党の質問においてできたばかりの新党が支持を急拡大させた場合などが該当する可能性があります．

(4)-2．他記式の調査でも，調査員が不適切な記録を行った場合や但し書きを残した場合

賛成か反対を選ぶような質問で，「賛成」を選んでいると記録されている場合であるが，よく読むと但し書きとして「〜であれば賛成」のような記述があり，かつ条件としている内容が現実には起こりえないような事柄（例えば個人的に1億円もらえるのならば増税に賛成）であるため，実質的には反対を意味する記述が書かれていると考えられる場合は「反対」に修正する必要があります．

(4)-3．「その他」記入欄の内容をよく読むと，用意した回答のいずれかに当てはめてもよいと判断できる場合

職業の質問で無職を選ばずに，その他を選び，記述欄に「ニート」と書かれているような場合は，無職に該当します．

23.3　コーディングの留意点

コーディングの三段階（参考 23.1）にそって，コーディングの留意点を述べます．

(1) 分類カテゴリーの設定

分類カテゴリーの設定については，3つの点に留意する必要があります．

1. 使用するカテゴリーが，生じうる回答の全範囲をカバーするようにする必要があります．選択肢法の質問においてプレコーディングだけでは十分に対応できない場合，「その他」を使うと全範囲を必ずカバーすることができます．ただし，安易に「その他」が選ばれる恐れもありますので，使い方には注意が必要です．

参考23.2

日本標準職業分類（大分類）

A — 管理的職業従事者
B — 専門的・技術的職業従事者
C — 事務従事者
D — 販売従事者
E — サービス職業従事者
F — 保安職業従事者
G — 農林漁業従事者
H — 生産工程従事者
I — 輸送・機械運転従事者
J — 建設・採掘従事者
K — 運搬・清掃・包装等従事者
L — 分類不能の職業

出典：総務省「日本標準職業分類」（平成 21 年 12 月統計基準設定）

2. カテゴリーの区別を明確にする必要があります．各カテゴリー同士は，排反な事象となるのが望ましいのです．
3. カテゴリーの数は，多すぎないように，少なすぎないようにする必要があります．

これらの留意点とは別に，過去の優れた調査で用いられた類似の分類を利用する，あるいは，標準的な分類に従うというのも良い方法です．その場合は，調査結果の比較が可能になります．例えば，職業であれば日本標準職業分類（総務省統計局「統計法に基づく統計基準」）が定められています（1960年3月に設定されたものですが，2009年までに5回の改定がなされています[1]．総務省のページで最新の情報を確認する必要があります）．

また，アフターコーディングなどの場面では，度数の多い順に分類カテゴリーを考える場合もあります．宗教や政党などがよい例です．調査を実施する国・地域・時代によって分類カテゴリーが異なります．

(2) コードの決定

(2)-1．数字を利用する．

調査対象者に提示する記号としてアルファベットやカタカナを用いることはありますが，多くの場合データ入力においては数字を用いることが普通です．ソフトウェアの仕様にもよりますが，処理が楽になります．

(2)-2．2桁以上の数値でも構わない．　例）地域分類

総務省が定める全国地方公共団体コードは，標準的な地域の分類コードとしてよく用いられます．特に利用するのが，「都道府県コード及び市区町村コード」です．各都道府県に01北海道～47沖縄県のような数字を与えて利用します．

(3) 回答のコード化

(3)-1．プレコーディングの場合

単純明快な選択肢を用意するのが基本です．面接調査の場合には，あらゆる回答パターンを想定し，中間的な回答や曖昧な回答に対する処理方法をあらか

1　1970年3月（第1回改定），1979年12月（第2回改定），1986年6月（第3回改定），1997年12月（第4回改定），2009年12月（第5回改定）．

じめ指示しておくことも重要です．例えば，アメリカ合衆国への訪問の有無を尋ねるような質問の場合，ハワイやグアムでも構わないのか，返還前の沖縄をどのように解釈するのかなどの方針を決めておくことが必要になります．

(3)-2. アフターコーディングの場合

コーディングを行う人，すなわち**コーダーによる変動**（coder variance）を小さくする必要があります．そのため，**コーディングの手引き**（**コードガイド，コードブック，codebook**）を作成したり，コンピュータを利用してできるだけコーディングを自動化したりします．

23.4　複数回答の質問文におけるデータの整理

プレコーディングの中でも複数回答を認める選択肢法の質問文においては，単一回答の質問文の場合と異なる注意事項があります．

第１に，郵送調査等の自記式調査において「その他」や「特になし」といった選択肢を明示的に用意する必要があります．もちろん面接調査や電話調査でも「その他」「DK」は用意されますが，調査対象者に選択肢として提示されないのが普通です．しかし，自記式の場合には，「次のうち該当するものをすべて選んでください」という複数回答を認める質問において，何も記述されていなかった場合，与えられた選択肢の中には該当するものがどれもなかったのか，単に答えたくなくて，その質問に対する回答をとばしたのか（＝無回答）を区別することができません．

第２に，回答の入力処理方法です．同居人の選択肢について，事前には，「1 配偶者　2　子供　3 親……」のような形でコードが用意されている場合であっても，実際のデータ入力にあたっては，質問文１つに変数１つを用意するのではなく，各選択肢それぞれを変数として，それぞれ入力セルを用意し，「1 選択」「0 非選択」の形でデータを入力しなくてはなりません．回答のパターンは２の〈選択肢の数〉乗の数だけ生じるからです．また，この際，選択した個数の変数も用意しておくと後の確認や分析では便利です．

第３に，指定した個数を超えて回答が選択されている場合が発生することです．これについては，いくつかのやり方が考えられます．例えば，「2 つ以下のマルをすべき時に３つマルがある場合」を例にとって考えます．

(1) ランダムに選んで 2 つにしぼる.

3 つマルをした人が 9 人いて，その回答者達が選択した選択肢 1，2，3 の件数がそれぞれ 9 件ずつだった場合，2 つにしぼると，それぞれ 6 件ずつになったとします．それは指定したマルの個数を反映していますが，4 つ，5 つ，6 つと様々な個数でマルされていると，同様の方法で 2 つにしぼるのは複雑ですし，偶然に左右される事後処理によって集計結果が変動することになります．

(2) 1 つのマルを 2/3 のマルと考える.

本来 2 つにしぼるべきところをしぼっていないので，集計にあたって 2/3 を乗じた重みを与える方法です．調査対象者の意図を丁寧に反映させた方法といえます．ただ単純集計であれば，［規定の個数／実際の個数］を乗じて集計できますが，それ以上の分析になると複雑です．また小数点以下の選択個数が生じるので説明が面倒です．

(3) 無効とし，無回答と同様に扱う.

最も手軽な処理です．また指定した回答方法ではないという理由で無効にすることは理論上間違ってはいません．しかし選択肢が 10 数個あるような場合に 3 つ以内のような指定をした場合は，大量の無効回答が生じてしまうことがあります．このような無効回答を欠損値として扱われ事後的な分析によって補定が試みられるようであれば，結局（1）や（2）のやり方とそれほど変わりません．

いずれにせよ複数回答質問については，回答した個数を集計する変数を用意しておくのがよいと思います．指定した個数を超えて回答が選択されている場合も一気に無回答扱いするのではなく，選択した個数の変数を作成し，それを利用して指定した個数を超えて回答が選択されているものを無回答扱いに変換という二段階の手順をたどるのがよいでしょう．

結局どのやり方にも限界がありますので，そもそも個数を指定する質問文をできるだけ利用しないようにするのが上策といえます．

23.5　データの入力と点検

調査実施と同時に自動的にデータが入力される CAI の場合を除き，PAPI の場合コーディングルールが定まったらデータを入力することになります．

(1) データ入力の注意点

数字は半角（0123456789）で入力し，全角（１２３４５６７８９）では入力しないようにします．分析で使用するのは変数名とデータだけなので，不要な記述を混ぜない方が良いのですが，事後的にデータを修正する際に参考になる情報もあります．すぐに入力の是非が判断できないような場合は，とりあえず忠実に入力するのも方法です．

データ入力が終わったらそれで終わりではありません．必ず点検が必要になります．以前は二人一組になって読み合わせることが多かったのですが，音声機能のついているソフトウェアにデータを入力しておけば，1人で点検することも可能です．Excel にも音声機能はついています．

(2) エディティング（editing）とデータクリーニング（data cleaning）

日本の社会調査においては，データ入力時の点検作業を**エディティング（editing）**と呼び，一通りの入力作業が終わった後に論理不整合を中心とするデータファイルの点検作業を**データクリーニング（data cleaning）**と呼んで区別している傾向がありますが，海外の文献では，データクリーニングのこともエディティング（editing）と呼んでいます（例えば，Groves et al. 2004）．コンピュータ支援の利用が進展すると両者の区別の実質的な意義は低下しますので，あまり気にする必要はありません．

典型的なデータクリーニングの手順は，全ての質問についての度数分布表を作成し，不自然なものがないか確認することから始まります．例えば，例 23.1（架空例）のような集計結果が生じた場合は，0と3は，入力ミスの可能性があるので原票に戻って確認を行うのが普通です．

例 23.1　よくある例

カテゴリー		度数
0		1人→？
1	男性	115人
2	女性	300人
3		2人→？
9	無回答	2人
合計		420人

さらに，論理的な矛盾がないかクロス表でチェックします．

表 23.1　サークルやクラブに所属していますか？

	はい	いいえ
演劇部に所属している	10	1
演劇部に所属していない	490	349

表 23.1（架空例）の場合は，演劇部に所属している人は，サークルやクラブに所属していますかという質問に対しては必ず「はい」のはずですので，1 は入力ミスか，回答者の勘違いなのか何らかの原因があるはずです．このような場合は，データを修正する必要があります．

(3) インターネット調査において生じる問題

事前に登録されているアクセスパネルから調査対象者を抽出する方式のウェブ調査の場合，時々回答時間が極端に短い回答者がいます．回答パターンもほとんど同じ数字であり，真面目に回答しているとは思えないケースがあります．このような回答者は**スピーダー**（speeder）と呼ばれます．集計や分析の際に含めるのは適切ではないので，無効票として分析用のデータから除外します．

短時間で回答を完了させなくとも，調査の質問を読んだり答えたりする労力を割かない人々―**満足者**（satisficer）―の存在は集計結果に悪い影響を与えます．このような行動について**最小限化**（satisficing）という表現が使われることもあります．

(4) 無回答を分析にあたってどのようにとりあつかうか

質問により異なりますが，無回答はなかなかゼロにはできません．各質問において生じる無回答は分析にあたってどのように扱うべきでしょうか．

(4)-1．対策 1：欠損値として削除

単純集計やクロス集計だけであれば，「無回答」もそれほど問題ではありませんが，無回答を含めたままでは，統計量を計算することができないことがほとんどです．そのため，「無回答」や「わからない」などを欠損値として処理し，分析の対象から除外することは，ある程度分析上やむを得ないとも言えます．

ただし，「無回答」や「わからない」の全体に占める割合が大きい場合や何らかの偏りがある場合には，分析全体に影響しますので，欠損値としてそれらを削除するにあたっては慎重な配慮をする必要があります．

(4)-2. 対策 2：再コード化

再コード化は，理論的根拠が明確であればカテゴリーの併合によって実用できる方法です．例えば，次のように１～４のコードが用意されているとき，次の２つのコードに書き換えることが考えられます．

例 23.2　今の内閣を支持するか

1. 今の内閣を支持する.
2. 今の内閣を支持しない.
3. わからない.
4. 無回答

（1）今の内閣の支持を明言した.　　　　←もとのコード１に対応.
（2）（1）以外.　　　　　　　　　　　←もとのコード２～４に対応.

ここでは，支持を明言したかどうかが分析上重要であることが前提となっています．

(4)-3. 対策 3：欠損値の補定

欠損パターンを分析することによって，欠損値を推定する統計的な方法として**平均値補定（mean value imputation）**や**回帰補定（regression imputation）**などの単一代入法，さらには複数の補定データセットを用意してその解析結果を統合する**多重代入法（multiple imputation）**があります．ただし，これらの方法が適切かどうかは議論があります．

第 24 章
海外調査事情と国際比較調査

24.1 海外における社会調査

日本では，選挙人名簿抄本や住民基本台帳の一部の写しを閲覧して，調査対象者を標本抽出することができますが，日本や北欧の一部の国を除くと，多くの国では，このように整備された抽出台帳を標本抽出枠として利用することができません．そのため海外における社会調査では，抽出台帳に頼らないサンプリングの方法を用いることになります．**割当抽出**（quota sampling）や**ランダムルートサンプリング**（random route sampling）は，その例です．

割当抽出は，回収標本において母集団における性，年齢等の構成比を保たれるように対象者を集める方法のことです（⇒第 15 章）．この方法は，理論的には割当の基準枠として利用した属性については，偏りをなくすことができますが，割当の基準枠として利用していない変数については，偏りが残る可能性を排除できません．

ランダムルートサンプリング（⇒第 19 章）は，決まった道順に沿って等間隔に世帯を選ぶなどしてできるだけ無作為になるように世帯などを抽出する方法です（Hoffmeyer-Zlotnik 2003）．この方法の場合，世帯を抽出後，さらに誕生日法などを用いて世帯内から個人を抽出する必要から，調査対象者個人の抽出確率が，一定にならないという問題がありました（⇒第 19 章）．

例外的に，ミシガン大学にある**社会調査研究所**（ISR，Institute for Social Research）内の SRO（Survey Research Operation）など一部の調査機関は，全米規模の抽出地点であらかじめ世帯の住所リストを作成するという方法を用いて，上記のような問題の生じない確率標本を用いることを可能にしています．統計学的には厳格な手続きを実現できるのですが，面接調査の費用としては非常に高額なものにならざるを得ないという問題があります．

24.2　海外の継続調査の事例

海外においても調査研究の発展を支えてきたものとして，継続調査の存在があげられます．まずは事例として，地域調査・全国調査・パネル調査に分けて，著名なものに絞って簡単に紹介しておきます．

(1) 地域調査の例：Detroit Area Study（1951 ～ 2004 年）

デトロイトエリアスタディー（Detroit Area Study）は，1951 年以降ほぼ毎年のようにミシガン大学がデトロイト都心部住民を対象に対面式で実施してきた地域調査です．エリアサンプリングを用いた標本調査として継続的に実施されてきたのですが，2004 年を最後に終了してしまいました．回収率が年々下がり続けたことが背景にあるといわれています．

(2) 全国調査の例

(2)-1．American National Election Studies（ANES）

American National Election Studies（ANES）は，1948 年以降継続的に実施されている選挙に関する面接調査です．長期にわたり，米国国立科学財団（National Science Foundation，NSF）の支援を受けて実施されています．

(2)-2．GSS（General Social Survey）

General Social Survey（以下，GSS）は，社会指標運動を背景として 1972 年以降毎年または隔年のペースで継続的に実施されている一般社会調査です．シカゴ大学の National Opinion Research Center（NORC）が調査実施の中心的主体です．日本の JGSS の発足にも影響を与えました．

(3) パネル調査の例：Panel Study of Income Dynamics（PSID）

Panel Study of Income Dynamics（PSID）は，1968 年に米国内の約 5000 世帯の家族に含まれる 1 万 8000 人以上の個人を標本として実施された調査から始まっています．その後，当初の調査世帯に生まれた個人なども標本に追加することで，7 万人近い個人を標本とするパネル調査として継続的に実施されています．ANES 同様，NSF の支援を受けている調査です．

24.3　国際比較調査の考え方

国際比較調査も実施されています．しかし，意味のある国際比較ができるかどうかは少し難しい問題があります．例えば，調査結果に基づいて異なる通貨を用いるA国とB国の平均所得を比較しようとした場合，単純為替レートで単位を揃えたとしても，十分に現実を表した比較ができるとは限らないからです．そのため経済学ではジニ係数や購買力平価などの補助的手段を用意しています．

しかし，意識に関わる調査は，金額で表現される経済事象よりも一層比較するのが困難です．意識項目は，為替レートのような換算する目安があるわけではありませんし，「～に対する信頼」といった場合に，全ての国や地域で信頼する対象のおかれる文脈や意味が同一であることは保証されていません．国や地域によって異なる可能性があります．さらに，調査対象とする国や地域が異なれば，**構成概念の偏り**（construct bias や concept bias）が生じうるからです（Van de Vijver & Leung 2003；Harkness, Mohler & Van De Vijver 2003）．

異なる言語間での比較では，翻訳前と翻訳後で内容が同一であること（**翻訳等価性**）も保証されるとは限りません．そのため，多くの国際比較調査では，一度翻訳したものを元の言語に翻訳しなおす**バックトランスレーション**（**back translation**）によって可能な限り翻訳等価性を担保しようとしていますが，異なる言語間では 1 対 1 対応していない言葉も珍しくないからです．例えば，「社会調査」という単語は，social survey とも social research とも訳されますが，どちらに訳すかによって意味する範囲は大きく異なります．すでに扱ったように「インタビュー」という日本語と interview という英語でも意味する範囲は大きく異なっているのです．

同じ事柄を指していても社会的文脈によってとらえられ方が異なることにも注意が必要です．経験的に日本の調査では，大卒の学歴は，在学中も中退も卒業に含めて処理することが多いように思われますが，米国の調査会社からは大学中退と大学卒業を区別することを標準的な方法として提案を受け，実際そのようにしたことがあります（その結果，中退 28%，卒業 23%）．受験勉強が競争的な一方中退率が低い日本と，中退率が高い米国では，中退や卒業のニュアンスが異なるものと考えられます．

このように考えると，文化間で異なる概念を測定するような場合には，比較そのものが簡単に成り立ちません.

そのため，国際比較では，何らかの形で統制された比較や工夫をした分析が推奨されます．いくつか国際比較の考え方を紹介しておきます.

(1) 比較可能性の確認

ある事象の水準を比較するような場合には．測定の対象となるものの構造が同値であることや，測定された得点や水準が異なる文化間でも直接比較できるという前提を確認します（Van de Vijer 2003).

(2) 構造分析と単純集計の相補的な活用

構造分析の結果から大局を把握し，その上で，単純集計から有益な知見を得るということを行います（林 2001；林・山岡 2002).

(3) 文化の連鎖的調査分析

多くの点で異なる文化圏を直接比較することは難しいので，違いが限られた意味のある比較を連鎖のように徐々につなげる「比較の環」によって，グローバルな比較の実現を目指すものが，**文化の連鎖的調査分析（Cultural Linkage Analysis, CLA）**です（林・鈴木 1997；吉野 2005)．意味のある比較を連鎖のように徐々につなげる「比較の環」によって，直接的には意味のある比較ができなくても，間接的に意味のある比較を実現させることにより，グローバルな比較の実現を目指すというアプローチです.

このCLAの考え方を空間だけでなく時系列，項目等にも拡張させた比較の方法で，時系列，空間，項目による階層構造を得ることによって全体の傾向を把握することを目指すものとして提唱されているのが**文化多様体解析（Cultural Manifold Analysis, CULMAN）**です（吉野 2005).

24.4　国際比較調査の実際例

(1) 国際社会調査プログラム

国際社会調査プログラム（International Social Survey Programme, ISSP）は，1985年から西ドイツ・米国・イギリス・オーストラリアの4か国を中心に実施されていた調査でしたが，2014年には49か国も参加するようになっています．米国のGSSは，第1回の1985年以降加入し，その一部を国際比較調査として機能するようにしています．日本では，1993 年以降 NHK 放送文化研究所が参加しています．

(2) 世界価値観調査

世界価値観調査（World Values Survey, WVS）は，ヨーロッパの統合の課題に対する関心に源流をもつヨーロッパ価値観調査（European Values Study）が拡大・発展した経緯がありますが（真鍋 2010），現在では米国のミシガン大学のロナルド・イングルハート（Ronald Inglehart）らを中心に実施される国際比較調査としてよく知られています．第 1 回の調査（1981 ～ 84 年）以降，継続して実施されています．近年では，第 6 回が 2010 ～ 14 年に，第 7 回が 2017 ～ 20 年に実施されています．

(3) 意識の国際比較調査

1953 年以来，5 年ごとに統計数理研究所で実施されてきた「日本人の国民性」調査は，1971 年頃から国際比較調査へと拡張されてきました．

初期の調査としては，日系人についての調査の他に，日米欧 7 か国比較調査（1985 ～ 93）などがあります．2000 年以降に実施されたものとしては，(1) 東アジア価値観国際比較調査（2002 ～ 05 年度），(2) 環太平洋価値観国際比較調査（2004 ～ 09 年度），(3) アジア・太平洋価値観国際比較調査（2010 ～ 14 年度）の 3 つが印象的です．この 3 つの調査プロジェクトは，実施時期が異なるものの，日本，北京，上海，香港，台湾，韓国，シンガポールの 7 つの国・地域を調査範囲に含んでいる点で共通しています．環太平洋価値観国際比較調査とアジア・太平洋価値観国際比較調査においては，米国，オーストラリア，インドの 3 か国も調査範囲に含んでいます．

この一連の国際比較調査は，ISSP や WVS と同様，横断的な国際比較分析だけでなく，異なる時点間の調査として縦断的に分析することも可能となっています．ただし，ISSP や WVS と異なり，日本国内の調査を起点として国際比較調査に拡大したプロジェクトです．そのため，国際比較を通じて日本人の意識を明らかにすることにより強く力点がおかれているのは特徴的といえます．

第25章
社会調査の課題，調査倫理と法

25.1　社会調査の課題

(1) 調査を装って調査以外のことを行う行為

社会調査を取り巻く問題として，調査を装って行う資金調達，販売あるいは勧誘といったことがあげられます．例えば，街角などでアンケートであると称して質問をしてくるわけですが，最後の質問で宗教団体の勧誘まがいの内容が用意されているということがあります．それは調査とは呼べないものです．

またすでに述べたように，社会調査のように見えても社会調査と呼べないケースとして，米国の選挙戦で見られた**プッシュ・ポール（push poll）**と呼ばれる現象がありました（⇒第3章）．これは，「候補者Xが，児童虐待の罪に問われていることを知っていますか」といった質問を選挙戦の最中に尋ねてくる電話があるのですが，候補者Xの信用を落とす目的でガセ情報を流し，あわよくば自陣営のYに投票を勧誘するための「調査のフリ」だったというものでした（Groves et al. 2004）．

このように調査を装って調査以外のことを行う行為は，社会調査全体に対する信頼を損ないかねません．憂慮すべき問題と言えます．

(2) 調査において不適切な手続きを含める行為

「社会調査のフリ」は論外ですが，社会調査として不正な行為があると，当該調査の結果の正当性が失われるだけでなく，社会調査全体に対する信頼が失われかねません．代表的な不正行為としては，**捏造**（ねつぞう）・**改竄**（かいざん）・**剽窃**（ひょうせつ）があげられます（表25.1）．

このうち，1番目の**捏造（fabrication）**とは，データや結果を作り上げ，それらを記録することや報告することを意味します．日本語では，**メイキング**というカタカナ言葉で表現されることもあります．

2020年6月19日，フジテレビと産経新聞社がグループで行っていた合同の世論調査において，実際にはない架空の回答が含まれるという不正が見つかっ

参考25.1

世論調査における不適切なデータの扱いについて（声明）

一部報道機関にかかわる世論調査で，不適切なデータの処理が明らかになりました．日本世論調査協会として，強く遺憾の意を表明します．

様々な場面で世論を把握し公表することは，民主主義の維持発展にとってきわめて重要であると考えます．そして，世論調査は，正確さを保証するために，想像以上の労力と適切な費用の支出によって支えられています．近年は様々な事情により，世論調査の省力化・経費節減への要求が出ていますが，世論調査の品質を損なわないためには，調査者の節度が不可欠です．この節度が働かなくなれば，調査の企画，実施，さらにはデータの解釈など，各面で問題を生じ，科学的でない不適切なデータを世論として示すことになります．それは社会全体に誤解を与え，民意を誤った方向に導くことにもつながりかねません．

今日の世論調査は，被調査者への接触がますます困難になるなど，様々な課題を抱えています．その中で，世論調査に携わる者は，常に安易な妥協や誘惑と戦い，克服していかなければなりません．本協会は，世論調査にかかわり，本協会に加盟するすべての団体や研究者とともに，世論調査の信頼性を確保するために細心の注意を払い，日々研さんに努めております．

科学的な世論調査とは言えない不正確なデータを世論として安易に世に示すようなことは，許されることではありません．

本協会は今後とも，世論調査の信頼性を維持するとともに，国民の皆様から一層の理解を得られるよう，加盟会員とともに努力を続けてまいります．

2020 年 6 月 25 日
公益財団法人日本世論調査協会

出典：公益財団法人日本世論調査協会（http://japor.or.jp/）

たと発表しました．報道によれば，この不正は 2019 年 5 月から 20 年 5 月までの世論調査計 14 回で見つかったとのことです．実際には存在しないのに架空の回答を記録・報告しているので，これはまさしく捏造にあたります．この事件は，調査業務を委託されていた A 社の再委託先の B 社において発生したものですが，公益財団法人日本世論調査協会は，この件に関して「世論調査における不適切なデータの扱いについて」という声明を出しています．重要な声明ですので引用しておきます．

2 番目の**改竄**（falsification）とは，調査の資料，設備，過程を操作，結果を変更あるいは削除することで調査記録に不正確な表示をすることです．

2018 年 12 月，厚生労働省が行っている「毎月勤労統計調査」に関する統

表 25.1　代表的な不正行為

用語	定義
捏造（ねつぞう）	データや結果を作り上げ，それらを記録あるいは報告すること．
改竄（かいざん）（改ざん）	調査の資料，設備，過程を操作，結果を変更あるいは削除することで調査記録に正確ではない表示を行うこと．
剽窃（ひょうせつ）	知的財産の窃盗と横領，および実質的に出所不明の形で他人の業績を丸写しすることの両方を指す．秘密情報の無断使用を含むが，著者やクレジットの表示のあるものは含まない．

出典：Groves et al. 2004：347, Table 11.1

計不正の問題が発覚しました．この調査では本来従業員 500 人以上の事業所では全数調査することになっていたのですが，2004 年から東京都分に関して実際には約 3 分の 1 の抽出調査にしていたこと，さらに抽出調査の数値を全数調査の場合の数字に近づける復元処理もしていなかったため平均賃金が低くなっていたことが問題となりました．調査の過程を操作することで結果を不正確に表示していたわけですから，改竄の事例に該当します．この問題では，さらに平均賃金が低めに出たということで，本来であれば雇用保険や労災保険などで支払われるべき給付が，564 億円ほど少なく支払われていたという政策上の問題まで生じていましたので，社会に与える影響は相当なものでした．

「毎月勤労統計調査」に生じた問題は，調査の過程の変更により，調査の結果にまで影響を生じるものでした．この他に，調査結果自体の改竄とは言えないまでも，手続きの表示の仕方として不適切な処理は社会調査には起こりえます．例えば，回答者を任意に選んだ有意抽出や自発的に調査協力した回答者で構成される応募法による調査結果を，あたかも無作為抽出の調査結果であるかのように示すといった行為です．雑誌の読者アンケートの返送の場合を無作為抽出と取り違えることはないと思いますが，ウェブ調査における公募型のパネル標本に基づく回答者の場合は，パネルからの抽出プロセスがあるため代表性のある確率標本と誤解しやすい仕組みです．調査方法に無自覚な調査者の場合，意図的ではないので改竄とは言えないかもしれませんが，調査結果に偏りが多く含まれている可能性を考慮せずにウェブ調査の結果だけが堂々と公表される事例が散見されます．調査の過程をミスリードするという発生しやすい問題行為です．

3 番目の**剽窃（plagiarism）**とは，（表 25.1）知的財産の窃盗と横領，および実質的に出所不明の形で他人の業績を丸写しすることの両方を指します．秘密情報の無断使用も含みますが，著者やクレジットの表示のあるものは含みません．

(3) 研究上の倫理にかかわる参考事例

研究の倫理に関わる事例を2つほど取り上げ，現代における研究倫理についての取り組みを理解する上での一助とします．

(3)-1．梅毒に関するタスキギー研究

医学研究分野からの事例ですが，タスキギー研究（Tuskegee Study）において生じた倫理上の問題は，社会調査を実施する上でも示唆があると考えられますので，Groves et al.（2004）から引用しておきます．

参考25.2

アメリカ合衆国公衆衛生局（US Public Health Service）の後援により，タスキギー研究（Tuskegee Study）では，梅毒に罹った南部の貧しい黒人男性たちに，疾患の経過を追跡する継続的調査への参加を募集した．梅毒に有効な治療法がない時代に始まったこの調査は，ペニシリン発見後も被験者に新しい有効な治療法の存在を伝えることなく，政府の科学者たちによって続けられた．事実，被験者たちは最初から欺かれていた．そして彼らは，治療されているよう信じ込まされていたが，実は治療されてはいなかったのである．

約600名の男性が選ばれたが，彼らのすべてが貧しいアフリカ系アメリカ人だった．この中で399名が梅毒に罹っており，彼らには単に「悪い血（bad blood）」と告げられただけだったが，それは現地の言葉では貧血症を意味していた．そして彼らの治療には偽薬が使われた．多くの人が失明し，発狂した人もいた．

アメリカ合衆国政府はこの研究における科学的な違法行為に対する責任を公式に認めることは無く，また1993年に至るまで被害者に謝罪することも無かったため，このタスキギー研究はアフリカ系アメリカ人の一部に，政府と医療機関に対する不信を生む主な原因となっている．

出典：Groves et al. 2004：351，筆者訳

いわゆるプラシーボ（偽薬）を用いた医学的な実験です．適切な治療を受けさせてもらえずに失明や発狂するなどとても耐えられるものではありません．

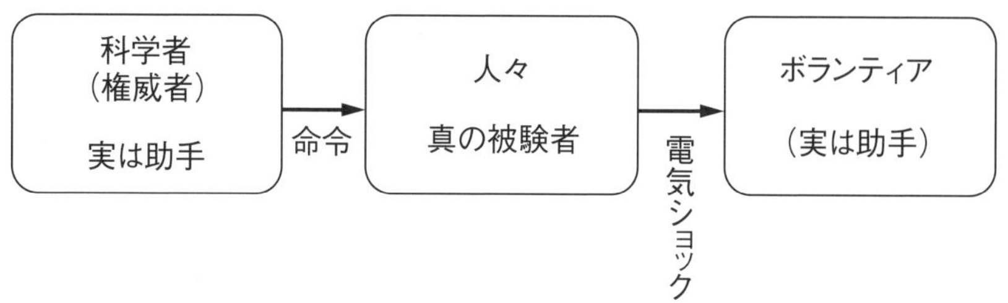

図 25.1　ミルグラム実験の関係性（筆者作成）

(3)-2. スタンレー・ミルグラム[1]の研究 (1963)

もう 1 つは，権威への服従を調査したスタンレー・ミルグラムの研究です．1974 年に刊行された『服従の心理』という著書でその成果がまとめられていることからもわかるように心理学的な実験です．実験者の名前をとってミルグラム実験とも呼ばれますが，ナチスドイツにおける将校の名前をとってアイヒマン実験とも呼ばれます．この実験の背景には，第二次世界大戦後，ナチスドイツによる虐殺などの実態が明らかになってきたということがあったからです．ナチスドイツの時代に，命令を受けた兵士は，上官の命令があったとはいえ，どうしてホロコーストのような残虐な行為を行うことができたのだろうかという問題提起があったのです．実験の手順と経緯は以下の通りです．図 25.1 は，関わった人々の関係図です．

①被験者に表向きは，電気ショックを使用して，ボランティアたちを指導する「科学者たち」の「協力者」として協力することを求めた．

②被験者は，受け手側の苦痛の叫び声が聞こえていたとしても，記憶力テストの解答が不正確である場合，「科学者」（実際にはミルグラムの研究助手）によって，与える電気ショックを増すよう指示された（もっとも電気ショックを受ける人もミルグラムのアシスタント）．

③実際には，電気ショックを誰も与えていなかったし，誰も受けていなかったが，この実験における真の被験者（他人に電気ショックを送っていると信じこまされている人々）は，想定上の権威者の指示によって，喜んで苦痛を負わせるように変化していった．

1　ミルグラムは，少数の知り合いから世界の知人のネットワークに繋がるという考えやソーシャル・ネットワーキング・サービスの発想の原点ともいえる実験，スモール・ワールド実験（1967）でも有名です．

(4) 研究倫理審査とインフォームド・コンセント

タスキギー研究もミルグラム実験も倫理面から批判を受けることになりました．特にミルグラム実験は，成果について賞賛もある一方で，批判も多く発生しました．現在においては，このような倫理面での批判が予見されるような研究については，安易に実践するのは難しくなっています．

この理由は2つあります．1つには，研究倫理審査の普及があげられます．上記のような倫理的に批判が生じそうな研究の対策として，それぞれの組織において，**研究倫理審査委員会（施設内審査委員会，IRB，Institutional Research Board）**が設置され，人を対象とする研究を審査．対象者の権利が適切に保護されているのかを判断する仕組みが広まっているからです．ただし，この仕組みは国によって異なっていますし，受け止め方も分野によって異なります．社会調査の実施にあたって研究倫理審査が常に必要かどうかは，まだ不透明な状況です．

もう1つの理由としては，**インフォームド・コンセント（informed consent）**が重要であるという考え方が定着したことです．もともとは医学の分野で発達した医者の患者に対する治療に際しての考え方ですが，調査などを行う場合にも，調査対象者に対して十分な説明をしたうえで相手の同意を得るという意味でこの言葉が用いられるようになっています．代表的なヒトを対象とする倫理的原理原則となっている**ベルモント・レポート（Belmont Report**，National Commission for the Protection of Human Subjects of Biomedical and Behavioral Research，1979）[2]では，被験者が関わるすべての研究の実施に合わせて，**善行（beneficence）**，**正義（justice）**，**人格の尊重（respect for persons）**の3つの原則を提唱しています．インフォームド・コンセントは，この「人格の尊重」に結びつけられています．

しかし，社会調査におけるインフォームド・コンセントの役割は単純ではありません．社会調査の実践場面において，あまり事前に調査の内容を詳しく説明しすぎると，調査として意味をなさないような場合も生じます．特に先入観などによって調査対象者の主観が変化することも大きいので，実験的な要素の強い調査においては，ある程度調査の趣旨を伝えることがあるとしても，細かい内容を伝えすぎると調査の意味を成さなくなることもあります．また，もし

2　タスキギー研究の発覚は，このレポートの成立の背景の1つです．

調査を始める前に調査項目の詳細を長々と説明してしまうと，実際の調査に要する時間以上の説明時間を費やしかねませんし，順序などに配慮して調査票を構成した努力も無駄になる可能性があります．

> 多くの生物学研究とは異なり，調査の品質は調査が達成する回答率に依存する．その結果，回答者の協力を得る必要性から，簡潔で人を引きつけるような調査の紹介が重視されるので，インフォームド・コンセントで必要とされるすべての要素を回答者全員に伝えることは困難となる．
> (Groves et al. 2004, ch11：354，訳書 2011：397)

25.2　よりよい社会調査を目指して—信頼の獲得・回復—

(1) 信頼の獲得と回復

情報化社会の進展によるプライバシー保護意識の高まりだけでなく，前節でみたような調査に関する不正や疑惑も生じています．そのため社会調査をめぐる環境は必ずしも良い方向に向かっているとはいえません．実際多くの社会調査において調査不能の増加傾向が生じ，伝統的な面接調査における回収率は低下傾向にあります(⇒第 10 章)[3]．代表性のある調査結果を得るのが難しくなってきているのです．回収率の向上は簡単ではありませんが，回収率の向上にむけて，社会調査そのものが社会から信頼を得る努力をする必要があります．

とはいえ，IRB やインフォームド・コンセントといった他の研究領域で有効な手段が，必ずしも社会調査でも有効な手段になるとは言い切れない状況です．社会調査は，社会調査としての社会的責任を地道に果たすしかありません．

そのためにはまず，社会調査としての妥当性を保つことです．それぞれの調査が実施される際に，本当に調査したい事柄を的確に調査しているのか．趣旨や目的に適っているのかしっかり確認する必要があります．社会調査と銘打ちながら，企画された調査の本来の目的を果たせず，調査する当事者自体が納得いかないような成果では，やはり社会からの期待にも応えたとは言えません．

次に，調査結果を社会に還元することです．市場調査などでは公表できない

3　面接調査等では，ラポールの構築も必要です（⇒第 7 章）．ただし，調査対象者との信頼関係を重視しすぎて，調査者と調査対象者が過度に一体化（同一化）すると調査としての客観性を損ないます．この問題は**オーバーラポール（over rapport）**の問題と表現されます．調査現場では，調査者と調査対象者の立場が同一にならないように適度なラポールの構築に努める必要があります．

場合もありますが，それらを除けば，結果を公表しても差し支えない社会調査が多いはずです．その際は単に調査結果を公表するというだけではなく，正しく公表するということが重要になります．これは倫理上の注意を怠らないということとも重なります．市場調査の場合は，企業秘密が理由で調査結果自体が公開できない事情があるかもしれません．しかし，その場合であっても製品開発や市場の開拓の形で活用されれば，調査も無駄ではありません．何らかの形で調査結果が社会に還元されるように努めるのが調査者の社会的責任といえます．

最後は，やはり倫理上の注意を怠らないことが重要になります．倫理上の注意については，次の項目で説明します．

(2) 倫理上の注意を怠らない

倫理上の注意は，すべてを網羅できるものではありませんが，ここでは「科学の追求」「人権の尊重」「法令の遵守」3つの観点から説明します．

(2)-1. 科学の追求

社会調査も科学である以上，社会調査の全過程（データ収集・処理・分析など）において相応の客観性が必要になります（⇒第3章）．

(2)-1a. 科学的な方法にする努力（標本抽出，母集団の設定，質問文の工夫）

社会調査において完全に科学的であるということは現実には難しい面もあります[4]．そのため，社会調査の客観性は，採用した方法が完全に科学的であるということまで要するものではありません．しかし標本抽出，母集団の設定，質問文の工夫といった各プロセスでより科学的な方法にする努力は必要です．

社会調査協会の倫理規程の第1条では，「社会調査は，常に科学的な手続きにのっとり，客観的に実施されなければならない．会員は，絶えず調査技術や作業の水準の向上に努めなければならない」とあります．また日本世論調査協会の倫理綱領においても，前文に「世論調査や市場調査は社会の成員が自由に選択し表明する意見や判断，事実等を科学的に調査し，その総和を社会の実態として把握するための方法である」，第1条に「調査は，正確を期するため正しい手続きと科学的な方法で実施する」と定められています．

4　誤差のない調査や100%の回収率というのは現実的ではありません．

(2)-1b．使用した方法の明示・公表（調査方法・母集団・時期など）

社会調査が客観的であるためには，当該社会調査において採用された方法が明示される必要があります．明示された社会調査の方法は，他人から批判を受けるような弱点があるからといって直ちに客観的とは言えないというわけではありませんが，ある程度批判に耐えられるようにしておく必要はあります．

また調査の方法が明示されていれば，他人が追試を行うことができます．大半の社会調査は特定の一時点における社会の状態の把握を目的としていますので，過去の調査と完全に同一の社会調査を再度行うことは通常はできません．しかし，完全に同一ではないまでも，何らかの形で他の人が追試を行うことができれば，当該社会調査の客観性を高めることになります．

使用した調査方法の明示方法は，調査の種類により異なりますが，日本世論調査協会倫理綱領実践規程では第 4 項で「調査の報告書には，次の事項を明記しなければならない．イ）調査の目的，ロ）調査の依頼者と実施者の名称，ハ）母集団の概要，ニ）サンプリング・デザイン，ホ）標本数，ヘ）調査の実施時期，ト）データの収集方法，チ）回収率，リ）質問票」と明記されています．

(2)-1c．結果の発表は正しく行う

社会調査の結果は，単に公表すればよいのではなく，正しく公表することが重要です．日本世論調査協会倫理綱領第 5 項には，「調査で知られた事項は，すべて統計的に取扱い，その結果の発表は正しく行う」とあります．

(2)-2．人権の尊重

調査対象者も人間ですので，調査対象者の立場を尊重し，調査対象者への敬意を忘れないことが重要です．年少者への配慮も必要になります．社会調査協会倫理規程第 7 条では，「満 15 歳以下である場合には，まず保護者もしくは学校長などの責任ある成人の承諾を得なければならない」となっています．

また，調査対象者の人権を保護するという意味で，調査対象者のプライバシーおよび個人情報は保護されなければならず，調査上で知り得た個々の秘密も秘匿されなければなりません．統計的な調査であれば，回答は統計的に処理されることが必要です．社会調査協会倫理規程の第 5 条では「会員は，調査対象者のプライバシーの保護を最大限尊重し，調査対象者との信頼関係の構築・維持に努めなければならない．社会調査に協力したことによって調査対象

参考25.3

一般社団法人社会調査協会
倫理規程

制定　2009 年 5 月 16 日
改定　2021 年 5 月 23 日

〔前文〕

一般社団法人社会調査協会は，定款第 4 条に基づき，会員が社会調査の全過程において遵守すべき倫理規程を定める．

会員は，質の高い社会調査の普及と発展のために，本規程を十分に認識して遵守し，調査対象者および社会の信頼に応えなければならない．また社会調査について教育・指導する際には，本規程にもとづいて，社会調査における倫理的な問題について十分配慮し，調査員や学習者に注意を促さなければならない．

社会調査の実施にあたっては，調査者の社会的責任と倫理，対象者の人権の尊重やプライバシーの保護，被りうる不利益への十二分な配慮などの基本的原則を忘れては，対象者の信頼および社会的理解を得ることはできない．調査対象者の協力があってはじめて社会調査が成立することを自覚し，調査対象者の立場を尊重しなければならない．会員は，研究の目的や手法，その必要性，起こりうる社会的影響について自覚的でなければならない．

本規程は，社会調査協会会員に対し，社会調査の企画から実施，成果の発表に至る全過程において，社会調査の教育において，倫理的な問題への自覚を強く促すものである．

第 1 条　社会調査は，常に科学的な手続きにのっとり，客観的に実施されなければならない．会員は，絶えず調査技術や作業の水準の向上に努めなければならない．

第 2 条　社会調査は，実施する国々の国内法規及び国際的諸法規を遵守して実施されなければならない．会員は，故意，不注意にかかわらず社会調査に対する社会の信頼を損なうようないかなる行為もしてはならない．

第 3 条　調査対象者の協力は，法令が定める場合を除き，自由意志によるものでなければならない．会員は，調査対象者に協力を求める際，この点について誤解を招くようなことがあってはならない．

第 4 条　会員は，調査対象者から求められた場合，調査データの提供先と使用目的を知らせなければならない．会員は，当初の調査目的の趣旨に合致した 2 次分析や社会調査のアーカイブ・データとして利用される場合および教育研究機関で教育的な目的で利用される場合を除いて，調査データが当該社会調査以外の目的には使用されないことを保証しなければならない．

第 5 条　会員は，調査対象者のプライバシーの保護を最大限尊重し，調査対象者との信頼関係の構築・維持に努めなければならない．社会調査に協力したことによって調査対象者が苦痛や不利益を被ることがないよう，適切な予防策を講じなければならない．

第 6 条　会員は，調査対象者をその性別・年齢・出自・人種・エスニシティ・障害の有無などによって差別的に取り扱ってはならない．調査票や報告書などに差別的な表現が含まれないよう注意しなければならない．会員は，調査の過程において，調査対象者および調査員を不快にするような発言や行動がなされないよう十分配慮しなければならない．

第 7 条　調査対象者が年少者である場合には，会員は特にその人権について配慮しなければならない．調査対象者が満 15 歳以下である場合には，まず保護者もしくは学校長などの責任ある成人の承諾を得なければならない．

第 8 条　会員は，記録機材を用いる場合には，原則として調査対象者に調査の前または後に，調査の目的および記録機材を使用することを知らせなければならない．調査対象者から要請があった場合には，当該部分の記録を破棄または削除しなければならない．

第 9 条　会員は，調査記録を安全に管理しなければならない．とくに調査票原票・標本リスト・記録媒体は厳重に管理しなければならない．

第 10 条　本規程の改廃は，一般社団法人社会調査協会社員総会の議を経ることを要する．

付則

(1) 削除

(2) 本規程は 2009 年 5 月 16 日より施行する．

(3) 削除

(4) 本規程は 2021 年 5 月 23 日より施行する．

者が不利益を被ることがないよう，適切な予防策を講じなければならない」とあります．

(2)-3. 法令の遵守

法令は遵守される必要があります．個人情報の保護に関しても，別途法律上の規定があります．次節で詳しく見ていきます．

25.3 社会調査に関連する法律

個人情報保護法関連五法が2003年に成立し，2005年4月に施行されました．五法とは，「個人情報の保護に関する法律（個人情報保護法）」「行政機関の保有する個人情報の保護に関する法律」「独立行政法人等の保有する個人情報の保護に関する法律」「情報公開・個人情報保護審査会設置法」「行政機関の保有する個人情報の保護に関する法律等の施行に伴う関係法律の整備等に関す

参考25.4

個人情報保護法第76条（令和2年法律第44号による改正法）

（適用除外）

第七十六条　個人情報取扱事業者等のうち次の各号に掲げる者については，その個人情報等を取り扱う目的の全部又は一部がそれぞれ当該各号に規定する目的であるときは，第四章の規定は，適用しない．

一　放送機関，新聞社，通信社その他の報道機関（報道を業として行う個人を含む．）　報道の用に供する目的

二　著述を業として行う者　著述の用に供する目的

三　大学その他の学術研究を目的とする機関若しくは団体又はそれらに属する者　学術研究の用に供する目的

四　宗教団体　宗教活動（これに付随する活動を含む．）の用に供する目的

五　政治団体　政治活動（これに付随する活動を含む．）の用に供する目的

２　前項第一号に規定する「報道」とは，不特定かつ多数の者に対して客観的事実を事実として知らせること（これに基づいて意見又は見解を述べることを含む．）をいう．

３　第一項各号に掲げる個人情報取扱事業者等は，個人データ又は匿名加工情報の安全管理のために必要かつ適切な措置，個人情報等の取扱いに関する苦情の処理その他の個人情報等の適正な取扱いを確保するために必要な措置を自ら講じ，かつ，当該措置の内容を公表するよう努めなければならない．

参考25.5

行政機関個人情報保護法（令和元年法律第 37 号による改正）

（利用及び提供の制限）

第八条　行政機関の長は，法令に基づく場合を除き，利用目的以外の目的のために保有個人情報を自ら利用し，又は提供してはならない．

2　前項の規定にかかわらず，行政機関の長は，次の各号のいずれかに該当すると認めるときは，利用目的以外の目的のために保有個人情報を自ら利用し，又は提供することができる．ただし，保有個人情報を利用目的以外の目的のために自ら利用し，又は提供することによって，本人又は第三者の権利利益を不当に侵害するおそれがあると認められるときは，この限りでない．

一　本人の同意があるとき，又は本人に提供するとき．

二　行政機関が法令の定める所掌事務の遂行に必要な限度で保有個人情報を内部で利用する場合であって，当該保有個人情報を利用することについて相当な理由のあるとき．

三　他の行政機関，独立行政法人等，地方公共団体又は地方独立行政法人に保有個人情報を提供する場合において，保有個人情報の提供を受ける者が，法令の定める事務又は業務の遂行に必要な限度で提供に係る個人情報を利用し，かつ，当該個人情報を利用することについて相当な理由のあるとき．

四　前三号に掲げる場合のほか，専ら統計の作成又は学術研究の目的のために保有個人情報を提供するとき，本人以外の者に提供することが明らかに本人の利益になるとき，その他保有個人情報を提供することについて特別の理由のあるとき．

3　前項の規定は，保有個人情報の利用又は提供を制限する他の法令の規定の適用を妨げるものではない．

4　行政機関の長は，個人の権利利益を保護するため特に必要があると認めるときは，保有個人情報の利用目的以外の目的のための行政機関の内部における利用を特定の部局又は機関に限るものとする．

る法律（整備法）」のことを指します．

社会調査においては，調査対象となる人々の個人情報の取り扱いや，抽出台帳の閲覧の場面でどのように法律が適用されるかが気になるところです．

基本的には個人情報保護法の第 76 条 1 項（2003 年制定時，第 50 条 1 項 3 号）に適用除外の規定があることから，大学等が研究目的で実施する社会調査については，個人情報取扱事業者としての規定が適用されるわけではありません．報道機関においても同様のことがあてはまります（同 76 条 1 項 1 号）．とはいえ，同 76 条 3 項に「個人データ又は匿名加工情報の安全管理のために必要

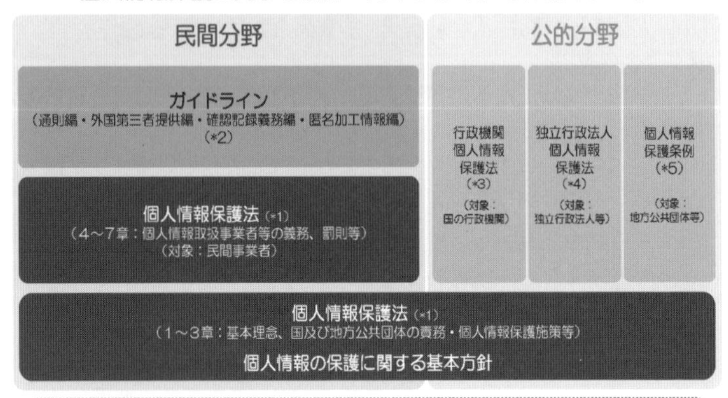

図 25.1　個人情報保護に関する法律・ガイドラインの体系イメージ
出典：個人情報保護委員会ウェブサイト（https://www.ppc.go.jp/personalinfo/legal/local/）

かつ適切な措置，個人情報等の取扱いに関する苦情の処理その他の個人情報等の適正な取扱いを確保するために必要な措置を自ら講じ，かつ，当該措置の内容を公表するよう努めなければならない」という努力義務が明記されています．

一方，全数調査を実施している公的統計の扱いはどのようになるのでしょうか．行政機関個人情報保護法では，「法令に基づく場合を除き，利用目的以外の目的のために保有個人情報を自ら利用し，又は提供してはならない」（8条1項）とありますが，同条2項4号で「専ら統計の作成又は学術研究の目的のために保有個人情報を提供するとき」について，利用目的以外の目的のための利用や提供を認めています．このことから統計法に基づく基幹統計調査や一般統計調査においては保有個人情報そのものを利用できるようになっています．また基幹統計調査及び一般統計調査に係る調査票情報に含まれる個人情報については，統計法第52条で行政機関の保有する個人情報の保護に関する法律等の適用除外が明記されています．一方，統計調査に係る調査票情報については，統計法第40条で目的外利用を原則禁止としつつも，例外として二次的利用を認めるようになっています（同32条～38条）．

抽出台帳として利用される選挙人名簿抄本や住民基本台帳の写しは，通常地方自治体の管理下にあります．地方自治体は，管理する個人情報について，自らが定めた個人情報保護条例の規制を受けます（図 25.1）[5]．そのため，地方公共団体が制定する個人情報保護条例にも注意する必要があります．ただ，この個人情報保護条例の内容は，前述の行政機関個人情報保護法に似ている面もありますが，必ずしも統一されていません．実際総務省の調査によれば，統計の作成や学術研究のために提供する場合を目的外利用として定めているのは，2019 年 4 月 1 日現在，都道府県で 36.2％，市区町村で 25.5％となっていて，自治体によって異なります（総務省編 2020）．一方，「法令に基づく場合」については，すべての都道府県と市区町村で規定があります（総務省編 2020）．

法律上は，選挙人名簿は公職選挙法，住民基本台帳は住民基本台帳法においてその取り扱いが規定されています．住民基本台帳法では，2006 年 11 月施行の改正法以降，統計調査，世論調査，学術研究その他の調査研究のうち，総務大臣が定める基準に照らして公益性が高いと認められるものに関しては閲覧させることが「できる」となっています（同法 11 条の 2）．公職選挙法も同 2006 年改正以降選挙人名簿抄本について，統計調査，世論調査，学術研究その他の調査研究で公益性が高いと認められるもののうち政治又は選挙に関するものについて，必要な限度において，選挙人名簿の抄本を「閲覧させなければならない」とされています（⇒第 19 章）．

住民基本台帳の一部の写しと選挙人名簿抄本という 2 つの主要抽出台帳においては，政治又は選挙という調査内容条件の違いだけでなく，閲覧のさせ方の規定に若干のニュアンスの違いがあることにも注意が必要です．

5 「個人情報の保護に関する法律及び行政手続における特定の個人を識別するための番号の利用等に関する法律の一部を改正する法律」の一部施行（2016/1/1）により個人情報保護法に係る所掌事務は個人情報保護委員会に移管されました．

参考25.6

住民基本台帳法第 11 条の 2

市町村長は，次に掲げる活動を行うために住民基本台帳の一部の写しを閲覧することが必要である旨の申出があり，かつ，当該申出を相当と認めるときは，当該申出を行う者（以下この条及び第五十一条において「申出者」という.）が個人の場合にあつては当該申出者又はその指定する者に，当該申出者が法人（法人でない団体で代表者又は管理人の定めのあるものを含む．以下この条及び第十二条の三第四項において同じ.）の場合にあつては当該法人の役職員又は構成員（他の法人と共同して申出をする場合にあつては，当該他の法人の役職員又は構成員を含む.）で当該法人が指定するものに，その活動に必要な限度において，住民基本台帳の一部の写しを閲覧させることができる.

一　統計調査，世論調査，学術研究その他の調査研究のうち，総務大臣が定める基準に照らして公益性が高いと認められるものの実施
二　公共的団体が行う地域住民の福祉の向上に寄与する活動のうち，公益性が高いと認められるものの実施
三　営利以外の目的で行う居住関係の確認のうち，訴訟の提起その他特別の事情による居住関係の確認として市町村長が定めるものの実施

ここまでは日本国内の調査に限定して説明してきました．国際比較調査などヨーロッパでも調査の実施が必要な場合は，2018 年 5 月 25 日に施行された「EU 一般データ保護規則」(General Data Protection Regulation，GDPR) に配慮する必要があります．これは，EU 域内の各国に適用されるルールとして，個人データ保護やその取り扱いについて詳細に定めたものとして知られています.

第 26 章
社会調査の歴史

26.1　社会調査前史

(1) 共和制ローマ（B.C.509 〜 B.C.27）・ローマ帝国（B.C.27 〜 A.D.1453）

社会調査の定義は様々ですが，少なくとも社会について考えるために，データを収集したり，分析したりする手段として客観的な方法を用いること，何らかの（実査という意味での）フィールドワークを伴った形で社会の様々な現象を調査するものであることという点では共通しています．

こういった社会にみられる諸現象のデータを収集しようという取り組みとして古くからある単純なものは，社会を構成する人の数を数えるという営みです．実のところ古すぎてその記録の正確さに信ぴょう性を求めるのが難しいかもしれませんが，『旧約聖書』の中の「民数記」には，ユダヤ民族の民数（兵役に就ける 20 歳以上の男子の数）の記述があります．これは計数の始まりをうかがわせるものです．

もう少し後の時代になりますが，歴史的にはっきりとした人間の数をかぞえる営みとしては，古代ローマにおいて租税の徴収を目的として実施された戸口監察官（Censor）による全ローマ公民の戸口調査をあげることができます．イエス・キリストの誕生の時の記述がある新約聖書のルカの福音書には，皇帝アウグストゥスの時代の戸口調査のことが次のように書かれています．

参考26.1

そのころ，全世界の住民登録をせよという勅令が，皇帝アウグストから出た．これは，クレニオがシリヤの総督であった時の最初の住民登録であった．それで，人々はみな，登録のために，それぞれ自分の町に向かって行った．ヨセフもガリラヤの町ナザレから，ユダヤのベツレヘムというダビデの町へ上って行った．彼は，ダビデの家系であり血筋でもあったので，身重になっているいいなずけの妻マリヤもいっしょに登録するためであった．ところが，彼らがそこにいる間に，マリヤは月が満ちて，男子の初子を産んだ．それで，布にくるんで，飼葉おけに寝かせた．宿屋には彼らのいる場所がなかったからである．

出典：イエスの誕生（ルカの福音書），新改訳聖書刊行会訳 2004

イエス・キリストの誕生のタイミングが，住民登録でベツレヘムへ帰る途中だったため，キリストが飼葉桶で誕生することになったことがわかります．なお，戸口監察官は，のちのセンサスすなわち**国勢調査**（Census）という言葉の起源にもなっています．

(2) 古代日本

日本における人口の把握はこれよりずっと遅く，戸籍の整備を通じて可能となりました．庚午年籍（こうごねんじゃく）とよばれる日本最初の全国的な戸籍が，正式戸籍として整備されたのは西暦670年のことでした．壬申の乱の2年前です（表26.1参照）．これは，全国の豪族から公民・部曲・奴婢までを登録して姓を定めたものとして知られています．古代における人口の計数の取り組みは，徴兵と租税を目的としている点では共通していました．

表26.1　古代日本の関連年表

667年	大津宮（おおつのみや）（近江）へ遷都（←飛鳥）
668年	中大兄皇子（天智（てんじ）天皇，668年～671年）即位，近江令を編纂．
670年	庚午年籍作成．
672年	壬申の乱

(3) 統計と統計学

17世紀後半になるとドイツの官僚のための学問としてドイツ国勢学（国情記述学）が構想されるようになってきました．これは，各国についての「国家基本制度」「国家顕著事項」についてあまり数字を用いずに文章によって記述するものです．シュレーツァーの「歴史は動いている統計であり，統計は静止した歴史である」という名言はこの時代に標榜されています．国情記述学は，現代の統計学のイメージからは遠いものかもしれませんが，のちの仏英米での人口調査の実施，ひいては官庁統計の作成へとつながっています．現在のstatistics（統計，統計学）という言葉が，ドイツ語の国家（stateのドイツ語Staat）を語源としているのもこのような学問的成り立ちに由来しています．

19世紀にはいって，ケトレー（Quetelet）の努力を通じて今日のような統計学の誕生を迎えることになりますが，19～20世紀初頭にかけて，カール・ピアソン（Karl Pearson）によって母集団と標本の区別を明確化されたことも社会調査にとっては重要な出来事と言えます．ピアソンは，標本の平均や分散は，母集団の平均や分散に一致するとは限らないが，そのデータに基づいて母集団の平均や分散の存在の範囲を推測することができると述べています．

同じ時期にこうした統計学の発展とは別に，社会問題に対する関心から社会を調査しようとする営みが見られたことも興味深い点です．チャールズ・ブース（Charles Booth）の調査はその代表格です．ブースは，「ロンドン労働者市民の 25％は貧困状態にある」という H. M. ハインドマンの説は誇張ではないかと疑問を持ち，ロンドン市民の貧困についての大規模な調査を実施したのです．その調査は 17 年間（1886 ～ 1902）にわたるもので，調査の項目として貧困，産業，宗教などを扱ったものでした．その成果が『ロンドン市民の生活と労働（*Life and Labour of People of London*）』全 17 巻（1889 - 1903）です．この貧困調査の結果は，当初のブースの予想とは異なり，ロンドンの貧民（操作的定義）は 30％を超えているというものでした．ブースの調査の結果は，貧困の原因は，個人的要因によるものではなく，社会的要因によるということをも明らかにしたと同時に，多くの調査の方法を創造することにも貢献したといわれています．

26.2　近代日本の人口調査

ピアソンが母集団と標本の区別を明らかにし，ブースが貧困の調査を手掛けた 19 世紀，ご存じのように日本は明治時代を迎えることになります．

日本でもこの時期になって戸籍を通じた人口把握とは別に本格的な人口調査を行うことが構想され始めました．その先駆けともいえるのが，杉享二（すぎこうじ）が 1879（明治 12）年に実施した「甲斐国現在人別調（かいのくにげんざいにんべつしらべ）」です．これは地域限定の試行的な人口調査とでもいうべきものでしたが，1902（明治 35）年になって「国勢調査に関する法律」の制定がなされます．ところが，1904 ～ 05 年にかけて日露戦争が起こり，また 1914 ～ 18 年には第一次世界大戦が起こったため，なかなか落ち着いて国勢調査を実施できるような情勢になりません．1919 年のパリ講和会議を経て，第一次世界大戦もようやく落ち着きを見せ始めたことで，翌 1920（大正 9）年に第 1 回国勢調査を実施できるに至りました．

26.3　アメリカの選挙予測とサンプリング

(1) アメリカ選挙予測前史

20 世紀には，各国で統計的な調査が普及し始めていましたが，意識に関する調査の方法が確立するには，やはりアメリカの大統領選挙における予測調査が発展するのを待たねばなりませんでした．1824年の大統領選挙の際，デラウェア州で模擬投票が行われるなど，19世紀にすでに模擬投票の類は各地で行われていたのですが，本格的な選挙予測は20世紀に入ってからになります．当時，リテラリー・ダイジェスト社は，選挙予測の草分け的な存在で，雑誌の読者を対象とした葉書による調査をもとに予測を行っていました．選挙予測は順調で，1932年の大統領選挙では当選したルーズベルトの得票率をわずか0.9%の誤差で予測するほどになっていました（⇒第15章）．

(2) ギャラップの成功と失敗

1936年の大統領選挙でリテラリー・ダイジェスト社は1000万枚の葉書を発送し，カンザス州知事のランドン（共和党）の勝利を予測します．一方，G. ギャラップは，約3000人（人数には異説あり）の標本からF. ルーズベルト再選を予測し，ギャラップの予測が的中します．リテラリー・ダイジェスト社が郵送した対象は経済的に余裕のある人々が多い一方で，ギャラップは，**割当抽出**（quota sampling）を用いて社会階層に偏りが少なくなるようにしていたため，ギャラップが予測に勝利したと考えられています．

その後F. ルーズベルトは，その後1940年，1944年の選挙でも再選を果たし，歴史上唯一の4選したアメリカ大統領となりますが[1]，第二次世界大戦末期の1945年4月に亡くなり，副大統領のトルーマンが大統領に就任していました．1948年の大統領選挙は，副大統領から昇格したトルーマン大統領とニューヨーク州知事のデューイ候補です．ギャラップも他の調査会社（クロスレー，ローパー）もデューイ候補の勝利を予想していたのですが，実際にはトルーマンの勝利となったため，各調査機関は大混乱に陥ったといわれています．

これは，**割当抽出**（quota sampling）には限界があり，**無作為抽出**（random sampling）を行うことが重要であるという教訓を示す事例となっています（⇒第15章）．

26.4 戦後日本における社会調査の展開

(1) 占領下の日本

占領下の日本では，GHQ（連合国軍最高司令官総司令部）の指導の下，官

1　1951年の憲法改正以後，2選までとなっています．

庁統計の整備と世論調査の実施が進んでいきました．

加えて，GHQ（連合国軍最高司令官総司令部）内では，日本語のローマ字化が検討されていました．ある当時のアメリカ教育使節団は，その報告書に次のような記述を残しています．

「書き言葉の改革に対して三つの討議がなされている．第一のものは漢字の数を減らすことを要求する，第二のものは漢字の全廃およびある形態の仮名の採用を要求する，第三は漢字・仮名を両方とも全廃し，ある形態のローマ字の採用を要求する」（村井 1979：56）．

このような日本語改革を背景に，日本人の言語能力を測定しようと，GHQ 内の CIE（民間情報教育局）のペルゼル（John Perzel）らは，当時の文部省へ日本人の読み書き能力を調査することを要請しました．その結果，1948 年当時の文部省のもとで，集まった研究者たちによって日本人の読み書き能力調査が実施されました．

この調査における読み書き能力とは，社会の一員の正常な生活に最小限度に必要な型及び度合の文字言語を使用する能力と定義され，新聞，公文書，ビラ，私信等に用いられる文字，言語の読み書きの能力のことと考えられています（読み書き能力調査委員会 1951）．データ収集方法としては，いわゆる集合調査の形態をとっていましたが，2 万人を超える日本人を無作為抽出して実施するという大規模なものになりました．奇しくも同じ年の 11 月のアメリカ大統領選挙において，割当法に頼った各調査機関がトルーマンの当選の予測に失敗することになるのは歴史の皮肉を感じます．

日本の全国民を目標母集団として調査対象者を無作為標本として米穀配給台帳から抽出したものですので，日本人の読み書き能力調査は，その後のサンプリングを用いた全国調査を設計する上では参考になったと考えられています．

(2) 色々な継続調査

日本人の読み書き能力調査の実施には，国立の統計数理研究所と（のちの）国語研究所の関係者が協力していました．読み書き能力調査の実施を通じて標本調査のノウハウが蓄積されたと考えられますが，結果的に標本調査が国内に波及していくことになります．

実際，日本人の読み書き能力調査が実施された 5 年後の 1953（昭和 28）年，統計数理研究所によって日本人の国民性調査が実施されました．その後日本人の国民性調査は，統計数理研究所国民性調査委員会によって5年に一度のペースで実施されるようになります．2021年8月現在，第13次調査の結果まで公表されています．国民性調査では，基本的には同じ調査手法で新しい調査項目を追加しながらも，同じ質問項目を含んだ継続調査が実施されています．そのため，日本人の“ものの考え方”の変化の様相が明らかになっています．

第1次の日本人の国民性調査実施の2年後，社会学者が中心となって**SSM調査**も実施されています．SSM調査もその後，社会学者によって実施ごとに組織されるSSM調査委員会により10年に1度実施されています．SSMというのは，**Social Stratification and Social Mobility（社会階層と社会移動）**の略です．日本社会が階層化したりしていないかといった不平等の構造の問題や，社会的地位を変化させられるような社会かどうかといったことに強い関心があることがうかがえます．

少しあとの1973年にはNHK放送文化研究所によって「日本人の意識」調査が実施されるようになります．「日本人の意識」調査は以降5年ごとに実施されています．日本人の国民性調査同様，長期的な変化をとらえるという目的を持っているので，調査内容は社会や経済，政治，生活など多岐にわたるものの原則として同じ質問・同じ手法を用いて実施されています．

2000年になると，**日本版総合的社会調査（JGSS，Japanese General Social Surveys）**が実施されるようになります．現在は，大阪商業大学が実施する総合的社会調査ですが，もともとは大阪商業大学比較地域研究所と東京大学社会科学研究所の二者によって2000年に始まった調査です．

JGSSのモデルとなったのは，シカゴ大学にあるNational Opinion Research Center（NORC）が実施している全米規模の**総合的社会調査General Social Survey（GSS）**です．1960年代の社会指標運動を背景として，1972年以降実施されるようになりました．海外では，ミシガン大学に事務局をおくICPSR（Inter-university Consortium for Political and Social Research）を始めとするデータアーカイブがあり，GSSのような調査データは個票レベルで分析できるようにデータアーカイブを通じて公開される仕組みがありました．このように調査実施者以外の人が，個票レベルのデータを再度分析することを**二次分析（secondary analysis）**といいますが，JGSSは当初から二次分析のような形で利用されることを意図して実施されていることも，その特徴といえます．

(3) 変化する世論調査―面接調査からRDDによる電話調査へ―

アメリカ合衆国では，電話の世帯普及率が90%を超えるようになった1970年代までには，世論調査の主流が面接調査から電話調査に移行したと考えられています．電話調査のサンプリングについても1960年代以前には，**電話帳に準拠するサンプリング（directory sampling）**をもとに電話調査が実施されていましたが，1960年代半ば以降，Cooper（1964）の提案によって電話帳を抽出台帳として用いないRDD法が普及します．また，1970年代の終わり頃には，**CATI（Computer Assisted Telephone Interviewing）方式**が導入されるようになったといわれています．1980年代の終わりから1990年代の初め頃には，**List-Assisted RDDサンプリング**と呼ばれるものが米国で広まり始めます．List-Assisted RDDは，実際に米国で広く使われているRDD抽出で，ブロックの中のリスト掲載率に抽出確率を比例させる方法として知られています．

日本では，最初の電話調査が総理府内閣室によって実験研究の形で1973年に実施されます．電話調査の先がけです．この後，電話調査はすぐには普及せず，1980年代半ばになってようやく電話調査そのものが一般にも知られるようになってきます．1990年代半ばになって，世論調査や選挙情勢調査において面接調査の代わりに電話調査が多く用いられるようになってきます．

参考26.2

（人気投票の公表禁止）公職選挙法第138条の3では，選挙に関し，公職に就くべき者を予想する人気投票の経過又は結果を公表してはならないとされています．しかし，面接や電話によって口頭で回答を得る方法の場合は，人気投票に該当しないと理解されています（安田・荒川 2009）．

もともと日本でよく用いられた電話調査の方法は，選挙人名簿抄本や住民基本台帳の写しから抽出した対象者のうち電話帳で固定電話の電話場号が判明した対象者に対して調査する方法です．ランダムに抽出された調査対象者の氏名と住所のリストをもとに電話帳で電話番号を調べるので電話番号が判明した人だけが調査対象になるのがポイントです．しかし，この方法は，電話を保有していても電話帳非記載の者を対象者に含んでいないという欠点があります．もし電話帳への掲載率が5割程度であれば，2000人を無作為抽出しても1000人しか調査できないことになります．

以前は多くの人が電話帳に電話番号を掲載していたので，これでも何とかなっていたのですが，近年は電話帳に掲載しない人が増えてきました．そこで，現在では乱数を発生させて生じた番号を利用する RDD（Random Digit Dialing）法を用いることで，電話帳非記載者に対しても調査を可能にしています．電話番号の電話帳掲載率が低下するにつれて，この RDD 法が主要な電話調査の方法になりました．ただし，RDD 法の場合，会社や学校が用いる事業用番号が混じる可能性があることや，世帯人数によって個人が抽出される確率が異なってしまうこと（抽出確率が不均等）に注意する必要があります．

携帯電話やスマートフォンの普及によって，携帯電話やスマートフォンを所有しつつも固定電話を持たない人々（携帯電話限定層）も生じています．米国では CDC（米国疾病対策センター）の NCHS（National Center for Health Statistics）が NHIS（National Health Interview Survey）の結果を用いた推計で携帯電話限定層は成人の 55.2%（2018 年上半期）とされています（図 26.1）．

日本でも携帯電話と併用した形の電話調査もひろまりつつあります．2014 年に世論調査協会会員有志によって携帯電話の RDD 実験調査が実施され，その結果をまとめた「携帯 RDD 実験調査結果のまとめ」が 2015 年 3 月に公表されました．それ以後，世論調査でも携帯 RDD が広がってきています．

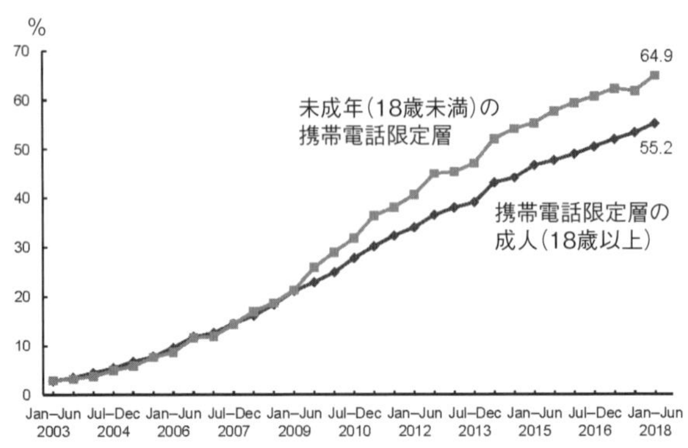

図 26.1　アメリカ合衆国における携帯限定層の増加
出典：Blumberg & Luke 2018

26.5　情報化社会における社会調査

(1) 電子的なデータ収集方法の登場

21 世紀に入ってからの日本の社会調査の特徴としては，インターネット調査，CATI，CAPI に見られる電子的なデータ収集方法が広がり始めたことがあげられます．特に，インターネット調査については，1990 年代以降インターネットの普及が進んだことの影響が大きいとみられます．

インターネット調査の多くは，あらかじめ登録されたアクセスパネルから抽出する形式のものが多く，目標母集団がさらに不明確です．少なくとも全国民を目標母集団とする世論調査用いる場合の標本抽出枠となっていません．2016 年に NHK 放送文化研究所が実施した「参院選後の政治意識・2016」では，住民基本台帳から無作為抽出した人を対象に郵便でウェブ調査を依頼する方法が用いられましたが，ウェブ調査としての回収率は 2 割程度にとどまっていました（萩原ほか 2018）．ウェブ調査は，世論調査の手法としては，まだ発展途上段階にあるといえます．

国勢調査においては，従来は調査員が配布して回収する留置調査が用いられることが普通でしたが，2010 年以降の国勢調査においては，インターネット調査を部分的に取り入れられるようになってきました．2010 年はモデル地域となった東京都だけでしたが，2015 年以降は全国で郵送や留置に加え，インターネットによる回答も認める混合モード調査が採用されてきています．

(2) 社会の変化と情報の保護

インターネットの普及は，個人情報の大量流出の危険を高めました．結果としてプライバシー意識の高まりをもたらし，社会調査における回収率の低下傾向を考えると，そのことが調査拒否の増加につながったとみられます．

2003 年の個人情報保護関連五法成立は，そのような個人情報意識の高まりを背景とするものでしたが，2005 年 1 月には名古屋市で住民基本台帳を悪用した事件が発生し，住民基本台帳閲覧制度に対する批判が起こりました．2005 年 4 月に個人情報保護関連五法が実際に施行された後は，2006 年 11 月に改正住民基本台帳法の施行，同 2006 年の公職選挙法改正をへて住民基本台帳法と選挙人名簿抄本における市場調査目的での閲覧の道がとざされることになりました．

その後，住民基本台帳法については2009年に再び法改正され，2012年7月から外国人住民の住民基本台帳制度が始まりました．選挙人名簿については，2015年5月の改正で選挙権年齢が20歳から18歳へ引き下げられ，選挙人名簿の掲載者と有権者の定義が変化したことは，社会調査の実施にあたって気をつけるべき大きな変化といえます．

26.6　社会調査士資格認定機構と社会調査協会

社会調査の広がりと重要性の高まりを受けて，2003年11月29日に「社会調査士資格認定機構」が発足しました．2008年12月25日に，社会調査士資格認定機構の事業を継承・発展させるために，同機構が法人化され，一般社団法人社会調査協会が設立されました．

26.7　統計法の改正

2009年には，2007年に改正された統計法の施行がなされました．主なポイントは，公的統計の体系的・計画的整備（第2条～第31条），統計データの利用促進と秘密の保護（第32条～第43条），「かたり調査」の禁止（17条）です．

それ以前の官庁統計の枠組みは，指定統計調査（旧統計法，2条，3条），届出統計調査（旧統計法，8条），承認統計調査（旧統計報告調整法，3条，4条）に分けられていました．新統計法（2007年成立）の2009年全面施行と統計報告調整法の廃止により，基幹統計調査と一般統計調査の2種類になりました．

統計データの利用促進と秘密の保護（第32条～第43条）は，「オーダーメイド集計」や「匿名データ」の形での二次的利用を認めるようになっています．調査対象の秘密の保護を図ったうえで用途を広げることで，「行政のための統計」から「社会の情報基盤としての統計」への転換を図っています．

参考26.3

年表

紀元前	『旧約聖書』中の 1 つの章「民数記」 ・ユダヤ民族の民数（兵役に就ける 20 歳以上の男子の数）の記述 　→信ぴょう性に疑いあるが，「計数の始まり」	
ローマ帝国	租税徴収のための全ローマ公民の戸口調査	
共和・帝政期	戸口監察官（Censor）による→「国勢調査」(Census) の始まり	
飛鳥時代（日本）	正式戸籍として，庚午年籍（こうごねんじやく）の整備（日本）	
17 世紀	ドイツ国勢学（国情記述学）→官庁統計 国家（state のドイツ語 Staat）→ statistics（統計，統計学）	
19 ～ 20 世紀	母集団と標本の明確に区別	
	日本	海外
1920 年	第 1 回国勢調査（日本）	
1936 年		米大統領選（ギャラップの勝利）
1945 年	第二次世界大戦終結 官庁統計の整備と世論調査の実施（占領軍の意向） ・ESS，経済科学局，Economic and Scientific Section ・CIE，民間情報局，Civil lnformation and Education Section	
1948 年	読み書き能力調査	米大統領選（ギャラップの失敗）
1953 年	日本人の国民性調査（第一次）	
1955 年	第 1 回 SSM 調査	
1960 年代後半		米国での汎用機の普及
1972 年		米国総合社会調査 GSS の開始
1970 年代初め		欧米で二次分析の啓蒙書が出版
1973 年	日本人の意識（第 1 回）	
1970 年代半ば		米社会科学系雑誌に実証的研究が多く掲載され始める． 米国の世論調査の主流が，面接調査から電話調査に移行
1970 年代後半		米国でのパソコンの普及開始
1985 年		第 1 回 ISSP
2000 年	JGSS（第 1 回本調査）開始	
2003 年 5 月	個人情報保護法成立	
2003 年 11 月 29 日	社会調査士資格認定機構設立	
2005 年 4 月	個人情報保護関連五法の施行	
2006 年 11 月	改正住民基本台帳法の施行	
2008 年 12 月 25 日	一般社団法人社会調査協会設立	
2009 年	改正統計法施行	
2012 年 7 月 5 日	外国人住民に係る住民基本台帳制度～	
2016 年 6 月 19 日	選挙権年齢 18 歳以上に引き下げ	

第 27 章
これからの社会調査

27.1　社会調査の役割の再考

社会調査とは何だったのでしょうか．既存のテキストの記述を列挙すると次のようになります．

・杉山明子（1984）『社会調査の基本』
「社会調査とは，社会における種々の現象を科学的データとして把握し，社会現象の解明に対処する指針を与え，目標を定めるための手段である．社会調査は種々の分野を含むが，個別のケースを記述する事例研究は含まない」（p.1）
・原純輔・海野道郎（2004）『社会調査演習［第 2 版］』
「一定の社会または社会集団の社会事象に関する特徴を記述（および説明）するために，主として現地調査によってデータを直接蒐集し，処理・分析する過程である．」「その全過程が客観的方法によって貫かれている」（p.6）
・大谷信介ほか編著（2005）『社会調査へのアプローチ［第 2 版］』
「社会的な問題意識に基づいてデータを収集し，収集したデータを使って社会について考え，その結果を公表する一連の過程」（p.5）

社会調査とは何かというのは，ある程度の共通理解はあるものの，厳密には一致しないものと考えられます．どのような意義があるかを探りながら，共通項を見出していくしかありません．

本書では，すでに第 3 章で，社会調査の意義を，社会科学における実証的方法の 1 つであることに着目し，①ある社会事象の性質や特徴を的確に記述すること，②実験よりも自然な状況でかつ実験では扱いにくい社会事象のテーマについて扱うことに見出しました．このことを要約すれば，実験では扱えないようなテーマについて，現実にある何らかのデータに基づいて，ある社会事象の性質や特徴を的確に記述することができるのが社会調査であると表現することはできそうです.

27.2 社会調査の要件

第3章を中心に本書の全体を振り返りながら，社会調査の要件として議論すべき事柄を列挙し，それらが要件として適切かどうか検証します．社会調査とは何かということの，現時点における考察を深めるのに役立ててください．

(1) 社会を調査するという目的がある．⇒ ○
個人的な目的の調査は，社会調査ではないことを考慮します．

(2) 社会について考える姿勢がある．⇒ ○
自然現象についてだけの調査は，社会調査ではないということです．

(3) データを収集・分析する．⇒ ○
ここでいうデータの意味は広く，数値に限定されません．しかし，思考だけの分析で完結するものは，社会調査ではありません．

(4) 客観的な方法である．⇒ ○
客観性には幅があると考えられます．ある程度の主観は許容せざるを得ないわけですが，より客観的な手続きが採用されることが求められます．

(5) 何らかのFieldwork（実査）がある．⇒ ○
電話やインターネットを介したものであっても，現実の事象に関わるデータを収集するプロセスであれば，この場合はFieldworkを意味します．

(6) 結果を公表するか．⇒ △
マーケティングリサーチなど，一部の調査においては，性質上公表の範囲を限定的にならざるを得ない場合があります．

(7) 統計集団を調査する．⇒ △
明らかにすべき目標は統計集団のはずですが，対象は一人というもの（ただし，そこから全体を推測する）もありえないわけではありません．

(8) 部分から全体へという推論を行う．⇒ △
全数調査というものもあります．ただし，全数調査においても何らかの推論を働かせる必要があることも否定できません．

(9) 社会学だけの調査なのか？⇒ ×
政治学，経営学，経済学，文化人類学など多様な分野において，社会調査は実践の対象となりえるものです．

27.3　社会調査の変容

社会調査とは何かということについては，これまでの社会調査を前提として，ある程度の共通理解はあるものの，考え方によって多少のブレがあると考えられます．技術進歩などによって，社会調査が変容した場合，さらにブレが大きくなることも覚悟しなくてはなりません．

技術進歩の代表例は，CATI やウェブ調査にみられる電子的なデータ収集方法の普及です．電話調査の **CATI（Computer-Assisted Telephone Interviewing）** は，1970 年代の終わりに米国で普及し，日本では 1990 年代に導入されています．ウェブ調査は，市場調査領域のみならず，公的統計の領域でも利用が進んでいます．国勢調査に対するウェブ上での回答は，2010 年の調査でまずは東京都のみで可能となり，2015 年以降の調査では，全国で可能になりました．コンピュータ支援型の調査方式は，電話調査以外でも徐々に浸透し，2013 年に『世論調査の新しい地平：CASI 方式世論調査』（日野・田中 2013）が刊行され，2016 年 11 月には社会調査協会でシンポジウム「コンピュータ支援型調査の課題と可能性」が開催されました．

電子的なデータ収集方法は広がり続けています．2020 年には，新型コロナウィルスが流行すると，厚生労働省が LINE アプリを用いて「新型コロナ対策のための全国調査」を実施するようになりました．**SMS（Short Message Service）** を用いた調査の結果や，Twitter のつぶやきに関する分析の報告も珍しくはありません．人々の行動変容とともに，調査の形状もどんどん変化しつつあります．

また，CATI の登場以降，調査過程の電子的な記録が簡単になりました．米国では，21 世紀に入ってから調査過程自体のデータをパラデータ（paradata）と呼び，それを用いた研究も注目されるようになってきました．パラデータとは，もともとはコンピュータ支援型のデータ収集システムによって副次的（para-）に生成される調査過程についてのデータの一般的な概念を表すものです．

電話調査において典型的に把握されるパラデータは，架電の状況を記録した**コールレコード（call record）** です．何月何日の何時何分（**架電時刻，call time**；CATI における**タイムスタンプ**）に電話をかけた結果，どのような状況で終わったかという結果（調査実施完了，コール音，話中，電波が届かないアナウンス，留守番電話，多忙などで disposition という）を記録します．面接調査や留置調査など調査員が介在する調査の場合は，**訪問記録**（**visit record, call record**）がこれに該当します．

こういったパラデータの記録は，何となくしか把握できていなかった調査の質をより明確に把握することを可能にします．委託されている調査会社のみならず，調査を委託するような調査実施主体にとっても調査の質を改善するための手掛かりとなると考えられます．

パラデータの命名者であるミック・クーパーは，次のように述べています．

「パラデータは調査研究者に対して一連の追加的なツールを提供している．パラデータは，最も重要な課題に対して資源と注意を向けることができるように，大規模な調査が直面している問題を定量化するのに有用である」（Couper 2017，訳書 2017：23）

クーパーは，同じ文章の中でパラデータが浮き彫りにした問題に対してアイトラッキングの活用についても触れています．アイトラッキングは，日本国内でもよく見かけるようになってきましたが，アイトラッカーと呼ばれる器材により視線を計測するものです．調査票のデザインの改善などでの活躍が期待されています．ただし，アイトラッキングデータは実験的状況でしか入手できないため，パラデータには含まないものと理解されています（Olson & Parkhurst 2013）．

ウェブ調査やコンピュータ支援型調査の広がりは，アイトラッキングに限らず，様々な認知実験的調査の実施可能性を高めていくと考えられます．実際，スプリット＝バロット法のハードルはウェブ調査の普及により大きく下がりました．このような実験的な調査は調査法の改善には有用なものですが，調査というよりは実験としての色彩が強く，必ずしも従来の社会調査の枠組みに含めやすいものではありませんでした．しかし，これからの社会調査の動向によって，実験とは別物として考えられていた社会調査自体がどのように認識されていくかはまったくわかりません．社会調査とは何かという本質的問題は，今後も問われ続けるべきことなのかもしれません．

参考文献

飽戸 弘，1987，『社会調査ハンドブック』日本経済新聞社.

安藏伸治，2000，「公開データによる社会分析の手引き」佐藤博樹・石田 浩・池田謙一編『社会調査の公開データ――2 次分析への招待』東京大学出版会，9-34.

青山陽子，2014，「インタビュー」社会調査協会編『社会調査事典』丸善出版，88-93.

荒牧 央，2019，「45 年で日本人はどう変わったか(1)――第 10 回「日本人の意識」調査から」『放送研究と調査』69(5)：2-37.

朝野熙彦，2011，『アンケート調査入門――失敗しない顧客情報の読み方・まとめ方』東京図書.

Bernard, H. R., 2002, *Research Methods in Anthropology: Qualitative and Quantitative Approaches*, 3nd ed., AltaMira Press.

Biemer, P. P. & L. E. Lyberg, 2003, *Introduction to Survey Quality*, Wiley.

Blumberg, S. J. & J. V. Luke, 2018, *Wireless Substitution: Early Release of Estimates From the National Health Interview Survey, January-June 2018*.

Booth, C., 1902, *Life and Labour of the People in London: first series: poverty*, Macmillan.

Converse, J. M., 2009, *Survey Research in the United States: Roots and Emergence 1890-1960*, Transaction Pub.

Cooper, S. L., 1964, "Random Sampling by Telephone: An Improved Method," *Journal of Marketing Research*, 1(4): 45-48.

Couper, M. P., 2017, "Birth and Diffusion of the Concept of Paradata."（松本 渉訳「パラデータ概念の誕生と普及」『社会と調査』18：14-26.）

Couper, M. P., R. P. Baker, J. Bethlehem, C. Z. F. Clark, J. Martin, W. L. Nicholls II & J. M. O'Rilly eds., 1998, *Computer Assisted Survey Information Collection*, Wiley.

Couper, M. P., 2008, *Designing Effective Web Surveys*, Cambridge University Press.

Crosby, A. W., 1997, *The Measure of Reality: Quantification and Western Society, 1250-1600*. Cambridge University Press.（小沢千重子訳，2003，『数量化革命――ヨーロッパ覇権をもたらした世界観の誕生』紀伊國屋書店.）

Curtis, G. L., 1971, *Election campaigning Japanese style*. Columbia University Press.（山岡清二・大野 一訳，2009，『代議士の誕生』日経 BP 社.）

Davis, J. A. & T. W. Smith, 1992, *The NORC General Social Survey: A User's Guide*, Sage.

電通総研・日本リサーチセンター編，2004，『世界 60 カ国価値観データブック』同友館.

榎本 環，2010，「観察とはどのような調査方法なのか」篠原清夫・清水強志・榎本 環・大矢根 淳編『社会調査の基礎――社会調査士 A・B・C・D 科目対応』弘文堂.

藤本隆宏・高橋伸夫・新宅純二郎・阿部 誠・粕谷 誠，2005，『リサーチ・マインド 経営学研究法』有斐閣アルマ.

Flick, U., 1995, *Qualitative Forschung: Theorie, Methoden, Anwendung in Psychologie und Sozialwissenschaften*, (Neuausgabe, 2002, *Qualitative Sozialforshung: eine Einführung.*), Rowohlt Taschenbuch Verlag. (English translation eds. [1998] 2002, *An Introduction to Qualitative Research*, Sage.)（英語版の第二版の邦訳，小田博志・山

本則子・春日 常・宮地尚子訳，2002，『質的研究入門――「人間の科学」のための方法論』.）

藤田英樹，2009，『コア・テキスト ミクロ組織論』新世社.

Garfinkel, H., [1967] 1984, *Studies in Ethnomethodology*, Polity Press.

Glaser, B. G. & A. L. Strauss, 1967, *The Discovery of Grounded Theory: Strategies for Qualitative Research*, Aldine Pub.（後藤 隆・大出春江・水野節夫訳，1996，『データ対話型理論の発見――調査からいかに理論をうみだすか』新曜社.）

Groves, R. M., P. P. Biemer, L. E. Lyberg, J. T. Massey, W. L. Nicholls, II & J. Waksberg eds., 1988, *Telephone Survey Methodology*, Wiley.

Groves, R. M., F. J. Fowler, M. P. Couper, J. M. Lepkowski, E. Singer, & R. Tourangeau［2004］2009, *Survey Methodology*, 1st and 2nd ed., John Wiley & Sons.（初版の訳：大隅 昇監訳，氏家 豊・大隅 昇・松本 渉・村田磨理子・鳰 真紀子訳，2011，『調査法ハンドブック』朝倉書店.）

萩原潤治・村田ひろ子・吉藤昌代・広川 裕，2018，「住民基本台帳からの無作為抽出によるWEB 世論調査の検証①」『放送研究と調査』68(6)：24-47.

Haller, M., R. Jowell & T. W. Smith eds., 2009, *The International Social Survey Programme, 1984-2009: Charting the Globe*, Routledge.

原 純輔・海野道郎，1984，『社会調査演習』東京大学出版会.

原 純輔・海野道郎，2004，『社会調査演習』第 2 版，東京大学出版会.

Harkness, J. A., P. Ph. Mohler & Van De Vijver, F. J. R., 2003, “Comparative Research.” Harkness, J. A., F. J. R. Van De Vijver & P. Ph. Mohler, *Cross-Cultural Survey Methods*, Wiley-Interscience, 3-16.

林 知己夫，1970，「身近な社会」統計数理研究所国民性調査委員会編『日本人の国民性 第2』至誠堂，75-110.

林 知己夫，1974，『数量化の方法』東洋経済新報社.

林 知己夫，2001，『データの科学』朝倉書店.

林 知己夫編，2002，『社会調査ハンドブック』朝倉書店.

林 知己夫・鈴木達三，1997，『社会調査と数量化――国際比較におけるデータの科学』増補版，岩波書店.

林 文・山岡和枝，2002，『調査の実際――不完全なデータから何を読みとるか』朝倉書店.

林 英夫，2010，「郵送調査法の再評価と今後の課題」『行動計量学』37(2)：127-145.

Hill, M. S., 1992, *The Panel Study of the Income Dynamics: A User's Guide*, Sage.

日野愛郎・田中愛治編，2013，『世論調査の新しい地平――CASI 方式世論調査』勁草書房.

Hoffmeyer-Zlotnik, J. H. P., 2003, “New Sampling Designs and the Quality of Data,” *Metodloški zvezki*, Developments in Applied Statistics: 205-217.

袰岩 晶・吉野諒三・鄭 躍軍，2007，「国際比較における「データの安定性」に関する一考察――中国調査データの検討を通した文化多様体解析の試行」『統計数理』55(2)：285-310.

Iarossi, G., 2006, *The Power of Survey Design: A User's Guide for Managing Surveys, Interpreting Results, And Influencing Respondents*, World Bank.（三井久明訳，2006，『まちがいだらけのサーベイ調査――経済・社会・経営・マーケティング調査のノウハ

ウ』一灯舎.）
今田高俊，1989，『社会階層と政治』東京大学出版会.
伊藤 清，1991，『確率論』岩波書店.
川喜田二郎，1967，『発想法――創造性開発のために』中央公論社.
川喜田二郎，1970，『続・発想法――KJ法の展開と応用』中央公論社.
関西大学総合情報学部，2020，『2019年度社会調査実習報告書――高槻市と関西大学による高槻市民郵送調査』関西大学総合情報学部.
King, G., R. O. Keohane & S. Verba, 1994, *Designing Social Inquiry: Scientific Inference in Qualitative Research*, Princeton University Press.（真渕 勝監訳，2004，『社会科学のリサーチ・デザイン――定性的研究における科学的推論』勁草書房.）
北田淳子，2011，「エリア・サンプリングの実践的検討――INSS'07調査における「地図DB法」と「現地積上法」の比較」『行動計量学』38(1)：13-32.
Lavrakas, P. J., S. L. Bauman & D. M. Merkle, 1993, "The Last-Birthday Selection Method & Within-Unit Coverage Problems." *Proceedings of the Survey Research Methods Section, ASA*, 1107-1112.
Lepkowski, J. M., N. C. Tucker, J. M. Brick, E. D. de Leeuw, L. Japec, P. J. Lavrakas, M. W. Link & R. L. Sangster eds., *Advances in Telephone Survey Methodology*, John Wiley & Sons, 29-55.
Loftus, E. F. & G. Zanni, 1975, "Eyewitness testimony: The influence of the wording of a question." *Bulletin of the Psychonomic Society*, 5(1)：86-88.
真鍋一史，2010，「ヨーロッパ価値観調査――価値観の収斂（convergence）と拡散（divergence）を探る」『社会と調査』4：84.
松原 望，1997，『計量社会科学』東京大学出版会.
松原 望・松本 渉，2011，『Excelではじめる社会調査データ分析』丸善出版.
松本 渉，2003，「霧多布湿原トラストの成長軌道」『赤門マネジメント・レビュー』2(9)：399-420.
松本 渉，2006，「NPOの存在理由と組織化との関係」『日本経営学会誌』18：56-68.
松本 渉，2008，「市民社会調査を実施して――調査環境と調査誤差」『日本行動計量学会大会抄録集』，255-258.
松本 渉・前田忠彦，2008，『市民の政治参加と社会貢献の国際比較――日本調査報告書』統計数理研究所研究リポート97，統計数理研究所.
松本 渉・西舘 崇・芝井清久・藤田泰昌・二階堂晃祐・山本 洋，2010，『政治参加と社会貢献の計量分析――日本RDD調査の集計と日本面接調査の分析』統計数理研究所共同研究リポート248，統計数理研究所.
Milgram, S. [1974], 2004, *Obedience to Authority: An Experimental View*, Harper & Row: Perennial Classics.（2004年Perennial Classicsの翻訳：山形浩生訳，2008，『服従の心理』河出書房新社.）
Monden, Y., 1983, *Toyota Production System: Practical Approach to Production Management*. Industrial Engineering and Management Press, Institute of Industrial Engineers, Norcross, Ga.（門田安弘，1985，『トヨタシステム――トヨタ式生産管理システム』講談社.）

村井 実全訳解説，1979，『アメリカ教育使節団報告書』講談社.
中村 隆・前田忠彦・土屋隆裕・松本 渉，2009，『国民性の研究 第12次全国調査――2008年全国調査』統計数理研究所調査研究リポート99，統計数理研究所.
中村 隆・土屋隆裕・前田忠彦，2015，『国民性の研究 第13次全国調査――2013年全国調査』統計数理研究所調査研究リポート116，統計数理研究所.（https://www.ism.ac.jp/editsec/kenripo/pdf/kenripo116.pdf）
National Commission for the Protection of Human Subjects of Biomedical and Behavioral Research, 1978, *The Belmont Report: Ethical Principles and Guidelines for the Protection of Human Subjects of Research*.
NHK放送文化研究所編，2011『データブック国民生活時間調査 2010』NHK出版協会.
西平重喜，1985，『統計調査法』改訂版，培風館.
西平重喜，2009，『世論をさがし求めて――陶片追放から選挙予測まで』ミネルヴァ書房.
大隅 昇，2002，「インターネット調査」林 知己夫編『社会調査ハンドブック』朝倉書店，230-240.
大橋昭一・竹林浩志，2006，「ホーソン効果の実体をめぐる諸論調――ホーソン効果についてのいくつかの見解」『関西大学商学論集』51(5)：15-28.
大谷信介・木下栄二・後藤範章・小松洋・永野武編著，2005，『社会調査へのアプローチ――論理と方法』第2版，ミネルヴァ書房.
Olson, K. & B. Parkhurst, 2013, “Collecting Paradata for Measurement Error Evaluations”, Kreuter, Frauke ed. *Improving Surveys with Paradata: Analytic Uses of Process Information*, John Wiley & Sons: 43-72.
Osborn, A., 1948, *Your Creative Power: How to Use Imagination*, Scribner.（豊田 晃訳，1969，『創造力を生かせ』創元社；同改装版，2008，『創造力を生かす――アイディアを得る38の方法』創元社.）
Pascale, R. T., 1984, “Perspectives on Strategy: The Real Story behind Honda's Success,” *California Management Review*, 26(3): 47-72.
戈木クレイグヒル滋子，2006，『グラウンデッド・セオリー・アプローチ――理論を生みだすまで』新曜社.
佐藤正広，2002，『国勢調査と日本近代』岩波書店.
佐藤卓己，2008，『輿論と世論――日本的民意の系譜学』新潮社.
Saunders, M. N. K., P. Lewis & A. Thornhill, 1997, *Research Methods for Business Students*. 1st ed. Pitman Publishing. 2nd ed. 2000, and 3rd ed. 2003, Financial Times Prentice Hall.
盛山和夫，1994，「社会調査」東京大学教養学部統計学教室『人文・社会科学の統計学』東京大学出版会，233-255.
社会調査協会編，2014，『社会調査事典』丸善出版.
Shamoo, A. E. & F. A. Khin-Maung-Gyi, 2002, *Ethics of the Use of Human Subjects in Research: Practical Guide*. Garland Science.（川島紘一郎・平井俊樹・斉藤和幸訳，2004，『臨床倫理学』朝倉書店.）
篠原清夫，榎本 環，大矢根 淳，清水強志編，2010，『社会調査の基礎――社会調査士A・B・C・D科目対応』弘文堂.

篠木幹子，2010，「社会調査の回収率の変化」『社会と調査』5：5-15.
新改訳聖書刊行会訳，2004，『ポケット新約聖書――詩篇・箴言付』新改訳，3 版，いのちのことば社.
新改訳聖書刊行会訳，2005，『旧約聖書――引照・注付』新改訳，3 版，いのちのことば社.
白石和也，1978，『錯視の造形――メノトリックス』ダヴィッド社.
総務省編，2020，『令和 2 年版　情報通信白書―― 5G が促すデジタル変革と新たな日常の構築』日経印刷.
総務省自治行政局地域情報政策室，2020，『地方自治情報管理概要――電子自治体の推進状況(令和元年度)』(https://www.soumu.go.jp/denshijiti/060213_02.html)
総務省統計局，2010，『平成 22 年国勢調査ガイドブック』総務省統計局.
総務省統計局編，2020，『明日への統計 2020――調査結果からわかること』総務省統計局.
杉山明子，1984，『社会調査の基本』朝倉書店.
Sutton, R. I. & A. Hargadon, 1996, "Brainstorming Groups in Context: Effectiveness in a Product Design Firm." *Administrative Science Quarterly*, 41(4): 685-718.
鈴木達三，2003，「電話調査法についての一考察」『行動計量学』30(1)：73-91.
高橋正樹・森本栄一，2006，「日本人の読み書き能力調査――その調査史上の位置と意義（戦後 60 年，日本語の社会調査)」『日本行動計量学会大会抄録集』34：58-59.
高橋伸夫，1992，『経営統計入門――SAS による組織分析』東京大学出版会.
高橋伸夫，1994，「統計学とデータ」東京大学教養学部統計学教室編『人文・社会科学の統計学』東京大学出版会，1-31.
高橋伸夫，1997，『日本企業の意思決定原理』東京大学出版会.
高倉節子，2008，「「日本人の読み書き能力調査」のことなど（世論調査の 60 年)」『よろん』101 巻：38-41.
Thompson, S. K., 2002, *Sampling*. 2nd ed., John Wiley.
戸部良一・寺本義也・鎌田伸一・杉之尾宜生・村井友秀・野中郁次郎，1984，1991，『失敗の本質――日本軍の組織論的研究』ダイヤモンド社，文庫版：中央公論社.
Tourangeau, R., L. J. Rips & K. Rasinski, 2000, *The Psychology of Survey Response*. Cambridge University Press.
統計数理研究所国民性調査委員会編，1961，『日本人の国民性』至誠堂.
東京都市町村戸籍住民基本台帳事務協議会，住民基本台帳事務手引書作成委員会編著，2013，『初任者のための住民基本台帳事務』7 訂版，日本加除出版.
豊田秀樹，1998，『調査法講義』朝倉書店.
土屋隆裕，2009，『概説標本調査法』朝倉書店.
土屋隆裕・前田忠彦，2003，「二種類の電話調査法の比較実験調査」『行動計量学』30(1)：93-109.
築山宏樹・松本　渉，2020，「調査の概要」関西大学総合情報学部『2019 年度社会調査実習報告書――高槻市と関西大学による高槻市民郵送調査』関西大学総合情報学部，1-7.
堤　圭史郎，2014，「予備調査――インフォーマントとアポイントメント」一般社団法人社会調査協会編『社会調査事典』丸善出版，138-139.
Tversky, A. & D. Kahneman, 1981, "The Framing of Decisions and the Psychology of Choice." *Science, New Series*, Vol. 211, No. 4481: 453-458.

宇賀克也監修，2006，『大量閲覧防止の情報セキュリティ——個人情報の悪用から市民を守るための情報管理：(住基台帳・選挙人名簿)なりすまし・大量閲覧防止対策と法制度(住基法・公選法)改正動向：分野別ガイドライン，先進区・市のセキュリティのポリシー，マネジメントと運用』地域科学研究会.

Van de Vijver, F. J. R., 2003, "Bias and equivalence: Cross-Cultural Perspectives." Harkness, J. A., F. J. R. Van De Vijver & P. Ph. Mohler, eds., *Cross-Cultural Survey Methods*. Wiley-Interscience, 143-155.

Vaughn, S., J. S. Schumm & J. M. Sinagub, 1996, *Focus Group Interviews in Education and Psychology*, Sage.（田部井 潤・柴原宜幸訳，1999，『グループ・インタビューの技法』慶應義塾大学出版会）

山岡和枝・林 知己夫，1999，「電話帳記載・非記載者をめぐる諸問題——首都圏調査から」『行動計量学』26(2)：114-124.

安田 充・荒川 敦編著，2009，『逐条解説公職選挙法』ぎょうせい.

読み書き能力調査委員会編，1951，『日本人の読み書き能力』東京大学出版部.

吉野諒三，2005，「東アジア価値観国際比較調査——文化多様体解析(CULMAN)に基づく計量的文明論構築へ向けて」『行動計量学』32(2)：133-146.

ウェブサイト

個人情報保護委員会「地方公共団体の個人情報保護条例」https://www.ppc.go.jp/personalinfo/legal/local/

内閣府「全国世論調査の現況」https://survey.gov-online.go.jp/genkyou/index.html

総務省「日本標準職業分類」(平成 21 年 12 月統計基準設定) https://www.soumu.go.jp/toukei_toukatsu/index/seido/shokgyou/kou_h21.htm

総務省統計局「平成 22 年国勢調査の概要」http://www.stat.go.jp/data/kokusei/2010/gaiyou.htm

総務省統計局「平成 27 年国勢調査」http://www.stat.go.jp/data/kokusei/2015/

社会調査協会「社会調査士カリキュラム詳細」https://jasr.or.jp/for_students/get-sr/curriculum_sr/

統計数理研究所「日本人の国民性調査」https://www.ism.ac.jp/kokuminsei/

統計数理研究所「日本人の国民性調査」「8-2. 一番大切なものは「家族」」https://www.ism.ac.jp/kokuminsei/page2/page15/index.html

東京大学社会科学研究所附属社会調査・データアーカイブ研究センター「1955 年 SSM 調査 調査票」https://ssjda.iss.u-tokyo.ac.jp/Direct/gaiyo.php?eid=0759

索引

略語

人名

事項

あ行

か行

さ行

た行

な行

は行

ま行

や行

ら行

わ行

社会調査の方法論

令和3年9月30日　発　行

著作者　松　本　　　渉

発行者　池　田　和　博

発行所　丸善出版株式会社
〒101-0051 東京都千代田区神田神保町二丁目17番
編集：電話(03)3512-3264／FAX(03)3512-3272
営業：電話(03)3512-3256／FAX(03)3512-3270
https://www.maruzen-publishing.co.jp

組版印刷・株式会社 日本制作センター／製本・株式会社 星共社

ISBN 978-4-621-30631-4　C 3036　Printed in Japan